AF286862

URSULA UND MANFRED SCHMIDT

DIE GRÖSSERE PERSPEKTIVE

VOM ABENTEUER GEISTLICHER REIFE

URSULA UND MANFRED SCHMIDT

DIE GRÖSSERE PERSPEKTIVE

VOM ABENTEUER GEISTLICHER REIFE

GGE verlag

Geistliche Gemeinde-Erneuerung
in der Evangelischen Kirche

IMPRESSUM

Ursula und Manfred Schmidt
Die größere Perspektive. Vom Abenteuer geistlicher Reife

4. Auflage 2025

© GGE Verlag
Arbeitskreis für Geistliche Gemeinde-Erneuerung
in der Evangelischen Kirche e.V., Schlesierplatz 16,
34346 Hannoversch Münden

Soweit nicht anders angegeben, wurden die Bibelzitate der
Einheitsübersetzung (EÜ) entnommen. Zusätzliche Angaben
auf Seite 326.

www.gge-verlag.de
www.gge-deutschland.de

ISBN 978-3-9816293-9-2

Titelbild: Christopher Badzioch/istockphoto.com
Autorenfoto: Privat
Umschlaggestaltung und Satz: Katja Gustafsson
Druck: GGP Media GmbH, Pößneck

Für Werner und Julie Tanner

Menschen mit dem Herzen im Himmel
und beiden Beinen auf der Erde.

Danke euch, ihr Voraus-Wanderer, Ermutiger,
Wegbegleiter, Inspirations-Schenker und Freunde!

INHALT

EINLEITUNG

... dass wir eine Reife erreichen, deren Maßstab Christus selbst ist in seiner ganzen Fülle. *(Eph 4,13 NGÜ)*

Ursprünglich war als Titel für dieses Buch „Zwischen Manna und Schwarzbrot – vom Abenteuer geistlicher Reife" im Gespräch. Damit sollte ein zentrales Anliegen auf den Punkt gebracht werden: Manna war ja bekanntlich das „Brot vom Himmel", das Gott auf die Israeliten in der Wüste regnen ließ, wo sie sich nicht selbst versorgen konnten. Ein klassisches Wunder also in einer Phase vieler Wunder. Zum Christsein gehören Wunder – schließlich ist die Mitte unseres Glaubens, die Auferstehung, ein einziges unfassbares Wunder. Mit ihm steht und fällt der ganze Glaube.

Aber als Israel am Ziel angekommen war, als es sich im Land der Verheißung niedergelassen hatte, da stoppte Gott das Manna. Das war kein Rückschritt im Glauben, sondern eine neue Reifestufe. Sie mussten lernen, das Land zu bestellen, zu pflügen, zu säen und zu ernten. Und dann ihr eigenes Brot zu backen, solide Nahrung. Das war Arbeit, da fiel nichts mehr vom Himmel, aber diese Arbeit stand unter der Verheißung Gottes. Sie war als Erfüllung des Auftrags im Paradies gedacht, „die Erde zu bebauen und zu bewahren". Durch diese Arbeit sollte Israel sich sein Erbe, das Land, wirklich aneignen. So wäre es zum Modell für Völker die Welt geworden.

Für Wunder blieb nach wie vor Raum: Das Sabbatjahr, der von Gott angeordnete Verzicht darauf, jedes siebte Jahr das Land zu bestellen, sorgte dafür. Aber die Wunder standen nicht mehr im Mittelpunkt. Stattdessen ging es jetzt um das Reich Gottes in seiner Breite und Fülle.

Dieses Buch ist aus einem Wochenendseminar entstanden, das wir in unterschiedlichsten Gemeinden gehalten haben. Viele haben das Seminar als eine Befreiung erlebt: Wir sind also doch nicht vom Glauben abgefallen, wenn kein Manna mehr vom Himmel fällt. Im Gegenteil: Es liegt ein ganz neues Land vor uns, das Land des Erwachsenwerdens und der Reife. In diesem Buch beschreiben wir Schritte dorthin, Schritte, durch die wir das uns anvertraute Land – unser Leben – in Besitz nehmen.

Es gibt aber auch Menschen, für die dieses Buch nicht geeignet ist.

Um Schwarzbrot essen zu können, braucht man feste Zähne und einen guten Magen. Dann aber ist es ausgesprochen nahrhaft; im Unterschied zum Manna kann man es zudem aufbewahren und lange davon zehren.

Wer aber auf seinem Glaubensweg noch nicht an diesem Punkt ist, dem hilft das nicht weiter. Für den ist Schwarzbrot zu hart oder unverdaulich. Konkret: Wenn das Fundament der Annahme und Liebe Gottes (Kapitel 2) noch nicht stabil genug ist, dass es einen sicher trägt, dann empfindet man möglicherweise manches, was eigentlich eine große Befreiung wäre, als „zu hart". Dann erlebt man die Herausforderungen der späteren Phasen und Reifeschritte nicht als hilfreich sondern als Überforderung. Bitte legen Sie in diesem Fall das Buch beiseite – vielleicht für kommende Jahre. Wachstum braucht seine Zeit.

Noch ein paar Sätze zu uns, den Autoren, und zum Anliegen diese Buches: Ursula ist als Kind überzeugt christlicher Eltern aufgewachsen und sozusagen „von Geburt an" gläubig gewesen. Eine Krise, von der sie in Kapitel 9 erzählt, ließ sie erst den Glauben (fast) verlieren und schickte sie dann neu auf die Suche nach dem lebendigen Gott. Manfred hingegen ist erst nach seiner Konfirmation einem lebendigen Glauben begegnet und hat dann in einer kirchlichen Jugendgruppe, im CVJM, bei der SMD und bei Jugend mit einer Mission wesentliche Impulse bekommen. Beide sind wir dann als Theologiestudenten von der charismatischen Bewegung der 80er Jahre geprägt geworden. Es waren wunderbare Jahre. Wir haben Glauben in einer sehr bewegenden Zeit der Begeisterung und des Aufbruchs erlebt und viele kostbare Erfahrungen gemacht. Und wir haben mit vielen anderen in der großen Hoffnung auf eine baldige Erweckung in Deutschland, in Europa und der ganzen Welt gelebt. Wir durften mithelfen, Gemeinden aufzubauen, Seminare und Konferenzen durchzuführen und andere anzustecken.

Später haben wir dann auch Zeiten von Krisen, Enttäuschungen und Scheitern erlebt. Das gilt für uns persönlich, aber auch für viele geistliche Verantwortliche und Gruppen in Deutschland, die einen ähnlichen Weg gegangen sind. Inzwischen scheint in den damals jungen charismatischen Gemeinden in Groß- und Freikirchen das Wirken des Geistes nicht mehr so „heiß" und dicht erlebbar zu sein wie früher.

Bedeutet das einen Rückschritt im Glauben? Sind wir vom Weg abgekommen? Was ist aus den großen Verheißungen für unser Land geworden? Bei Besuchen in vielen Gemeinden hören wir von ähnlichen Fragen und Enttäuschungen und manchmal spüren wir auch die Bitterkeit dahinter. Wo bleibt denn Gott mit dem, was er damals doch so offensichtlich versprochen hatte?

Im Lauf der Jahre hat sich durch viele Gespräche, Entdeckungen in der Bibel, Einsichten im Gebet und im Versuch eines aufmerksamen Wahrnehmens der Wege Gottes die Ahnung verdichtet, dass Glaube mehr ist, als wir damals dachten. Wir sind das Wagnis eingegangen, uns auf den Weg zu machen und zu wachsen. Viele andere gehen ähnliche Wege und entdecken ähnliche Wachstumsprinzipien.

So gehen wir in diesem Buch der Frage nach, wie sich das Glaubensleben in neuen Lebens- und Glaubensphasen verändert. Wodurch kann Wachstum blockiert werden? Welche geistliche Herausforderungen gilt es zu bewältigen, um mehr und mehr zur „vollen Reife Christi" zu gelangen?

Die ersten weiterführenden Einsichten verdanken wir dabei dem kleinen Büchlein *Die Lebensalter. Ihre ethische und pädagogische Bedeutung* des bekannten Religionsphilosophen Romano Guardini[1]. Auch wenn er nicht über das Glaubensleben, sondern über das körperlich-seelische Wachstum schreibt, bieten viele seiner Gedanken kostbare Ansätze und Modelle für das Verständnis geistlichen Lebens. So wird der Grundriss seines

Büchleins in einigen Kapiteln eine Struktur für unsere Überlegungen bieten. Aber auch von anderen geistlichen Autoren haben wir viel gelernt, ebenso von Fachleuten der Entwicklungspsychologie. Unsere Gedanken in diesem Buch sind erste Versuche. Sie sind Einladungen, dass Sie sich Ihre eigenen Erfahrungen bewusst machen, sie mit Gott ins Gespräch bringen und so Ihren individuellen Wachstumsweg mit Gott entdecken. Je mehr wir entdecken, umso mehr ahnen wir, dass es noch viel zu lernen gibt. Mit unserem eigenen Lebensalter haben wir bisher nur einen Teil eines durchschnittlichen Menschenlebens durchmessen. Es liegen Lebensphasen vor uns, die wir bisher nur von Gesprächen und vom Beobachten anderer kennen, nicht aus eigenem Erleben. Es gibt noch viel, worin wir reifen müssen und vieles im Handeln Gottes, das wir besser verstehen möchten. Uns geht es da wie Paulus:

Nicht dass ich es schon erreicht hätte oder dass ich schon vollendet wäre. Aber ich strebe danach, es zu ergreifen, weil auch ich von Christus Jesus ergriffen worden bin. (Philipper 3,12)

Zum Aufbau des Buchs
Der Großteil der Kapitel geht an Entwicklungsphasen des Glaubenslebens entlang. Dabei bringen wir unsere eigenen Erfahrungen ins Gespräch mit den Einsichten von geistlichen Begleitern, Männern und Frauen Gottes, aus unterschiedlichem Hintergrund. Aber auch säkulare Autoren ziehen wir zu Rate, wo sie wichtige Einsichten auf den Punkt bringen.

An bestimmten Stellen, meist am Ende eines Kapitels, halten wir inne und bieten ein paar Fragen an, mit denen man seine eigene Wegstrecke reflektieren kann. Vielleicht eignen sich diese Fragen auch für einen persönlichen Austausch in einer Gruppe. Wir haben dort jeweils Platz gelassen, damit Sie eigene Gedanken notieren können.

Gelegentlich haben wir ein Gebet eines geistlichen Autors abgedruckt, das uns bewegt. Ab und zu aber haben wir ein freies

Gebet oder einen Segenszuspruch formuliert. Diese Gebete dienen der Anregung. Sie sind ein Angebot, das man wahrnehmen kann, wenn man möchte. Man kann bei dem vorgegebenen Text bleiben, ihn teilweise aufgreifen, oder an beliebigen Stellen mit eigenen Worten weiterführen. Man kann ihn auch ganz beiseite lassen.

Die Segensgebete kann man für sich lesen, sie sozusagen zu der eigenen Seele sprechen und sich damit unter den Segen Gottes stellen. Man kann sie aber auch einander zusprechen und sich so gegenseitig segnen. Bei „NN" kann man den eigenen Namen einsetzen, bzw. den Namen des Menschen, den man segnet.

Als Kontrapunkt gibt es drei Meditationen über Personen im Neuen Testament, die gerade ihre größte Krise durchmachen: den völligen Zusammenbruch ihres bisherigen Glaubens an Jesus, den Messias Israels. Diese Geschichten finden sich im Johannesevangelium, das ausgesprochen vielschichtig mit großem Tiefgang und hoher Sensibilität erzählt. Jede dieser Geschichten berichtet von Brüchen, Verwerfungen oder Scheitern und einem Aufbruch in eine neue Phase des Glaubens.

Anmerkungen

1 Romano Guardini, *Die Lebensalter. Ihre ethische und pädagogische Bedeutung*, Topos Taschenbücher 2010.

1. LEBENSPHASEN: WACHSEN UND REIFEN

1. LEBENSPHASEN

Als ich noch ein Kind war, redete ich, wie Kinder reden, dachte, wie Kinder denken, und urteilte, wie Kinder urteilen. Doch als Erwachsener habe ich abgelegt, was kindlich ist. (1. Kor 13,11 NGÜ)

LEBEN UND WACHSEN GESCHIEHT IN PHASEN

Geistliche Begleiter aller Jahrhunderte wissen darum, dass jedes Lebensalter typische Ausprägungen des Glaubens hat. Schon die Schreiber der Bibel sprechen Menschen verschiedener Lebensalter auf ihre je anderen Gaben und Herausforderungen an.

Der Ruhm der Jungen ist ihre Kraft, die Zier der Alten ihr graues Haar. (Sprüche 20,29)

Die älteren Männer halte dazu an, besonnen zu sein, ein glaubwürdiges Leben zu führen, verantwortungsbewusst zu handeln und sich im Glauben, in der Liebe und in der Geduld zu bewähren. Entsprechendes gilt für die älteren Frauen. Auch in ihrem Verhalten soll sich Gottes Heiligkeit spiegeln. Sie dürfen weder klatschsüchtig noch alkoholabhängig sein. Vielmehr sollen sie durch Lehre und Vorbild die jüngeren Frauen dazu anleiten, ihre Männer und ihre Kinder zu lieben, verantwortungsbewusst zu handeln und sich von jeder Verfehlung rein zu halten, sich um ihren Haushalt zu kümmern, freundlich zu sein und sich ihren Männern unterzuordnen. Denn die Botschaft Gottes soll nicht in Verruf geraten. Halte auch die jüngeren Männer dazu an, in jeder Situation verantwortungsbewusst zu handeln. (Titus 2,2-6, NGÜ)

Jesus sieht unterschiedliche Zeiten im Leben des Petrus voraus.

Als du noch jung warst, hast du dich selbst gegürtet und konntest gehen, wohin du wolltest. Wenn du aber alt geworden bist, wirst du deine Hände ausstrecken und ein anderer wird dich gürten und dich führen, wohin du nicht willst. (Johannes 21,18)

Jede Lebensphase ist von typischen Kennzeichen geprägt, die diese Phasen voneinander unterscheidbar machen; das trifft allerdings für jeden in unterschiedlicher Weise zu. Trotzdem: Ein Kind lebt seinen Glauben erkennbar anders als ein Teenager oder ein Erwachsener.

Dennoch durchdringen diese Phasen auch einander. Es gibt Lernschritte, die wir schon als Kinder gehen, die aber dann im Erwachsenenalter noch einmal in einer neuen Qualität vollzogen werden müssen. So ist es beispielsweise in jeder Altersstufe notwendig, loslassen zu können. Im hohen Alter ist genau das jedoch die hauptsächliche Wachstumsaufgabe. Der Entwicklungspsychologe Erikson schreibt, dass bei einer gesunden Persönlichkeitsentwicklung „… jedes Problem in irgendeiner Form schon existiert, bevor es normalerweise in seine entscheidende, kritische Zeit eintritt."[1]

TYPISCH ODER INDIVIDUELL?

Jede Lebensphase hat also ein „typisches" Lebensgefühl, ebenso wie eigene Gaben und Aufgaben. All das wollen wir in diesem Buch in Bezug auf unser Glaubenswachstum etwas genauer anschauen. „Typisch" bedeutet dabei, dass zwar eine Mehrheit von Menschen Ähnliches erlebt, es aber für den Einzelnen ganz anders aussehen kann. Man kann eine Lebensphase völlig anders erleben als die eigene Altersgruppe. Wenn für die Teenagerzeit Schwung, Lebensfreude, Optimismus und Aktivität typisch sind, gibt es dennoch genügend Jugendliche, die diese Leichtigkeit nicht erleben. Vielleicht sind sie eher sensibel und nachdenklich und nehmen sich die Probleme ihrer Freunde und der Welt sehr zu Herzen; vielleicht müssen sie selbst ein schwieriges

Schicksal verkraften. Dieses abweichende Erleben ist dann nicht defizitär, krank oder unnormal. Es ist einfach ihr persönlicher Lebensweg, ein Zeichen ihrer Individualität.

Dann gibt es Menschen, die die Anforderungen ihrer gegenwärtigen Lebensphase gut bewältigen und sich darin bewähren. Aber es gibt noch ungeklärte Themen aus einer früheren Lebensphase. Eine Frau erzählt, dass sie erst mit 40 Jahren in der Lage war, die Ablösung von ihrer Mutter zu vollziehen. Dieser Reifeschritt ist typischerweise eine Aufgabe für die Teenager- und frühe Erwachsenenzeit.

Andere sind durch ihre Lebensumstände gezwungen, eine eigentlich erst später anstehende Phase vorwegzunehmen. Einer meiner gleichaltrigen Mitstudenten war Vollwaise und hatte deshalb die volle Verantwortung für seinen zehnjährigen Bruder. Durch diese Herausforderung eignete er sich eine Reife und Verantwortlichkeit an, die der von uns anderen jungen Studenten weit voraus war.

Umgekehrt bedeutet das: Ich kann Wachstum auch nachholen und Liegengebliebenes später noch bearbeiten. Die Frau, die als Teenager nicht in der Lage war, sich von ihrer Mutter „freizuschwimmen", konnte das später nachholen und so die Eigenständigkeit einer erwachsenen Person gewinnen. Mit Benedict Groeschel, einem geistlichen Begleiter, lässt sich sagen, dass wir in gewisser Weise immer gleichzeitig in allen Phasen unseres geistlichen Lebens stehen.[2]

Das bedeutet also: Wenn in diesem Buch Glaubensphasen und ihre typischen Stärken und Schwächen verhandelt werden, dann kann das immer nur auf einer allgemeinen Ebene geschehen. Es ist durchaus möglich, dass Sie das völlig anders erleben!

KRISEN ALS ÜBERGANG

Wachstum und Reifen sind nun aber oft kein kontinuierlicher Prozess. Kürzere oder längere Plateau-Zeiten und Zeiten eines steilen Anstiegs – vielleicht auch Abstiegs – wechseln sich ab. So bilden oft Krisen den Übergang zwischen den einzelnen Phasen unseres Lebens und Glaubens. Nach einer Reihe von Jahren funktioniert auf einmal das Alte nicht mehr. Wir werden unzufrieden mit der Situation und mit uns selbst. Die vertrauten Antworten, die sich in der Vergangenheit als so hilfreich erwiesen hatten, reichen nun nicht mehr. Was uns bisher so wichtig war, erscheint jetzt sinnlos.

Solche Krisen können durch körperliche Veränderungen ausgelöst werden. Am offensichtlichsten ist das in der Pubertät mit ihren hormonellen Veränderungen, die mit einer Umstrukturierung im Gehirn einhergehen, so dass die Pädagogen scherzhaft von eine „Großbaustelle im Gehirn" sprechen. Andere offensichtliche Krisen entstehen durch das Auftreten einer schweren Krankheit oder durch die zunehmende Gebrechlichkeit und Hilflosigkeit im Alter.

Aber auch andere Umbrüche in unseren Lebensumständen können unser Lebensgefühl umkrempeln. Der Eintritt ins Berufsleben kann besonders bei Akademikern nach den vielen Jahren von Schule und Studium das Ausmaß einer Krise annehmen. Denn jetzt hat unser Verhalten nicht mehr nur Konsequenzen für uns selbst, sondern für die ganze Firma und damit für andere Menschen. Wer zum ersten Mal Mutter oder Vater wird, steht vor der großen Herausforderung, das eigene Leben, das er oder sie bisher ziemlich frei selbst bestimmen konnte, nun von den Bedürfnissen eines kleinen hilflosen Menschen abhängig machen zu müssen. Andere müssen realisieren, dass ihr Lebensentwurf gescheitert ist. Das kann eine alleinstehende Frau sein, die sich irgendwann jenseits der 40 oder 50 eingestehen muss, dass sie wohl kaum mehr heiraten und jedenfalls keine Kinder mehr bekommen wird. Oder ein junger Künstler, der Jahre in seine Kunstausbildung investiert hat und schließlich erkennen muss, dass sein Talent doch nicht reicht, um sich und seine Familie ernähren zu können oder auch nur bekannt zu werden.

Gail Sheehy, eine amerikanische Journalistin, die in Zusammenarbeit mit Psychologen durch Tausende von Interviews im Verlauf mehrerer Jahrzehnte der Persönlichkeitsentwicklung von Erwachsenen nachgegangen ist, hat dabei Folgendes festgestellt: Der Übergang in eine neue Entwicklungsphase hängt nicht so sehr von äußeren Ereignissen ab, sondern beruht auf Veränderungen unseres inneren Selbst, die jedoch durch entsprechende Ereignisse beschleunigt, verstärkt oder behindert werden können.

Romano Guardini beschreibt einige der typischen Krisen, die die Übergänge zwischen den Lebensaltern bilden:

Die Krise der Pubertät

Sie bildet den Übergang zwischen der Kindheit und dem jungen Menschen. Einerseits zeigt sich hier der Drang zur Selbstbehauptung bis hin zur Rebellion gegen jegliche Autorität. Andererseits entwickelt sich die Begeisterungsfähigkeit, der Idealismus, die Bereitschaft zu Hingabe und zum Heroisieren bewunderter Vorbilder.

Die Krise durch die Erfahrung

Vom jungen Menschen zum mündigen Menschen geht es durch die Krise der Erfahrung, nämlich der Begegnung mit der ungeschminkten Lebensrealität. Der Idealismus trifft auf Misserfolge. Die bisherigen einfachen Rezepte greifen nicht mehr. Der Mensch muss eine neue und vertiefte Motivation für sein Handeln entdecken, jetzt, wo die Begeisterungsfähigkeit nicht mehr ausreichend trägt. Zentral dafür ist nach Guardini die Entdeckung der Geduld als wirksamer Kraft.

Die Krise des Grenzerlebnisses

Durch die verstärkte Erfahrung verschiedener Grenzen wird der Mensch zum reifen Menschen. Er erlebt die Grenzen seiner Kraft, und zwar gerade deshalb, weil er gelernt hat, viel zu tragen und zu verantworten. Andererseits hat die Lebenserfahrung ihm in vielen Bereichen eine beruhigende Routine gebracht. Nun aber wird diese Routine langweilig. Er scheint im Leben alles schon mal gesehen zu haben. Überdruss, Ernüchterung, manchmal auch Zynismus machen sich breit. Nun kommt es darauf an, zu einem neuen Ja zum Leben, zu einem tieferen Gefühl für den Wert des Seins zu finden.

Die Krise der Loslösung

Auf dem Weg ins Alter wird die Vergänglichkeit immer fühlbarer. Der Mensch ist herausgefordert, ein Ja zu der Loslösung vom eigenen Leisten und Können zu finden. Und schließlich muss er lernen, auch das eigene Sterben anzunehmen. Das Sterben ist der Extremfall des Loslassens.

KRISEN – ZEITEN FÜR WACHSTUM

Wachstum, gerade auch geistliches Wachstum, geschieht meistens nicht in Zeiten, in denen es uns gut geht, wenn wir Erfolg haben und das Leben es gut mit uns meint. Weit häufiger sind es die schwierigen Zeiten, die uns wachsen lassen, die Misserfolge, die Krisen, die Überforderung, die Zeiten, in denen wir uns unwohl fühlen, weil das Alte nicht mehr passt.

Versagen kann eine der fruchtbarsten Erfahrungen im Leben eines Erwachsenen sein, aber nur für die, die lange genug innehalten, um daraus zu lernen.[4]

Wir werden herausgefordert, Altes über Bord zu werfen, was nicht mehr trägt, und stattdessen Neues zu lernen. Da solche Krisen einen Abschied vom Alten bedeuten, sind sie manchmal mit einer diffusen Trauer verbunden. Dazu gehört auch, dass wir eine Zeit der Leere oder der Spannung aushalten müssen, wenn das Neue noch nicht klar sichtbar ist, und wir noch nicht erkennen, wie wir anders leben können.

Oft geschieht das Wachstum in diesen Zeiten unbemerkt. Man kann es erst im Rückblick erkennen.

Eine ältere Freundin lag monatelang schwer erkrankt in der Klinik. In vielen Nächten und an vielen Tagen, wenn die Zeiger der Uhr sich nicht zu bewegen schienen, seufzte sie ihre Not und ihre Hoffnungslosigkeit zu Jesus hin. Zu „wirklichen" Gebeten war sie gar nicht in der Lage. Schließlich fand sie nach vielen Wochen ihre Gesundheit wieder. Hinterher machte sie eine erstaunliche Aussage: „Jetzt weiß ich so sicher, wie noch nie in meinem Leben, dass Gott mich liebt." Es gab keine Begründung dafür, keinen äußeren Anlass; eher hätte man das Gegenteil vermutet. Aber das Seufzen und Festhalten an Gott trotz aller seelischen Nacht ließ ihren Glauben in die Tiefe wachsen.

Papst Benedikt XVI. schreibt in seinem Jesus-Buch:

Um reif zu werden, um wirklich immer mehr von einer vordergründigen Frömmigkeit in ein tiefes Einssein mit Gottes Willen zu finden, braucht der Mensch die Prüfung. Wie der Saft der Traube vergären muss, um edler Wein zu werden, so braucht der Mensch Reinigungen, Verwandlungen, die ihm gefährlich sind, in denen er abstürzen kann, aber die doch die unerlässlichen Wege sind, um zu sich selbst und zu Gott zu kommen.[5]

Die Herausforderungen zum Wachstum kommen in der Regel ungefragt auf uns zu. Wir müssen sie nicht suchen, wir können sie aber annehmen oder uns ihnen verweigern. Krisen können uns wachsen lassen, wenn wir uns auf sie einlassen. Sie können uns aber auch lähmen, wenn wir versuchen, an einer eigentlich vergangenen Lebensphase festzuhalten. Krisen sind „Zeiten des Übergangs, in denen wir uns entscheiden müssen zwischen Vorangehen oder Regression."[6]

Jeder kennt den Typ „alternder Jugendlicher": ein fünfzigjähriger Mensch, der sich immer noch kleidet, verhält und redet wie ein Zwanzigjähriger. Unsere Gesellschaft vergöttert zwar die ewige Jugend. Wer sie aber zu lange krampfhaft festhält, erntet Mitleid – oder Spott.

2. GEISTLICHE LEBENSPHASEN

Geistliches Wachstum geschieht ebenfalls in Phasen. Auch die Entwicklung von geistlichen Bewegungen und Werken durchläuft im Normalfall typische Lebensphasen. Wir werden im Folgenden ab und zu einen Blick auf diesen Bereich werfen, auch wenn unser Thema vorrangig das persönliche Reifen ist.

Unser geistliches Wachstum wird weitgehend parallel zu unserem natürlichen Wachstum verlaufen. Ich lebe meinen Glauben ja als dieselbe Person mit der menschlichen Reife, die ich zu einem bestimmten Zeitpunkt meines Lebens habe. Ein Kinderglaube äußert sich anders als der Glaube eines Erwachsenen. Und wenn Jesus uns auffordert, wie die Kinder zu werden, meint er damit nicht die kindliche Unreife, Egozentrik und Unmündigkeit, sondern Schätze des Glaubens, die über die Kindheit hinaus ein Leben lang Gültigkeit bewahren. Mehr dazu in Kapitel 2.

Glaubensphasen und Lebensalter können aber auch auseinanderfallen. So wird ein erfolgreicher Firmenchef, der neu zum Glauben kommt, in diesem Bereich zunächst einmal vor allem ein Lernender sein, der noch Orientierung braucht. Er wird das Vorbild anderer nachahmen und sich von ihnen führen lassen. Als Firmenchef bleibt er dennoch weiterhin der Vorgesetzte, der seinen Angestellten Anweisungen gibt und für seine Firma verantwortliche Entscheidungen trifft. Im Normalfall wird es vermutlich nicht lange dauern, bis seine Glaubensreife seine Lebensreife eingeholt hat, sofern er sich konsequent den Herausforderungen des Glaubens stellt.

DAS LEITBILD

Wohin nun geht die Reise dieses Glaubenswachstums? Sollen wir alle Glaubenshelden werden, eine Art „Generäle Gottes"? Beeindruckende Beter, Heilungsprediger oder Missionare? Ein Billy Graham, Smith Wigglesworth oder Mutter Theresa? Schauen wir uns an, was in der Bibel als Ziel unseres Wachstums beschrieben wird:

So sollen wir alle zur Einheit im Glauben und in der Erkenntnis des Sohnes Gottes gelangen, damit wir zum vollkommenen Menschen werden und Christus in seiner vollendeten Gestalt darstellen. Wir sollen nicht mehr unmündige Kinder sein, ein Spiel der Wellen, hin und her getrieben von jedem Widerstreit der Meinungen, dem Betrug der Menschen ausgeliefert, der Verschlagenheit, die in die Irre führt. Wir

wollen uns, von der Liebe geleitet, an die Wahrheit halten und in allem wachsen, bis wir ihn erreicht haben. Er, Christus, ist das Haupt.
(Epheser 4,13-15)

Wir alle spiegeln mit enthülltem Angesicht die Herrlichkeit des Herrn wider und werden so in sein eigenes Bild verwandelt, von Herrlichkeit zu Herrlichkeit, durch den Geist des Herrn. (2. Korinther 3,18)

Jesus ist das Ziel: sein Bild, das durch uns sichtbar werden soll, seine Herrlichkeit, die durch uns groß gemacht werden soll. Es geht nicht um mich, um meine (Selbst-)Entfaltung als Glaubender, um die Ausübung meiner Gaben oder meiner Berufung. All das ist nicht falsch, wenn es aus der richtigen Motivation heraus geschieht: Jesus allein. Sonst kann daraus leicht eine fromme Selbstzentriertheit werden, ein Um-mich-Kreisen. Dann überprüfe ich meine Glaubensstärke, messe mich an anderen, suche nach Methoden und spirituellen Geheimnissen, die meine geistliche Vollmacht oder Tiefe stärken sollen. Aber ich verliere dabei Jesus, den Herrn und das Ziel meines Glaubens, aus dem Blick.

Wenn Jesu Wesen mehr und mehr an unserem Leben erkannt werden kann, dann sind wir auf dem richtigen Weg. Wenn Menschen ins Staunen kommen über ihn – nicht über uns! –, dann wächst das, was auch wirklich wachsen soll: seine Ehre!

Er muss wachsen, ich aber muss kleiner werden. (Johannes 3,30)

Diese Veränderung hin in sein Bild können wir nicht selber bewerkstelligen. Sie geschieht „durch den Geist des Herrn". Der Heilige Geist lässt den neuen Menschen in uns wachsen. Das geschieht als ein Geschenk, nicht als eine Belohnung für gute Leistung. Indem wir uns für das Wirken Gottes in uns öffnen, hat der Heilige Geist Raum, uns zu verändern.

... und indem wir das Ebenbild des Herrn anschauen, wird unser ganzes Wesen so umgestaltet, dass wir ihm immer ähnlicher wer-

den und immer mehr Anteil an seiner Herrlichkeit bekommen. Diese Umgestaltung ist das Werk des Herrn; sie ist das Werk seines Geistes. (2.Korinther 3,18 NGÜ)

Gegen unseren Willen und ohne unsere Beteiligung geschieht das aber nicht: Die Ehrlichkeit vor Gott und vor mir selbst, das Eingestehen meiner Schwachheit und Schuld, der tiefe Wunsch, mich von Gott verändern zu lassen – das sind die Einladungen an den Heiligen Geist, das zu vollbringen, was ich nicht selber tun kann. So definiert Groeschel, Ordensmann, geistlicher Begleiter und Professor für Pastoralpsychologie, das geistliche Leben als „ein wachsendes, kohärentes Set von Reaktionen [auf den inneren Anruf Gottes], die in die komplexen Verhaltensmuster des menschlichen Lebens integriert sind."[7]

So kann das Bild Jesu in ganz unterschiedlichen Menschen und in ganz verschiedenen Lebensumständen sichtbar werden: in unauffälligen Menschen mit ganz normalen Berufen, in bekannten Persönlichkeiten mit viel Verantwortung, in extrovertierten Naturen, in stillen Hintergrundfiguren. Geistliche Reife ist keine äußerlich sichtbare Qualität, sondern eine innere Haltung der immer tiefer werdenden Liebe zu Gott, die sich in der praktischen Lebensführung niederschlägt.

DIE SCHÄTZE JEDER PHASE

Zu unterschiedlichen Zeiten auf unserem Weg mit Gott sind unterschiedliche Dinge wichtig. Jede Phase unseres Glaubensweges hat ihre eigenen typischen „Schätze". Bestimmte Formen des Glaubens sind für Kinder angemessen und entsprechen ihrer psychologischen Entwicklung. Sie sind im Rahmen dieser Entwicklungsphase authentisch, richtig und wichtig. Manches davon muss später überwunden werden, um zu einem reifen Erwachsenenglauben zu kommen. Aber anderes wird zum Fundament, das für das weitere Glaubenswachstum nötig ist.

Unser Ziel ist es nicht, möglichst schnell zu den späteren Phasen zu kommen, sondern bewusst das zu leben, was in der jetzigen Phase richtig und nötig ist. Jede einzelne Phase ist kostbar, weil wir in ihr etwas lernen und einüben können, was uns in unserem weiteren Glaubensleben helfen wird. Wir sind nach 20 Jahren in der Nachfolge nicht besser oder wertvoller als ein Mensch, der gerade erst zum Glauben gekommen ist. Vielmehr spornt uns dieser junge Christ an, die Schätze, die wir selber in seinem „Alter" auch gehoben haben, heute nicht zu vergessen oder zu verachten, sondern sie auch für unsere jetzige Phase fruchtbar zu machen.

Deshalb brauchen Gemeinden Menschen in allen Glaubensphasen mit ihren jeweiligen Stärken. Eine Gemeinde vieler reifer Erwachsener kann schnell „verbürgerlichen", verstaubt oder träge werden, wenn das Feuer, die Begeisterung und die Erneuerungskraft der Jugendlichen fehlt. Eine Jugendgemeinde, die reifen Erwachsenen keinen Raum bei sich gibt, tendiert zur Einseitigkeit und Selbstüberschätzung, zur Unbarmherzigkeit gegenüber Schwachen und einem unweisen Umgang mit Macht.

In jeder Glaubensphase lernen wir Wahrheiten und erarbeiten uns Haltungen, die wir sozusagen unserem „Werkzeugkasten" hinzufügen. Es ist unsinnig, die früheren Werkzeuge wegzuwerfen, um die späteren einzusammeln. Wir brauchen sie alle. Und so erweitern und vertiefen sich im Lauf unseres Lebens unsere Möglichkeiten zu glauben, zu lieben und zu handeln. Unser „Repertoire" wird umfangreicher. Wir werden geschulter darin, verschiedenartige Situationen besser zu bewältigen.

Deswegen ist es nötig, dass wir die Zeit und die Wachstumsherausforderungen, in denen wir jetzt stehen, wertschätzen. Wir wollen diese Schätze der Gegenwart heben, die Aufgaben anpacken, die jetzt vor uns liegen. Und eventuell das nachholen, was wir früher nicht lernen konnten.

EIGENE GEDANKEN

1. In welche Phase oder Krise würde ich mich einstufen?
2. Welche Wachstumsherausforderung sehe ich zur Zeit vor mir?
3. Kann ich verschiedene Entwicklungsphasen meines Glaubens identifizieren? (Sie können hier Ihr Leben auf einem Zeitstrahl darstellen und Krisen und Phasen eintragen.)
4. Wie funktioniert in meinem Umfeld die Ergänzung Junger und Älterer?
5. Wie ist die Altersmischung und der Beitrag der verschiedenen Altersgruppen in meiner Gemeinde?

NOTIZEN

GEBET

Herr, lass mich immer weiter auf dich zu wachsen. Lass mich nicht übersehen, welche Wachstumsherausforderung du vor mich stellst. Bewahre mich aber auch davor, mich mit anderen zu vergleichen und das Wachsen zu einem Leistungswettbewerb zu machen. Lehre mich, im Heute und Hier und so wie ich bin, deine Gegenwart zu feiern.

Anmerkungen

1 Erik H. Erikson, *Identität und Lebenszyklus*, Frankfurt/M., 27. Auflage 2015, S. 59.

2 Benedict J. Groeschel, *Spiritual Passages, The Psychology of Spiritual Development*, Crossroad New York, 1983, S. 42.

3 Gail Sheehy, *Passages. Predictable Crisis of Adult Life*, Ballantine Books, 2006 (Erstauflage 1974), S. 29.

4 Gail Sheehy, *New Passages. Mapping Your Life Across Time*, New York 1995, S. 119, eigene Übersetzung.

5 Joseph Ratzinger/Benedikt XVI., *Jesus von Nazareth*, Bd. 1, Herder Verlag, 2. Aufl. 2007, S. 197.

6 Sheehy, *Passages*, S. XVII, eigene Übersetzung.

7 Groeschel, *Spiritual Passages*, S. 4, eigene Übersetzung.

2. FUNDAMENTE DES GLAUBENS

1. KINDHEIT: FUNDAMENTE FÜR DEN GLAUBEN

Ein Mensch trägt von seiner Geburt an Voraussetzungen zum Glauben in sich. Der Schöpfer des Lebens hat den Menschen mit der grundlegenden Offenheit dem Transzendenten gegenüber geschaffen. Wenn wir daher nach den menschlichen Fundamenten des Glaubens suchen, müssen wir zuerst die Kindheit des Menschen in den Blick nehmen. Damit ist hier nicht eine „geistliche" Kindheit nach der „Wiedergeburt" gemeint, sondern tatsächlich die ersten Jahre unseres biologischen Lebens. Also eine Zeit, die *vor* jedem bewussten Glauben liegt.

Gott hat das menschliche Leben von Anfang an wunderbar eingerichtet. Im Idealfall lernt das Kind in der Familie die entscheidende Grundlage des Glaubens: das Ur-Vertrauen. Für den Säugling und das Kleinkind nehmen die Eltern zunächst einfach die Stelle Gottes ein. Von den Eltern kommt das Leben, jede Form von Versorgung, Nahrung, Wärme, Zuwendung, Zuhause, Liebe … schlichtweg alles! Was das Kind in der Beziehung zu seinen Eltern erfährt und lernt, legt in ihm die Grundlage für eine spätere Beziehung zu dem einen großen Vater, dem im Himmel.

Das ist die unglaubliche Würde, die Gott der Elternschaft verliehen hat: Sein Bild aufleuchten zu lassen, sein Ebenbild und Stellvertreter gegenüber den eigenen Kindern zu sein. Das bedeutet konkret: In einer einigermaßen funktionierenden Familie lernt ein Kind grundlegende Glaubenswahrheiten, ehe es überhaupt von Gott und vom Glauben etwas „verstehen" kann. Das gilt selbst für Eltern, die keine Beziehung zu Gott haben, solange sie sich gut um das Kind kümmern. Ihre Liebe zum Kind und zueinander spiegelt etwas von der Liebe Gottes wider, unabhängig davon, ob sie selbst das so sehen oder nicht.[1]

FUNDAMENT 1: MEIN BILD VON GOTT

Eine gesunde Familie legt das Fundament dafür, dass ein Mensch später die väterliche und mütterliche Liebe Gottes an- und aufnehmen kann. Denn das durch seine Eltern geprägte Vater- und Mutterbild liefert dem Kind das unbewusste Muster für die Art, wie es selbst Gott erfährt, wenn es dem Glauben begegnet. Wer liebevolle Eltern hatte, dem fällt es nicht schwer zu glauben, dass Gott ihn beschützt, versorgt, tröstet und begleitet. Er versteht, dass Gott sich für sein Ergehen interessiert und das Beste für ihn will, auch wenn es durch schwierige Zeiten geht und nicht alle Wünsche erfüllt werden. Er kann tief in seinem Innern vertrauen, dass Gottes Pläne für sein Leben die besten sind. So kann er Gott Entscheidungen überlassen, die er selber nicht überblickt, denn er lebt in diesem tiefen Urvertrauen. Die eigene Identität und Sicherheit kommen mehr und mehr aus dem Zuspruch Gottes: „Du bist kostbar, wertvoll, begabt und schön in meinen Augen!"

FUNDAMENT 2: ICH KANN EMPFANGEN

In einer funktionierenden Familie lernt ein Kind zu empfangen. Es wird dann auch als Teenager und Erwachsener die Liebe Gottes, seine Annahme und Vergebung empfangen können. Es hat nämlich erfahren, dass es sich die lebenswichtigen Dinge nicht verdienen muss, sondern frei geschenkt bekommt. Deswegen kann solch ein Mensch auch in der Gegenwart Gottes zur Ruhe kommen und auftanken. Er lässt sich trösten. Er lebt in der inneren Offenheit, die Heilung für seine Mängel und Wunden von Gott zu erbitten und anzunehmen. Oft lernen Kinder in der Familie auch, die Liebe von Geschwistern zu empfangen, und entwickeln so die Fähigkeit, sich auf die Liebe der Geschwister in der Gemeinde einzulassen und sie selbst zu schenken. Der Entwicklungspsychologe Erik Erikson formuliert:

Die einfachste und früheste soziale Verhaltensweise ist das ‚Nehmen‘, nicht im Sinne des Sich-Beschaffens, sondern in dem des Gegeben-Bekommens und Annehmens.[2] Damit werden zugleich im Kind auch *„die notwendigen Grundlagen entwickelt, ein Gebender zu werden.“*[3]

Dennoch bleibt auch in der besten Familie das Empfangen nicht ungebrochen. Die Eltern wenden sich vom Kind ab und den Geschwistern zu. Mit zunehmendem Alter löst sich die Symbiose zwischen Säugling und Mutter. So erlebt ein Kind neben dem Ur-Vertrauen auch immer eine Ur-Enttäuschung. Damit stellt sich die Aufgabe:

Gegen diese sich häufenden Eindrücke von Enttäuschung, Trennung und Verlassenwerden, die zusammen einen Niederschlag von Ur-Misstrauen bilden können, muss das Ur-Vertrauen aufrechterhalten und gefestigt werden.[4]

Mit Hilfe der beruhigenden Zuwendung der Eltern lernt das Kind, seine positiven und negativen Gefühle in einem gewissen Gleichgewicht zu halten und wird damit für die Zukunft befähigt, Krisen zu bewältigen.

„Die Integration … [dieser Phase] mit allen folgenden Phasen führt beim Erwachsenen zu einer Kombination von Glauben und Realismus.“[5]

FUNDAMENT 3: UNTERNEHMUNGSGEIST
Ein Kleinkind erlebt bei seinen Eltern eine tiefe Sicherheit und Geborgenheit. Deshalb kann es auch irgendwann wagen, diesen Raum der Sicherheit zu überschreiten und seine eigene Umgebung zu erforschen. In einem fremden Umfeld sitzt es vielleicht zunächst auf dem Schoß der Mutter, bis es genug Vertrauen gefasst hat. Dann aber ist es in der Lage, die Geborgenheit der Mutter zu verlassen, um die neue Welt zu erkunden. Wenn es damit anfängt, vergewissert es sich zunächst immer wieder mit kurzen Blicken zur Mutter. Und die ermutigt es: „Ja, geh nur. Dir kann nichts passieren. Ich habe dich im Blick.“ Oder sie warnt:

„Nein, geh da nicht hin. Dort kannst du dir weh tun." Durch die wohlwollenden Augen der Mutter oder des Vaters geleitet kann ein Kind die Welt erforschen. Oft sind es besonders die Väter, die dem Kind altersgemäße Herausforderungen zutrauen und ihm so die Zuversicht vermitteln, die Schwierigkeiten des Lebens bewältigen zu können. So entwickelt sich ein ganz natürlicher Entdeckungsdrang und Unternehmungsgeist. Erikson schreibt über diese Entwicklung der Autonomie:

Mit Festigkeit muss man das Kind dagegen schützen, dass aus seinem noch unentwickelten Unterscheidungsvermögen, seiner Unfähigkeit, etwas mit dem richtigen Kraftaufwand festzuhalten und loszulassen, Anarchie entsteht. Zugleich muss man jedoch den Wunsch des Kindes, ‚auf eigenen Füßen zu stehen', unterstützen, damit es nicht dem Gefühl anheimfällt, sich vorzeitig und lächerlich exponiert zu haben, dem Gefühl der Scham also; oder jener zweiten Art von Misstrauen, dem Gefühl des Zweifels.[6]

Durch die Fähigkeit, selbst Initiative zu ergreifen, lernt ein Kind, auch anderen diese Initiative zuzugestehen, was manchmal seine eigenen Aktionen einschränkt. So gibt es

… Zeiten für das Aufsteigen der Autonomie und Zeiten für ein sinnvolles Autonomieopfer, diese jedoch erst, nachdem das Kind einen Kern von Autonomie erworben und gefestigt und auch etwas Einsicht bekommen hat.[7]

Die gleiche Dynamik ist im Leben mit Gott nötig: Ein Glaubender kann die Aufgaben dieser Welt zuversichtlich anpacken und sich zugleich immer wieder bei Gott rückversichern. Er entwickelt eine Neugier auf die Zukunft und auf das eigene Wachstum. Er lernt im Glauben eine gesunde Balance zwischen der Abhängigkeit von Gott und der eigenen Selbständigkeit. Wer Gott als seinen Vater kennt, entwickelt Tatendrang und Lust auf die Zukunft. Da er erfahren hat, dass seine Selbständigkeit von Gott gewollt und ermutigt wird, kann er in sein Glaubensleben aber auch eine Haltung tiefer Hingabe an Gott, eine reife und erwachsene Selbstaufgabe integrieren. Ebenso wird er befähigt zu einer selbstvergessenen Hingabe an die Mitmenschen oder an eine Aufgabe.

EIGENE GEDANKEN

1. Wie sieht das in meinem Leben aus?
2. Wie steht es mit meinem Gottesbild?
3. Welche Glaubensvoraussetzungen habe ich aus
meiner Herkunftsfamilie mitgebracht?

NOTIZEN

2. HEILUNG DER FUNDAMENTE

Stabile, gesunde Familien rüsten ihre Kinder also ganz natürlich mit Fähigkeiten zum Glauben aus und geben ihnen Glaubens-Möglichkeiten mit, die später die Fundamente in ihrem eigenen Leben mit Gott bilden können. Allerdings sind nicht alle Menschen in einer solchen gesunden Familie aufgewachsen. Ihre Fundamente sind daher an vielen Punkten bruchstückhaft und unsicher.

DIE ENTSCHEIDENDE ROLLE DER BINDUNG

Der psychologische Forschungszweig, der sich mit der Entwicklung des Urvertrauens in der frühen Beziehung des Kindes zu seinen Eltern beschäftigt, die sog. Bindungsforschung, vermittelt uns eine grundlegenden Einsicht: Für die gesunde körperliche, seelische, soziale – und damit auch geistliche – Entwicklung eines Kindes ist es wesentlich, dass es in den ersten drei Lebensjahren eine sichere Bindung an eine oder mehrere Bezugspersonen (in der Regel die Eltern) entwickeln kann. Der Aufbau dieser Bindung beginnt sogar schon im Mutterleib. Entscheidend für eine gesunde Bindung ist, dass die Bezugspersonen, zu denen das Kind den intensivsten Kontakt hat, feinfühlig sind. Das bedeutet, sie reagieren auf das Kind prompt und jeweils der Situation angemessen. Dabei spielen Körperkontakt und Nähe eine große Rolle. Das Kind entwickelt dadurch ein gesundes Vertrauen nicht nur zu seinen Bezugspersonen, sondern auch zu sich selbst und seiner Umwelt gegenüber.

Im deutschsprachigen Raum schätzt man, dass etwa 50 bis 60 Prozent der Menschen in ihrer Kindheit eine sichere Bindung entwickeln konnten. Die anderen haben eine in der einen oder andern Form unsichere Bindung, weil ihr Bindungsaufbau gestört wurde.

Solch eine Störung des Bindungsaufbaus kann durch verschieden Faktoren verursacht werden. Dazu gehören emotionale und psychische Belastungen der Eltern wie beispielsweise Depressionen oder eine innere, emotionale Distanz der primären Bezugspersonen, die gemischte Signale senden oder das Kind offen oder versteckt ablehnen. Ebenso führt negatives Verhalten der Eltern zu einer Störung der Bindung, etwa Aggressivität, Gewalt oder Misshandlung auf der einen Seite bzw. Desinteresse und Vernachlässigung des Kindes auf der anderen.

Dann gibt es aber auch den Fall, dass nicht die Bezugspersonen sondern die Umstände eine sichere Bindung verhindert haben, weil die Bezugspersonen für das Kind nicht ausreichend verfügbar waren: Vielleicht musste das Kind oder die Mutter in der wichtigen Bindungsphase ins Krankenhaus, was eine längere Trennung mit sich brachte. Oder die alleinerziehende Mutter musste sehr früh für den Lebensunterhalt arbeiten, ohne dass eine verlässliche und gute Bezugsperson, etwa die Oma, die dauerhafte Betreuung übernehmen konnte, so dass das Kind eine alternative Bindung hätte aufbauen können.

Solche Bindungstraumata können auch auf einer sehr subtilen Ebene entstehen, so dass sie nicht immer offensichtlich sind. Für sensible Kinder können schon harsche Kritik, emotionale Abwesenheit, der Perfektionismus der Eltern oder andere Formen elterlichen Drucks sich traumatisch auf die Entwicklung auswirken.[8] In der Seelsorge spricht man hier manchmal von einer „Mutterwunde" oder „Vaterwunde". Sie hat gravierende Auswirkungen auf die sozialen Beziehungen, die Stressresilienz (= die Widerstandsfähigkeit gegen Stress) oder die psychische Gesundheit im Erwachsenenalter.

FOLGEN FÜR DAS GEISTLICHE WACHSTUM

Die Folgen einer gestörten Bindung im Kindesalter haben auch für das geistliche Wachstum eine große Bedeutung. Sie untergraben die Fundamente des Vertrauens auf Gott und damit den Kern des Glaubens. Wenn wir diese Zusammenhänge verstehen, kann eine neue, heilsame, befreiende Dynamik in unsere Spiritualität hineinkommen, indem wir die Mängel und Wunden unseres Lebens Gott hinhalten (oft mithilfe von Therapie und Seelsorge). Keiner von uns ist dazu verurteilt, im Glaubenswachstum durch die Defizite seiner Kindheit behindert zu werden.

Gottes Liebe nicht annehmen können

Ein Mensch mit einer ungeheilten Vater- oder Mutterwunde tut sich schwer, die bedingungslose Liebe Gottes anzunehmen. Aufgrund der Erfahrungen mit seinen leiblichen Eltern trägt er vielleicht in seinem Innern das Bild eines bedrohlichen Vater-Gottes mit sich herum, unabhängig davon, wie sein Gottesbild in der Theorie aussieht. Die unbewusste Grundeinstellung ist dann: „Ich kann ihm nicht wirklich trauen!" Das wirkt sich häufig im Perfektionismus aus: „Wenn ich alles richtig mache, dann liebt er mich vielleicht doch." Das wiederum erzeugt einen enormen Leistungsdruck, der oft in der Form von Gesetzlichkeit sich selbst und anderen gegenüber zu Tage tritt. Dieser Glaube trägt dann leicht manipulative Züge: Er versucht durch sein Verhalten Gott dazu zu bringen, seine Wünsche zu erfüllen.

Der Betreffende kann sich selbst nicht annehmen, geschweige denn lieben oder Gottes Liebe glauben. Die gleiche Dynamik zeigt sich bei der Vergebung: Egal, wie oft sie ihm zugesprochen wird, er kann sie im Innersten nicht annehmen. So quält er sich endlos mit Selbstvorwürfen, Selbstverurteilung und Gefühlen der Wertlosigkeit und Verdammnis.

Eine weitere Folge kann eine innere emotionale Distanz oder Gleichgültigkeit Gott gegenüber sein. Die Person findet nur schwer Zugang zum Glauben. Für sie fühlt es sich an, als ob Gott weit weg wäre, scheinbar desinteressiert und unzugänglich. Dann bleibt oft nur noch ein intellektueller oder ethisch orientierter Glaube übrig ohne jede emotionale Begegnung.

Andere reagieren sehr allergisch auf jede Erwähnung der Gebote Gottes und jede Aufforderung zu einem Lebensstil nach Gottes Maßstäben. Sie hören darin sofort wieder die Forderung der Eltern: „Wenn du tust, was wir wollen, lieben wir dich." So kann Gott nicht sein! So darf Gott nicht sein! Sie verstehen nicht, dass Heiligung eine *Antwort der Liebe* auf die bedingungslose Liebe Gottes ist, nicht ihre Voraussetzung. Sie haben seine Liebe nicht so tief erfahren, dass es echte Liebe zu Gott in ihnen hätte wecken können. Manche verhalten sich dann Gott gegenüber wie ein Kind, das provoziert und stört, um Aufmerksamkeit zu bekommen, oder wie ein Mensch, der seine Freunde verletzt, um ihre Liebe zu testen. Sie bleiben in einer Ambivalenz von Sehnsucht nach Nähe und Ablehnung gegenüber Gott stecken.

Krisen sind Katastrophen

Für einen solchen Menschen können die Schwierigkeiten, denen er in seinem Leben begegnet, oft nicht fruchtbar werden. Er kann die darin enthaltenen Chancen zum Wachstum nicht wahrnehmen. Er bleibt im Schmerz stecken und sieht nicht, dass Gott ihm gerade auch in den Schwierigkeiten liebevoll und tröstend zur Seite steht.

Tendenziell versteht er Probleme eher als eine Strafe Gottes für sein eigenes Fehlverhalten und Ungenügen. Um negativen Konsequenzen zu entgehen versucht er entweder, sich möglichst unsichtbar zu machen, kuscht vor Gott, lässt keine kritischen Gedanken zu und verdrängt negative Gefühle. Alles, um diesen harten und fernen Gott nur ja nicht zu provozieren.

Aber auch das Gegenteil kann der Fall sein. Dann reagiert er rebellisch auf den als hart und strafend wahrgenommenen Gott: „Wenn Gott so ist, will ich mit ihm nichts zu tun haben!" Bitterkeit, Sarkasmus und Abwendung von Gott sind seine Antwort.

Menschen mit einer Mutter- oder Vaterwunde haben oft nur unterentwickelte Fähigkeiten, Leid im Glauben zu bewältigen und dennoch in der Liebe zu Gott weiter zu wachsen.

Beziehungsstörungen

Eines der großen Probleme stellt die häufig vorliegende Selbstzentriertheit dar. Ein emotional hungriger Mensch empfindet einen tiefen Mangel in sich, der als Trauer oder als Leere spürbar wird. Unbewusst ist er ständig auf der Suche, diesen Mangel zu stillen. Beziehungen zu Mitmenschen stehen für ihn letztlich unter dem Aspekt: „Fülle meinen Mangel!" Er klammert sich an den anderen und erhebt mitunter völlig unangemessene Forderungen an Ehepartner, Freunde, Pastoren oder Arbeitskollegen. Die Liebe, die wir durch andere Menschen erfahren, kann zwar einiges heilen; die Tiefe der Wunden aus der Kindheit kann sie aber nicht erreichen. Oft erheben dann die verwundeten Menschen ungerechte Anklagen gegen die anderen.

Für andere wiederum ist Nähe mit Angst verbunden, nämlich der Angst, doch wieder verlassen oder verletzt zu werden. Sie ziehen sich zurück und bleiben auf Distanz. Das fühlt sich sicherer an, als sich erneut den möglichen Enttäuschungen und Schmerzen auszusetzen, die Beziehungen mit sich bringen könnten. Tiefe Gefühle werden eher als bedrohlich empfunden; deshalb versucht man, sie zu vermeiden. Beziehungen sind so mehr von Pflichtgefühl als von Freude gekennzeichnet.

Beide Verhaltensweisen führen zu instabilen Beziehungen. Solche Menschen sind kaum in der Lage, wirklich Liebe zu geben und sich an andere zu verschenken. So bleibt ihnen auch die Hingabe an Gott erschwert oder gar verschlossen. Denn die wurzelt in einer Liebe zu Gott, die die Antwort auf seine empfangene Liebe darstellt.

HEILUNG SUCHEN

Frühkindliche Defizite haben besonders gravierende Auswirkungen. Aber auch spätere Verletzungen können tiefgreifende Folgen für einen Menschen haben. Die gute Nachricht lautet: Es gibt Heilung durch die väterliche und mütterliche Liebe Gottes! Seine Liebe kann tatsächlich den Mangel an menschlicher Liebe ersetzen. Er allein ist die Quelle, die alle menschlichen Bedürfnisse in ihrer letzten Tiefe stillt. Seine heilende Kraft hat sogar Zugang zu meiner Vergangenheit. Für Gott sind alle Momente meines Lebens gegenwärtig, so dass seine Heilung auch die Punkte meiner Kindheit erreichen kann, an denen sich äußerlich nichts mehr ändern lässt. Seelsorge, Therapie und die Gemeinschaft mit Menschen, die die Liebe Gottes ausstrahlen, können mich zum himmlischen Vater führen, der meine Wunden verbindet und meinen Mangel stillt.

Auf die eine oder andere Weise hat nahezu jeder von uns Lebenswunden, die Heilung brauchen. Es gibt nämlich keine perfekten Eltern oder Lebensumstände. Nach den Ergebnissen der Bindungsforschung müssen wir damit rechnen, dass bei etwa 40 Prozent der Menschen eine unsichere Bindung oder eine tiefergreifende Bindungsstörung vorliegt.[9] In christlichen Gemeinden dürfte der Prozentsatz sogar noch höher liegen, da sich Menschen mit einem gefühlten Mangel zunächst von der Liebe anderer in der Gemeinde angezogen fühlen. Dann öffnen sie sich auch in der Folge für den Glauben, weil sie spüren, dass sie Gott brauchen. Und sie dürfen in christlichen Gemeinden erwarten, dass sie Unterstützung bekommen, um sich dem großen Heiler Gott anzuvertrauen. Damit sind sie in guter Gesellschaft, wie die Bibel zeigt.

BIBLISCHE BEISPIELE

Wenn man sich die Lebensgeschichten biblischer Personen anschaut, lassen sich dort Spuren von traumatischen frühkindlichen Erlebnissen finden:

Mose

Der König Ägyptens hatte befohlen, alle männlichen Kinder der Hebräer zu töten. Man kann vermuten, dass Mose schon in den ersten Lebensmonaten unbewusst die Bedrohung seines Lebens gespürt haben dürfte: die Angst seiner Eltern, er könnte entdeckt und wie alle anderen neugeborenen Jungen getötet werden (2.Mose 1-2). Gott bewahrte sein Leben. Trotzdem waren die Ereignisse für die innere Entwicklung des Mose traumatisch: Bis zur Entwöhnung durfte er zwar bei seiner Mutter bleiben; sie erfolgte damals oft erst mit zwei oder drei Jahren. Dann aber wurde er von einem Tag auf den anderen aus seiner vertrauten Umgebung herausgerissen und in eine neue Umgebung versetzt. Am königlichen Hof wuchs er nun im Haushalt einer der Prinzessinnen unter völlig fremden Menschen auf. Er verstand die Sprache nicht, lebte in einer neuen Kultur und war völlig abgeschnitten von allen bisherigen Bezugspersonen, insbesondere von seiner Mutter. Was für ein Trauma für einen Dreijährigen!

Samuel

Ähnliches hatte Samuel erlebt (1.Samuel 1-2). Auch er wurde im Alter von vermutlich drei Jahren von seiner Mutter weggegeben, um am Tempel eine Erziehung durch den schon etwas senilen Priester Eli zu bekommen und ihm zu dienen. Nur einmal jährlich durfte er seine Eltern sehen. Man kann sich vorstellen, wie die Tage und Nächte des kleinen Jungen aussahen, der den Schmerz des Verlassenwerdens tief in sich verschließen musste, um innerlich zu überleben.

Josef

Josef erlebte als Kind den Tod seiner Mutter, die bei der Geburt seines jüngeren Bruders starb. So wuchs er mutterlos auf, wurde vom Vater verwöhnt und dafür von seinen zehn älteren Brüdern abgelehnt. Die Ablehnung seiner Geschwister steigerte sich bis zum Hass; sie wünschten ihm den Tod und warfen ihn in eine Zisterne. Nur dem Eingreifen Gottes und den Gewissensbissen eines seiner Brüder verdankte er es, dass er dem Tod entging und als Teenager „nur" in die Sklaverei nach Ägypten verkauft wurde (1.Mose 35,16ff; 37).

Schicksale von Todesangst, Verlassenheit, Bindungsabbrüchen, Menschenhandel – und all das auch noch im besonders verletzlichen Kindes- und Jugendalter. Dennoch sind Josef, Mose und Samuel zu starken Männern Gottes geworden, die mit ihrem späteren Leben und ihrem Charakter Gott Ehre machten. Allerdings mussten sie dazu einen Heilungs- und Veränderungsprozess durchlaufen.

Mose hatte als junger Erwachsener seine unbeherrschten Aggressionen nicht im Griff, beging einen Mord und musste aus Ägypten fliehen (2.Mose 2). Vierzig Jahre seines Lebens vergingen, bis er in der Lage war, seiner Berufung nachzugehen und sein Volk aus der Unterdrückung zu befreien. Inzwischen hatte er gelernt, dass es nicht menschliche Aggression ist, die Befreiung bringt, sondern Gottes Macht (2.Mose 3,11).

Josef, der als Jugendlicher ein selbstverliebter Angeber war, lernte auf eine äußerst schmerzhafte Weise, nämlich durch Verrat, Verleumdung und Gefängnis (1.Mose 39-41), dass es nicht um seine eigene Bedeutung und Größe ging, sondern um seinen Charakter – und um Gottes Gnade.

Die Krisen, die diese Männer durchlitten hatten, trieben sie zu Gott. Dabei erlebten sie in einem längeren Prozess die Heilung ihrer frühen Lebenswunden und wuchsen in eine tiefere Reife ihres Lebens und Glaubens hinein.

MEIN BEISPIEL

Ich (U) möchte Ihnen einen Ausschnitt aus meiner eigenen Geschichte erzählen; nicht, weil mein Erleben so dramatisch wäre, sondern weil es so normal, fast banal erscheint. So dürfte es für viele typisch sein, die Ähnliches erlebt haben.

Als ich Mitte der 60er Jahre geboren wurde, gehörte ich noch zur Gruppe der „Baby-Boomer". Unsere Eltern waren die Nachkriegsgeneration. Die Geburtsstationen der Krankenhäuser waren überfüllt. Die Versorgung der vielen Neugeborenen musste effizient funktionieren. Die Pädagogik favorisierte praktikable und planbare Zeitpläne für das Füttern, Stillen und Schlafen der Babys.

Da meine Mutter wegen gesundheitlicher Probleme nach meiner Geburt noch zehn Tage lang im Krankenhaus bleiben musste, verbrachte ich die ersten zehn Tage meines Lebens überwiegend im Säuglingszimmer der Geburtsstation. Nur alle vier Stunden gab es einen Ausflug zu meiner Mutter, um gestillt zu werden. Nach den Worten der Säuglingsschwestern war ich der „Oberschreier" der Station. Meine Mutter hörte mich jedesmal schon von weitem, wenn ich ihr gebracht wurde.

Heute wissen Psychologen, dass Neugeborene die Trennung von der Mutter als Lebensbedrohung erleben. Sie kennen Leben nur in Verbindung mit ihr. Jeder Zeitbegriff („Sie kommt ja bald wieder!") ist ihnen fremd. Weg ist weg – und zwar für immer. Das Leben ist zutiefst bedroht. Die Quelle des Lebens ist abgeschnitten.

Auch für mich war dieses Erleben sehr bedrohlich. Aus meinen späteren Verhaltensweisen konnte ich zudem schließen, dass ich damals einen Entschluss gefasst hatte: „Mutterliebe ist etwas sehr Unsicheres. Kaum ist sie einmal da (alle vier Stunden), ist sie schon wieder weg. Besser ich lasse mich gar nicht darauf ein." So weigerte ich mich, eine tiefe Bindung zu meiner liebevollen Mutter aufzubauen. Dabei hätte solch eine Bindung viele der Ängste der ersten Lebenstage noch heilen können. Ich wagte es nicht, mich darauf einzulassen und blieb innerlich auf Distanz.

In meiner gut funktionierenden Familie wuchs ich dann zu einem unauffälligen, glücklichen Schulkind heran. Nur wenn ich auf den geistlichen Kinderfreizeiten, die ich sehr liebte und auf die ich monatelang mit Vorfreude gewartet hatte, von massiven Heimwehgefühlen übermannt wurde, verstand ich mich nicht. Ich wollte doch hier sein! Es ging mir doch gut inmitten der Freundinnen und liebevollen Betreuer! Warum war diese Verzweiflung und Panik in mir? Um das möglichst selten zu fühlen, fror ich meine Gefühle ein – und dabei dummerweise auch die positiven zusammen mit den negativen. Gleichaltrige fanden mich zu ernst und zu vernünftig. Als Teenager war ich leicht depressiv. Weder menschliche noch göttliche Liebe erreichten mich in der Tiefe.

Ab Anfang 20 lebte ich für ein Jahr in einer guten Gemeinschaft; die Heilungsprozesse dort ließen mich langsam „auftauen". Ich begann, meine Gefühle wahrzunehmen, empfing erste innere Heilung, bewältigte das Alleinsein immer besser.

Nach Studium und Vikariat heiratete ich, engagierte mich gemeinsam mit meinem Mann im Gemeindedienst und bekam zwei kleine Kinder. Anfang 30 entwickelte sich eine große berufliche Krise. Sie endete dramatisch: Wir verloren die Arbeitsstelle, die geistliche Heimat, viele Freunde und unseren guten Ruf. Aber noch schlimmer war die innere Dynamik in mir: Ich erlebte diese Krise als eine psychische Bedrohung meiner Existenz. Es fühlte sich an, als würde meine Person vernichtet werden. Die inneren Schmerzen waren schier unerträglich; ich war völlig verzweifelt. Ich fühlte mich, als würde ich in einem schwarzen Schacht abwärts stürzen; nichts gab mir irgendeinen

Halt. Theoretisch wusste ich zwar, dass Gott da war. Aber er war außen um den Schacht herum, nicht innen, wo er mich hätte halten können.

In meiner Verzweiflung begann ich eine christliche Therapie. Der Therapeut fragte mich nach meinen Kindheitserfahrungen. Zuerst war ich sehr verwundert: Da war nichts Schlimmes. Ich hatte gute Eltern gehabt, eine normale Familie, keine Brüche in der Lebensgeschichte, sogar die Schule hatte mir Spaß gemacht. Dass ich gelegentlich Angst hatte, wenn ich alleine oder unter fremden Menschen war, hatte ich meiner hochsensiblen Persönlichkeit zugeschrieben. Es war zwar hinderlich, aber ich hielt es für normal. Ich riss mich dann immer zusammen und hatte so gelernt, unter Aufbietung meiner Willenskraft damit zu leben. Dem Therapeuten reichte das nicht. Er fragte hartnäckig weiter. So erzählte ich ihm schließlich von dem „Oberschreier" auf der Säuglingsstation.

„Das muss der Grund für die Verlassenheitsängste sein!" war seine These. Er erklärte mir die psychologischen Zusammenhänge im Erleben eines Säuglings. Es klang zwar logisch, erschien mir aber doch höchst unwahrscheinlich. Das war doch das normale Erleben vieler Kinder meiner Generation. Aber schließlich war dieser Ansatz der einzige Strohhalm, der für mich greifbar war. Ich konnte mit der tiefen Verzweiflung nicht weiterleben – ich konnte ja kaum noch für unsere kleinen Kinder sorgen. So fing ich an, Gott die vermuteten Gefühle des einsamen, panischen Säuglings hinzuhalten. Es war ein reiner Verstandesakt: Ich ging davon aus, dass es wohl so gewesen sein musste. Jedesmal, wenn mich wieder Verzweiflung überflutete, stellte ich mir innerlich vor, wie ich als Neugeborene allein im Säuglingszimmer lag. Dann bat ich Jesus, zu kommen und mich auf den Arm zu nehmen. Auch das stellte ich mir bildlich vor. Ich empfand dabei keine besondere Wärme, keine Liebe, die mich erfüllte. Nur die Verzweiflung wurde langsam schwächer, bis ich wieder aufstehen und weiter meiner aktuellen Beschäftigung nachgehen konnte. Über Wochen und Monate betete ich hartnäckig immer wieder dieses Gebet. Die schwarzen Löcher meiner Gefühle wurden dabei langsam kleiner und seltener und machten mir immer weniger Angst. Über einen Zeitraum von zwei oder drei Jahren hinweg fand ich meine seelischen Kräfte wieder.

In der ganzen Zeit war Gott treu. Er versorgte unsere Familie materiell, schenkte uns neue Freunde, ermutigte uns in jeder Hinsicht und führte uns schließlich in eine neue Gemeinde. Zu meinem Erstaunen merkte ich, dass meine Mitarbeit in der Gemeinde nun eine völlig andere Qualität hatte als früher: Jetzt war mein Herz viel tiefer engagiert; die Inhalte, von denen ich sprach, waren nicht nur „richtig", sondern „wahr". Ich konnte eine natürliche, entspannte Autorität ausstrahlen, die ich früher nicht gehabt hatte. Und das Kostbarste von allem: Ich konnte mich jederzeit mitten im Alltag umdrehen und Gottes liebende Augen auf mir ruhen sehen, seine Ermutigung hören und seine Liebe spüren. Was für ein Geschenk! Was für eine Heilung! Vorher hatte ich meinen Dienst *getan* – jetzt *lebte* ich und konnte Leben weitergeben.

Zehn Jahre später erlebten wir erneut eine sehr ähnliche Krise. Wieder verloren wir unsere Arbeitsstelle und unsere Gemeinde. Es war wirklich scheußlich. Aber dieses Mal verlor ich zu keinem Zeitpunkt emotional den Boden unter den Füßen. In dieser Zeit hatte eine Beterin einen Eindruck von Gott für mich. Sie sah einen Stuhl und hörte den Satz: „Das letzte Mal ist er zusammengebrochen; diesmal wird er halten." Ich verstand das so, dass dieses Mal die Beziehungen im Leitungteam letztlich nicht zerbrechen würden. Es passierte trotzdem. Aber es war meine psychische Gesundheit, die nicht zusammenbrach. Sie blieb stabil. In allen Schmerzen und aller Trauer konnte ich in Gott ruhen, mich auf seine Führung verlassen und gewiss sein, dass er unseren Weg in seiner Hand hatte. Was für eine Heilung war da geschehen! Gott hatte ein festes Fundament in mein Leben eingezogen, das mir früher fehlte. Diese zweite Krise benutzte Gott, um uns in den Lehrdienst zu führen, in dem wir nun seit einigen Jahren sehr glücklich unterwegs sind.

HEILUNG ALS GRUNDLAGE FÜR WEITERES WACHSTUM

Daraus habe ich eins gelernt: Es ist wichtig, dass wir Heilung für unsere Lebenswunden suchen. Unser Lebensgrundgefühl, unsere Beziehungen und unser Glaube werden dadurch positiver, gesünder, sicherer, glücklicher. Ausreichend geheilte menschliche Fundamente bieten eine feste Grundlage für ein gesundes Wachstum im Glauben.

Viele von uns erleben eine grundlegende Heilung in den ersten Jahren ihres Glaubenslebens. Das geschieht in dem Maß, wie wir die Liebe Gottes erfahren und die Vaterschaft Gottes verstehen lernen. Manche dieser Heilungen bleiben uns dabei unbewusst, sie geschehen sozusagen nebenbei. Liebevolle Beziehungen und gesunde christliche Gemeinden vermitteln Heilung und Leben für die Wunden und Verletzungen unseres Lebens. Wo sonst, wenn nicht in der Gemeinschaft der von Gottes Liebe Ergriffenen sollte es einen Raum geben, in dem verletzte Menschen getragen und herausgefordert werden und dadurch zu einem stabileren Fundament finden. Seelsorgeseminare, Bücher über innere Heilung, seelsorgerliche Begleitung und ganz „normale" Therapie können kostbare Geschenke und Meilensteine auf diesem Weg werden.

Nach dieser „grundlegenden" Heilung wird Gott aber unser ganzes Leben lang weitere Wunden und Probleme unseres Lebens anpacken – eines nach dem anderen. Es ist nie zu spät, den nächsten Schritt der Heilung zu gehen.

Eine ältere Dame, eine geistliche Mutter für viele, erzählte mir, wie sie mit über 70 Jahren plötzlich anfing, immer wieder unerklärlich in Tränen auszubrechen. Schließlich kam sie zu der Erkenntnis, dass sie die Kriegstraumata ihrer Kindheit nie verarbeitet hatte. Die Erwachsenen in ihrer damaligen Umgebung waren genauso traumatisiert gewesen wie sie. Bei der Flächenbombardierung ihrer Heimatstadt war sie in einem Keller verschüttet worden; dann die Ereignisse von Flucht und Heimatlosigkeit; später ging es um den wirtschaftlichen Überlebenskampf und das Sich-Zurechtfinden als Flüchtlinge in einem alles andere als freundlichen Umfeld. Keiner hatte Zeit und Kraft oder auch nur die Aufmerksamkeit, um wahrzunehmen, dass da ein Kind war, das dringend Trost und Zuwendung gebraucht hätte. Viele Jahrzehnte lang hatte die Frau ihre Gefühle „unter der Decke" halten können. Aber jetzt, beim Älterwerden, konnten ihre seelischen Kräfte diese Verdrängung nicht länger mehr aufrecht erhalten. Der ganz alte Schmerz, die Panik und die Trauer kamen an die Oberfläche. Jetzt war es Zeit zur Heilung!

Wenn Gott Schmerzen hochbringt, wenn er den Finger auf Wunden meines Lebens legt, dann ist es sinnvoll, dem *jetzt* nachzugehen. Denn auch die seelische Bereitschaft und Fähigkeit, sich mit den alten Gefühlen auseinanderzusetzen, nimmt mit zunehmendem Alter ab. Eine innere Auseinandersetzung, die ich mein Leben lang nicht geübt habe, lerne ich in späteren Jahren nur schwer. Besser, ich bringe das jetzt ins Gespräch mit Gott, wenn die Zeit dazu reif ist. Besser, es nicht auf später zu verschieben. Je älter wir werden, umso mehr Energie müssen wir auf die Verdrängung verwenden.

Eine andere ältere Dame, die selbst geistliche Begleiterin in einer Kommunität ist, antwortete mir auf die Frage, was es denn brauche, um gut älter werden zu können: „Zwei Dinge: Erstens, Jesus näher kommen. Und dann: Heilung für das innere Kind!"

EIGENE GEDANKEN UND GEBET

1. Welche Heilung habe ich schon empfangen?
2. Legt Gott zur Zeit seinen Finger auf eine Wunde meines Herzens?
3. Wer könnte mir in einem Heilungsprozess Hilfe sein?

NOTIZEN

SEGEN FÜR DIE GEISTLICHEN FUNDAMENTE

NN, du darfst in Gott, dem Vater, ruhen. Er will alles für dich sein. Empfange die Güte Gottes, seine Fürsorge, seine Freude und Begeisterung über dich. Er hat dich immer schon bedingungslos geliebt, ehe du noch irgendetwas für ihn tun konntest. Er ist ein guter Vater, besser als jeder menschliche Vater. Er weiß, was du brauchst. Er sieht dich mit Augen voller Liebe an. Lerne, dich mit seinen Augen zu sehen!

Unter seiner Führung steht dir die Welt offen. Entdecke sie! Lerne Neues! Probiere aus! Unter seinem Schutz wird dieses Entdecken zu einem Schatz kostbarer Erfahrungen für dich.

Und wo du Heilung brauchst, begegne dir, *NN*, der

große Hirte und Tröster in all seiner Zärtlichkeit. Er wird allen Mangel stillen. Er will dir mehr geben, als es ein Mensch je könnte.

Bei all dem hat der Vater einen ganz individuellen Zeitplan mit dir, *NN*! Vergleiche dich nicht mit anderen! Miss dich nicht an der Messlatte der anderen! Hier, wo du heute stehst, begegnet Gott dir ganz persönlich. Er hebt mit dir die Schätze dieser Lebensphase.

STILLE

Versuchen Sie, innerlich auf Gott zu hören. Was spricht er zu Ihnen?

NOTIZEN

Anmerkungen

1 Dabei müssen die Eltern bei weitem nicht perfekt sein. Die Psychologen sprechen davon, dass die Eltern nur „gut genug" sein müssen. Sie können durch ihre Zuwendung viele missglückte Beziehungssituationen wieder gut machen.

2 Erikson, *Identität und Lebenszyklus,* S. 65.

3 Ebd.

4 Erikson, *Identität und Lebenszyklus,* S. 69.

5 Erikson, *Identität und Lebenszyklus,* S. 70. Mit „Glaube" meint Erikson hier zwar nicht explizit die spirituelle Dimension, sondern eine grundlegende Lebenszuversicht. Darin aber berührt er sich mit der grundlegendsten Bedeutung von „Glauben" im biblischen Sinn.

6 Erikson, *Identität und Lebenszyklus,* S. 79.

7 Erikson, *Identität und Lebenszyklus,* S. 83f.

8 So beispielsweise der Traumaforscher Colin Ross, *The Trauma Model,* Richardson, 2000, zitiert bei: Christl R. Vonholdt, *Einführung in den Artikel von Joseph Nicolosi,* Bulletin des DIJG Nr. 23, 15. Jahrgang, Heft 1, Herbst 2015,, S.44.

9 Vgl. dazu die Publikationen eines der führenden Bindungsforscher der Gegenwart, Karl-Heinz Brisch, auf der Webseite www.khbrisch.de.

3. AUFBRUCH UND LEBENSERFAHRUNG

1. DIE GEISTLICHE AUFBRUCHSZEIT

Die Zeit, in der wir Gott entdecken und zum Glauben kommen, gleicht in vielen Zügen der Jugendzeit. Ein Mann entdeckte zusammen mit seiner Frau und seinen Söhnen im Teenageralter bei einem Neuaufbruch in seiner Gemeinde die persönliche Beziehung zu Gott. Später meinte er lachend: „Wir waren damals ja alle wie die Teenager!"

JUNGER GLAUBE

Begeisterung

Die Zeit des ersten Glaubens ist bei vielen tatsächlich die Zeit des Jugendlichen oder jungen Erwachsenen. Aber auch ältere Erwachsene (wie zum Beispiel der über 70jährige Vater unserer Freundin) erleben den Aufbruch mit dem Glauben oft ganz ähnlich wie Jugendliche. Sie sind voller Schwung, Begeisterung und Kraft. „Gott ist großartig, Glauben ist spannend, die Welt steht dem Glaubenden offen." Viele beschreiben diese Zeit als eine Zeit der „Verliebtheit in Gott". Beten fällt leicht, die Bibel spricht täglich und persönlich, Gottesdienste sind faszinierende Begegnungen mit dem gegenwärtigen Gott und dem Übernatürlichen. Als ich als junge Theologiestudentin in der charismatischen Bewegung Gott neu begegnete, hatte ich immer eine aufgeschlagene Bibel auf dem Schreibtisch liegen. Es gab ja so viel Spannendes zu entdecken. Ich verschlang geistliche Bücher und musste mich mühsam vom Beten losreißen.

Johannes vom Kreuz, ein Mystiker des 16. Jahrhunderts, beschreibt, dass Gott in dieser Phase den Menschen verwöhnt wie eine Mutter ihr neugeborenes Kind:

Die Gnade Gottes ... lässt ihn in allen Dingen, die mit Gott zu tun haben, ohne jegliche eigene Anstrengung süße und köstliche geistliche Milch finden und großen Geschmack an geistlichen Übungen.[1]

Wen wundert es, dass die Begeisterung über Gott in dieser Aufbruchszeit besonders groß ist? „So groß ist Gott! Seine Macht ist unbegrenzt!" Bezeichnend ist: Es ist der jugendliche David, der sich in den Zweikampf mit dem Riesen Goliath wagt, während die älteren und erfahrenen Kämpfer des israelitischen Heers ihre Chancen „realistisch einschätzen" und sich zurückhalten (1.Samuel 17).

Radikalität

So fällt es dem Glaubenden in dieser Zeit leicht, ganze Sache mit Gott zu machen. Mit großer Radikalität und Hingabe lässt er sich auf Gott ein.

Mehr und mehr Lebensbereiche unterstellt er der Herrschaft Gottes und erlebt dabei eine grundlegende Umgestaltung hin zu einem Leben nach den Maßstäben des Reiches Gottes. Er versteht, dass die Gebote Gottes, allen voran die Zehn Gebote und das Doppelgebot der Gottes- und Nächstenliebe, für sein Glaubensleben entscheidend sind. Denn ihm ist völlig klar: Mit Gott zu leben heißt nach seinen Maßstäben zu leben. Bei Menschen, die nicht aus einer lebendigen christlichen Tradition kommen, beginnt eine radikale Neuordnung des Lebens. Alle bisherigen ethischen Maßstäbe werden auf ihre Vereinbarkeit mit dem Willen Gottes überprüft. Zu der Frage nach dem richtigen Tun kommt dann zunehmend die Frage nach den richtigen inneren Haltungen in den Blick, und damit die Frage nach der eigenen moralischen Integrität. Die Motivation für all das ist die tiefe Sehnsucht nach der ungebrochenen Gemeinschaft mit Gott, wie sie in den Seligpreisungen Jesu beschrieben wird (Matthäus

5,3-12). Die gesamte Bergpredigt leuchtet auf – und leuchtet ein. So wird sie zur Richtschnur des Lebens. Die Priorität ist klar: Gott zuerst! Und das darf alles kosten. Persönliche Integrität in der Nachfolge Jesu ist nicht billig zu haben: Der Faire ist oft der Dumme. Sich für Fehler zu entschuldigen, schmerzt unseren Stolz. Und wie peinlich ist es, wenn wir erkennen, dass wir Unrecht wieder gut machen müssen. Aber mit viel persönlichem Mut stellen wir uns diesen Herausforderungen. Es ist das höchste Ziel, dem wir dienen; dafür lohnt sich jedes Opfer. Das Opfer meines Stolzes, Opfer an Zeit, Arbeitskraft, Finanzen, an Disziplin in geistlichen Übungen wie Gebet und Fasten. Wir setzen unsere ganze Kraft dafür ein.

Neues wagen

Diese Aufbruchsphase ist auch die Zeit, Neues zu wagen. Wir sind bereit, unseren vertrauten Rahmen zu überschreiten, Wagnisse einzugehen, und uns um Jesu willen lächerlich zu machen. Wir tun Dinge, die wir noch nie zuvor getan haben. Wir erzählen vielleicht bei einem Straßeneinsatz von Gott; wir beten für die Nachbarin um Heilung. Wir entdecken neue Formen des Gottesdienstes oder der Anbetung, für die es in den Gemeinden unserer Eltern keine Vorbilder gab. Diese Formen sind echt und authentisch, Ausdruck unserer ureigensten Beziehung zu Gott. So kommt es immer wieder zu einer Erneuerung der Ausdrucksformen des Glaubens, der Formen der gelebten Beziehungen, des Gottesdiensts und der Musikstile. Gemeinden und Werke, die sich auf diese Dynamik einlassen und es schaffen, das Neue zu integrieren, erleben Erneuerung. Gelingt das nicht, entstehen neben den alten oft neue Gemeinden und Werke.

In einigen Gemeinden entdecken junge Gläubige die Geistesgaben. Zunächst erfahren wir staunend, dass Gott auch heute noch konkret unter uns wirkt. Dann lernen wir es, seine Gaben als hilfreiche Werkzeuge im Dienst für andere einzusetzen. Was ist das Sprachengebet? Wo setze ich es sinnvoll ein? Wie geht das mit dem Hören auf Gott? Wie kann ich für Kranke beten? Habe ich eine Gabe der Barmherzigkeit? Oder der Leitung? Der intensiven Fürbitte? Wir entdecken die unterschiedlichen Gaben, die Gott uns gibt und lernen es, konstruktiv damit umzugehen. Wie viel Neues gibt es da zu lernen! Jeder Tag mit Gott ist spannend, jeder Hauskreisabend, jeder Gottesdienst, jedes Seminar!

ZEIT DER GNADE

Diese Zeit ist eine Zeit besonderer Gnade. Gott tut Wunder, für uns und durch uns. David besiegt Goliath nicht mit seiner eigenen Geschicklichkeit und Kampfkraft.

David antwortete: Du trittst gegen mich an mit Säbel, Spieß und Schwert. Ich aber komme mit dem Beistand des Herrn, des Herrschers der Welt. (1.Samuel 17,45 GNB)

Auf Neubekehrten liegt oft ein besonderer Segen. Sie erleben immer wieder kleine oder große Wunder und Gebetserhörungen.

Eine Freundin erzählte über eine neu zum Glauben gekommene Frau in ihrem Hauskreis: „Es macht unglaublich viel Spaß, für sie zu beten. Wenn wir heute im Hauskreis für ihre Anliegen beten, berichtet sie nächste Woche von der Gebetserhörung!"

Gottes Reden scheint fast alltäglich zu sein, seine Führung, seine Gegenwart, seine Liebe sind jederzeit spürbar. Auch für das junge Volk Israel war die Zeit des Aufbruchs aus der Sklaverei in Ägypten eine Zeit der Wunder. Das Schilfmeer teilte sich für sie, verschlang aber die Feinde. In der Wüste wurden sie durch die Wolken- und die Feuersäule geführt. Wenn sie hungerten, fiel Manna vom Himmel und floss Wasser aus dem Felsen. Und immer wieder schenkte Gott ihnen den Sieg über militärisch weit überlegene Feinde.

ZEIT DER UNREIFE

Zugleich ist die geistliche Aufbruchszeit oft aber auch eine Zeit der Unreife, besser der Noch-nicht-Reife. Es hat noch nichts ausreifen können. Vieles muss überhaupt erst einmal ausprobiert werden.

All die neuen theoretischen Konzepte von Gott, der Welt und dem Leben im Glauben müssen erst mal längere Zeit im Leben umgesetzt werden. Noch kann man nicht beurteilen, was sich bewährt und was nicht. Die geistliche Urteilskraft muss sich noch entwickeln.

Unrealistische Erwartungen

So ist es nicht verwunderlich, wenn wir in unserer Begeisterung in manchen Dingen unrealistische Erwartungen haben.

Als Israel im 5. Jahrhundert vor Christus nach langen Jahrzehnten im Exil in Babylon überraschend wieder in sein Land zurück ziehen durfte, meinten manche, jetzt endlich würde das messianische Zeitalter anbrechen.[2] Doch es war noch Jahrhunderte lang nicht soweit! Und dann kam der Messias so anders als erwartet.

Zwei Jünger Jesu, die Zebedäussöhne, dachten in ihrer Begeisterung über die Macht Jesu, er würde auch ihnen Posten der Macht geben (Matthäus 20,26). Jesus aber machte ihnen klar, dass in seinem Reich der Größte allen dienen würde.

Nach Ostern erwarteten die Jünger, dass Jesus nun für alle sichtbar sein Reich errichten und das Großreich Davids wieder erneuern würde. (Apostelgeschichte 1,6)

Auf den Konferenzen und bei Jugendgottesdiensten hören die Jugendlichen heute: „Deine Generation wird diese Welt verändern!" Dasselbe haben wir als junge Erwachsene in der vorigen Generation gehört. Und erstaunt haben wir festgestellt, dass selbst die Großelterngeneration in den ersten geistlichen Aufbrüchen nach dem 2. Weltkrieg die gleiche Überzeugung in sich trug: Mit uns beginnt etwas völlig Neues in der Kirchengeschichte. „Auferstanden aus Ruinen ..." – auch geistlich!

Die kommende Erweckung

Wenn der eigene persönliche Aufbruch eingebettet ist in einen größeren Aufbruch, vielleicht sogar eine ganze Erneuerungsbewegung, dann verbindet er sich immer wieder mit dem Empfinden, dass Gott eine (bald) kommende umfassende Erweckung verheißt. Diese verheißene Erweckung wird oft zum Bestandteil der Vision der eigenen Gemeinde oder Gruppe. Viele übernehmen sie dann auch für ihre persönlichen Lebensperspektiven und -hoffnungen. „Wir werden einen großen Aufbruch erleben. Bereiten wir uns vor!" – „Beten wir, dass endlich die Erweckung kommen kann." Wie erwähnt, ist diese Dynamik seit dem großen Umbruch durch den 2. Weltkrieg bereits in mehreren Generationen zu beobachten gewesen. Und rückblickend können wir feststellen: Es gab tatsächlich große geistliche Veränderungen in der Welt, angefangen bei dem weltweiten charismatischen Aufbruch, zu dem inzwischen über 500 Millionen Menschen gezählt werden, über dramatische Um- und Aufbrüche in der katholischen Welt bis hin zum Entstehen großer „Christenheiten" in Asien und Afrika. In Deutschland und Europa allerdings hat sich nicht allzu viel geändert. Im Gegenteil: Hier ist das Christentum statistisch gesehen auf dem Rückzug; zwar gibt es immer wieder einzelne kleinere Aufbrüche, aber der Einfluss auf die Gesellschaft ist dramatisch zurückgegangen.

So fragen wir uns inzwischen, ob die Erwartung einer nun bald kommenden umfassenden Erweckung tatsächlich ein Reden Gottes ist oder nicht eher die für einen Aufbruch typische Begeisterung oder Sehnsucht. Ähnlich steht es mit der Überzeugung, dass Jesus bald wiederkommt. Die Erwartung, dass sein Kommen unmittelbar bevorsteht, war schon zur Zeit des Neuen Testaments groß und begegnet uns in den zwei Jahrtausenden der Geschichte der Gemeinde Jesu unzählige Male. Interessanterweise meist dann, wenn Gottes Geist stärker wirkt und viele zu einem neuen Leben im Glauben erweckt.

Selbstüberschätzung

Wenn wir von etwas Neuem erfasst sind, kommt es häufig vor, dass wir in unserer Begeisterung Dinge anfangen, die unsere Fähigkeiten und unser Maß übersteigen.

Das sehen wir schon bei Petrus. Auf die Leidensankündigung Jesu reagiert er mit großen Worten: „Selbst wenn alle andern an dir irrewerden – ich niemals!" ... „Und wenn ich mit dir sterben müsste, ich werde dich ganz bestimmt nicht verleugnen!" (Matthäus 26,33-35) Bei der Verhandlung Jesu wagt er sich sogar in den Wachhof, um mitzubekommen, was passiert. Dann aber ist er dem Druck doch nicht gewachsen und verleugnet Jesus.

Seine Ideale und seine Begeisterung waren groß, aber die Herausforderung war noch größer. Er hatte sich selbst überschätzt und die Warnungen Jesu nicht ernst genommen. Junge Glaubende packen in ihrer Begeisterung manchmal Herausforderungen an, die zu groß für sie sind. Sie überschätzen sich und ihren Auftrag, statt das Reden Jesu ernst zu nehmen.

Charakter

Eines der großen Themen, die Zeit brauchen, um geklärt zu werden, ist der Charakter. Charakter wächst an den Herausforderungen des Lebens. Grundüberzeugungen kann man auch schon als junger Mensch haben. Aber sie bewähren und festigen sich im Lauf der Jahre vor allem durch Konfliktsituationen. Ein Mensch, der neu zum Glauben kommt, hat einen Lernweg vor sich, der einfach Zeit braucht. Das gilt besonders dann, wenn er vorher nach völlig anderen Maßstäben gelebt hat und nun alles umlernen muss. So ist in der geistlichen Aufbruchszeit der Charakter oft noch nicht gereift.

Josef war ein selbstverliebter Angeber, der sich in seiner prophetisch gezeigten Bedeutung sonnte. Ohne es selbst zu merken, hielt er sich für besser als seine Brüder (1.Mose 37). Erst im Lauf vieler Jahre erkannte er durch großes Leid, dass seine Größe ihm von Gott gegeben wurde, um zu dienen: seinem Gastland Ägypten und seiner Familie.

„Gott hat mich vor euch her nach Ägypten gesandt, um viele Menschen am Leben zu erhalten" (1.Mose 45,5).

Auf den Wanderungen durch Samaria kam Jesus mit seinen Jüngern zu einem Dorf, das ihnen die übliche orientalische Gastfreundschaft und Beherbergung über Nacht verweigerte. Im Bewusstsein ihrer Vollmacht schlugen Jakobus und Johannes vor, Feuer vom Himmel fallen zu lassen. Jesus musste sie scharf zurechtweisen (Lukas 9,51-56).

Mit Scham denke ich (U) an einige Situationen zurück, in denen ich als junger Christ unduldsam, arrogant und überheblich war. Bei manchen Menschen konnte ich mich später entschuldigen.

Unweises Verhalten

Da in der Jugendzeit gemäß Guardini vieles nur von Prinzipien her gedacht wird, ohne die komplexe Realität wirklich wahrzunehmen, ist das Auftreten manchmal unweise.

Der junge König Rehabeam, der Sohn Salomos, wurde bei seiner Thronbesteigung um Erleichterung der harten Fronarbeiten gebeten, unter der das Volk zur Zeit seines Vaters Salomo gelitten hatte (1.Könige 12). Die erfahrenen älteren Berater rieten Rehabeam dazu, diesem Wunsch des Volkes nachzukommen: „Wenn du dich heute zum Diener dieses Volkes machst, ihnen zu Willen bist, auf sie hörst und freundlich mit ihnen redest, dann werden sie immer deine Diener sein." Die Berater seiner eigenen Generation jedoch rieten ihm, durch Härte seine Autorität zu demonstrieren und dem Volk noch höhere Steuern aufzuerlegen. Als der König diesem Rat folgte, sagten sich zehn der Stämme Israels von ihm los und gründeten ein eigenes Reich, das Nordreich Israel. Rehabeam blieb nur der kleinere Teil, das Südreich Juda. So zerstörte Rehabeam das Reich Davids und Salomos; berauscht von der eigenen Autorität hörte er nicht auf die Weisheit und Lebenserfahrung der Älteren. Ganz zu schweigen davon, dass er die Grundregel des Reiches Gottes missachtete: Herrschen bedeutet Dienen. Es bedeutet, das Wohl derer zu suchen, für die man Verantwortung trägt.

Wissen wie's geht

Jung zum Glauben Gekommene machen großartige Erfahrungen mit Gott. Geraten sie heute in eine problematische Situation, so erleben sie, wie Gott ihnen morgen schon hilft! Dadurch wächst ihr Vertrauen auf Gott. Das nächste Mal, wenn sie vor einem ähnlichen Problem stehen, meinen sie zu wissen, wie es geht.

Als Israel in der Wüste vor dem Verdursten war, schlug Mose auf Gottes Wort hin mit seinem Stab auf einen Felsen (2.Mose 17); sofort ließ Gott Wasser aus dem Felsen fließen. Einige Zeit später kam es zu einer ähnlichen Notlage (4.Mose 20). Mose wusste nun, was er zu tun hatte: Er schlug mit seinem Stab wieder auf den Felsen. Auch diesmal gab Gott das nötige Wasser. Aber er wies Mose scharf zurecht. Gott wollte, dass Mose dieses Mal zum Felsen sprechen sollte, statt auf ihn zu schlagen. Es ging um das konkrete Hören und den Gehorsam. Dieses Nicht-Hinhören kostete Mose seinen Anteil am Verheißenen Land.

Nach großen Erfolgen fällt es leicht zu glauben, die gemachten Erfahrungen seien allgemeingültig. So und nicht anders muss man in ähnlichen Situationen handeln – das Muster ist ja bekannt. Junge Glaubende sehen die Welt mit ihren Chancen und Schwierigkeiten als etwas, das man durch Glauben prinzipiell in den Griff bekommen kann. Die Antworten scheinen einfach und klar.

Gott fängt vieles auf

Aber so ist Gott: Wo wir uns in unserer Unreife selbst überschätzen, greift er dennoch oft ein. Ohne dass wir es merken, fängt er es auf, wenn wir versagen. Gott ist für sein Volk der starke Vater, an dessen Hand es laufen lernt:

Dabei war doch ich es, der Efraim die ersten Schritte gelehrt und es auf den Armen getragen hatte. Aber sie erkannten nicht, dass ich mich so um sie kümmerte. (Hosea 11,3 GNB)

Als ich (U) zum Glauben zurückgefunden und die Gaben des Geistes entdeckt hatte, bin ich in manchen Situationen in einen

Befreiungsdienst hineingestolpert, für den ich eigentlich nicht qualifiziert war. Ich bemerkte es nur nicht. Gott war trotzdem gnädig und befreite die Betroffenen. Im Nachhinein bin ich ihm zutiefst dankbar, dass ich in meiner Unbedarftheit die Betroffenen nicht verletzt oder beschädigt hatte, was leicht hätte passieren können. Ich war nämlich nicht in der Lage gewesen, zu unterscheiden, ob es sich um eine geistliche Belastung handelte oder um psychische Probleme, die ich mit einem Befreiungsdienst nur verschlimmert hätte.

So glückt jungen Christen manches, was älteren, erfahreneren nicht so leicht gelingt. Sie halten es dann für eine Frucht ihres starken Glaubens und merken nicht: Es ist Gott, der uns am Anfang unseres Glaubenslebens mit Extragnade fördert, um uns zum Weiterwachsen anzuspornen.

Unser großer Sohn hatte einen kleinen Freund. Eines Tages kam der kleine Vierjährige zu unserem Sohn: „Komm, lass uns kämpfen!" „Also los!", sagte unser Sohn und setzte sich auf den Boden, so dass er nun auf Augenhöhe mit dem Kleinen war. Der nahm einen langen Anlauf und warf sich mit seinem ganzen Gewicht auf unseren Sohn. Mit einem theatralischen Stöhnen ließ sich der Große nach hinten fallen, der Kleine purzelte mit ihm zu Boden. Kaum hatte unser Sohn dem Kleinen wieder auf die Beine geholfen, riss der die Arme in Siegerpose hoch: „Ich habe gesiegt!!!"

So gehen wir mit unseren Kindern um. Warum? Weil wir wollen, dass Stärke, Selbstvertrauen und Mut wachsen. Und so geht auch Gott mit uns am Anfang unseres Glaubenslebens um: Er sucht unsere Begeisterung, den Idealismus und die Bereitschaft, uns ihm ganz zu geben. Noch sucht er nicht Reife.

BLEIBENDE SCHÄTZE
Aus dieser Zeit unseres ersten Glaubens gibt es Schätze, die wir in unser weiteres Glaubensleben mitnehmen sollen:

Hingabe an Gott von ganzem Herzen

Zum reifen Glauben gehört die Bereitschaft, sich ganz Gott anzuvertrauen und das Leben nach seinen Maßstäben zu ordnen. In der Begeisterung der Aufbruchszeit fällt das leicht. Aber es ist wichtig, dass wir dies zur Grundhaltung machen und dauerhaft in unser Leben und unseren Glauben integrieren. In allen Lebensphasen bleibt dies ein zentrales Element der echten Nachfolge.

Sich auf Neues einlassen

In späteren Lebens- und Glaubensphasen wird die Selbsteinschätzung realistischer, die Wahrnehmung der Welt differenzierter und die Bereitschaft zu immerwährenden Abenteuern geringer. Dennoch wird Gott uns immer wieder herausfordern, aus unserem bewährtem Umfeld aufzubrechen. Abraham war 75 Jahre alt, als Gott ihn rief, sein Vaterland zu verlassen; so wurde er zum „Vater des Glaubens".

Mut, Dinge anzupacken, die zu groß sind

Ab und zu werden wir vor einer Aufgabe stehen, die uns zu groß ist. In der Begeisterung der Anfangszeit wird der Mut, sie anzupacken, aus unserer Selbstüberschätzung gespeist. Im Reifeprozess muss daraus zunehmend der Mut werden, Gott konkret reden zu hören und das zu tun, was er sagt. Jetzt schätze ich meine Fähigkeiten realistisch ein und weiß, dass sie nicht ausreichen. Ich weiß aber auch, dass Gott genügend Macht hat, um seine Ziele mit mir zu verwirklichen. Wenn er gesprochen hat, wage ich mich mit weichen Knien daran. Diesen Mut brauchen wir in jedem Lebensalter!

Es zählt das Ergebnis, nicht das Erlebnis!

Nicht jeder hat in der Anfangszeit seines Glaubens solch eine Begeisterung und den Überschwang der Aufbruchsstimmung erlebt. Bei manchen lief der Prozess der Hinwendung zu Gott so allmählich, dass sie keinen Zeitpunkt als Einschnitt oder definierten Anfang erlebt haben. Bei anderen war der Anfang mit Gott überlagert durch eine sehr schwere Lebenssituation, vielleicht durch Depressionen, so dass für Hochgefühle einfach kein Raum war. Aber das ist nicht wichtig! Im geistlichen Leben zählen immer die *Ergebnisse* einer Erfahrung: Was davon wird für meinen Glauben fruchtbar? Was setze ich im Leben konkret um? Gebe ich mich Gott von ganzem Herzen hin? Darf er mich herausrufen aus Bequemlichkeit und Sicherheit?

Jemand, der mit Begeisterung und Radikalität angefangen hat und die Führung Gottes samt seiner Wunder erlebt, dann aber in der Nachfolge nicht weiter wächst und bei nachlassender Begeisterung zum Namens-Christen wird, für den gilt das Wort Jesu:

Sie hören die Botschaft und nehmen sie sogleich mit Freuden an; aber sie kann in ihnen keine Wurzeln schlagen, weil sie unbeständig sind. Wenn sie dieser Botschaft wegen in Schwierigkeiten geraten oder verfolgt werden, werden sie gleich an ihr irre. (Matthäus 13,20-21)

Wichtig ist letztlich nie, was wir mit Gott erlebt haben, sondern, was davon unser Leben verändert hat, so dass wir dem Bild Jesu ähnlicher geworden sind. Eine allmähliche und nur im Rückblick sichtbare Veränderung ist genauso viel wert, wie eine Veränderung, die durch Momente bewegender Gottesnähe ausgelöst wurde.

Erlebnisse mit Gott können wir nicht selbst bewirken. Wenn wir diese geistliche Aufbruchzeit nicht voller Dynamik erlebt haben, können wir das nicht nachholen. Aber darum geht es auch nicht. Zu jedem Zeitpunkt unseres Lebens können wir uns neu dem Heiligen Geist öffnen, damit er eine tiefere Hingabe und ein tieferes Vertrauen in uns bewirkt. So können wir die genannten Schätze, die „Früchte" dieser Aufbruchzeit ernten, selbst wenn wir zur Saatzeit nicht dabei waren.

IM RÜCKBLICK

Natürlich wird diese Phase je nach Lebensalter und Temperament kürzer oder länger dauern. Und es ist eine schöne Zeit, diese Zeit des ersten Aufbruchs! Wir müssen – auch im Nachhinein – erkennen und festhalten, wie kostbar die Gnade, die neuen Schritte und die Vitalität sind, die dieser Phase innewohnen. Aber wir dürfen sie nicht idealisieren und zum Maßstab für die weiteren Jahre und Jahrzehnte unseres Glaubenslebens machen. Das wäre gleichbedeutend mit der Weigerung, weiter zu wachsen. Bei aller möglichen Unreife, Schwarz-Weiß-Malerei und allen unrealistischen Erwartungen sollen wir aber die Zeit des jugendlichen Idealismus auch nicht überspringen und gleich nach der späteren Abgeklärtheit suchen. Denn sonst würden wir einen grundlegenden Glaubens- und Wachstumsschritt verpassen.

EIGENE GEDANKEN

1. Wie war es, als ich zum Glauben kam?

2. Wie schaue ich auf diese Zeit in meinem Leben zurück?

3. Habe ich im Rückblick meinen Idealismus abgewertet und verachtet?

4. Muss ich vielleicht Buße tun über Haltungen der Unreife oder Arroganz, mit denen ich damals andere Menschen verletzt habe?

5. Kann ich die Zeit und mich als die Person, die ich damals war, annehmen?

6. Oder sehne ich mich zurück? „Wenn es doch wieder so wäre wie damals. Das war das Richtige!"

7. Kann ich die wunderschöne Vergangenheit loslassen und weitergehen?

NOTIZEN

2. DIE KRISE DURCH DIE ERFAHRUNG

Romano Guardini beschreibt, wie der junge Mensch auf dem Weg zum mündigen Mensch durch die „Krise durch die Erfahrung" geht. Wie immer ist es auch hier schwer, dieser Lebensphase feste Altersangaben zuzuschreiben. Dafür ist der Lebensverlauf bei jedem Menschen viel zu individuell. Als groben Anhaltspunkt könnte man diese Krise der Erfahrung in etwa mit dem 30. Lebensjahr beginnend ansiedeln.

Ich (U) fragte als Teenager einmal meine Mutter, ab wann sie sich erwachsen gefühlt hätte, und rechnete mit einer Antwort „Mit 20" oder höchstens „Mit 23". Sie aber meinte: „Mit 35 Jahren".

Vorher, so schreibt Guardini, meint der junge Mensch, er könne die Wirklichkeit begreifen und beherrschen. Aber tatsächlich nimmt er die Wirklichkeit eigentlich nicht wahr, sondern betrachtet sie durch die Brille seiner Ideale, Prinzipien und unrealistischen Erwartungen.

Sie wird gar nicht richtig gesehen – weder die Wirklichkeit des eigenen Seins, dessen was es kann und nicht kann ... noch die der Umgebung, der wirtschaftlichen und sozialen Zustände.[3]

Der Life-Management-Trainer Lothar Seiwert nennt diese Zeit die „Beta-Version des Erwachsen-Seins".[4] Bei Betaversionen von Computerprogrammen sind die grundlegenden Züge verfügbar und können schon ausprobiert werden. Allerdings handelt es sich um eine vorläufige Probeversion, die noch mit Fehlern behaftet ist und nicht die endgültige Version darstellt. Nicht nur nach der Meinung der Teenager aus unserer Bekanntschaft ist das Gute daran aber: Die Beta-Version ist in der Regel noch kostenlos.

Es mag sein, dass uns bisher das Leben und das Glauben noch nicht viel gekostet hat. Trotz gelegentlicher Probleme und Misserfolge sind uns oft tiefgreifende Leiderfahrungen oder das Scheitern eines Lebensentwurfes erspart geblieben. Die jugendtypische Grundüberzeugung der grenzenlosen Möglichkeiten und der eigenen Unverwundbarkeit ist noch nicht erschüttert worden.

MISSERFOLGE

Nun aber konfrontieren uns erste Misserfolge mit der Wirklichkeit. Wir stellen fest, dass alles doch etwas komplexer ist, als es früher schien. Glaube und Nachfolge sind manchmal gar nicht einfach. Die Sünde in unserem Leben ist doch hartnäckiger, als wir dachten. Nicht alle unsere Gebete erhört Gott. Wunder sind tatsächlich zum „Wundern" und eben nicht selbstverständlich. Und manchmal ist es verwirrend bis zur Verzweiflung, den Weg Gottes für uns zu erkennen.

Nun zeigt sich, ob unser Glaube in der Beta-Version stecken bleibt oder sich weiterentwickelt zu einem widerstandsfähigen Glauben.

Bei anderen ist es wie bei dem Samen, der auf felsigen Grund fällt. Sie hören die Botschaft und nehmen sie sogleich mit Freuden an; aber sie kann in ihnen keine Wurzeln schlagen, weil sie unbeständig sind. Wenn sie dieser Botschaft wegen in Schwierigkeiten geraten oder verfolgt werden, werden sie gleich an ihr irre. Wieder bei anderen ist es wie bei dem Samen, der in das Dorngestrüpp fällt. Sie hören zwar die Botschaft; aber sie hat bei ihnen keine Wirkung, weil sie sich in ihren Alltagssorgen verlieren und sich vom Reichtum verführen lassen. Dadurch wird die Botschaft erstickt. Bei anderen schließlich ist es wie bei dem Samen, der auf guten Boden fällt. Sie hören und verstehen die Botschaft, und sie bringen dann auch Frucht: manche hundertfach, andere sechzigfach und wieder andere dreißigfach. (Matthäus 13,20-23 GNB)

ANPASSUNG MEINER ERWARTUNGEN

Mündigwerden erfordert, dass ich meine Erwartungen an das Leben und meine Selbsteinschätzung der Realität anpasse: „Auch mit fünf weiteren Schulungen und Evangelisationstrainings werde ich nicht der Afrikamissionar, bei dem sich Tausende Menschen bekehren. Ich bin eher geeignet für Gespräche in kleinen Gruppen. Auch nach viel Übung im Heilungsgebet werden nicht alle gesund, für die ich bete. Nun lebe ich seit 15 Jahren bewusst und aufrichtig mit Gott und bin doch noch nicht der große, strahlende Glaubensheld geworden, sondern bezeuge meinen Glauben zwar konsequent aber eher unauffällig in meinem Leben und meinem Umfeld."

So stutzt Gott auch die Selbsteinschätzung seines Volkes zurecht:

Nicht weil ihr zahlreicher als die anderen Völker wäret, hat euch der Herr ins Herz geschlossen und ausgewählt; ihr seid das kleinste unter allen Völkern. Weil der Herr euch liebt und weil er auf den Schwur achtet, den er euren Vätern geleistet hat, deshalb hat der Herr euch mit starker Hand herausgeführt und euch aus dem Sklavenhaus freigekauft. (5.Mose 7,7-8)

Seine Gnade erweist er uns nicht, weil wir so mutig und stark sind und unser Glaube so beeindruckend ist. Vielmehr lässt er uns erkennen, dass wir tatsächlich nichts Besonderes sind, keine Helden, die Geschichte schreiben (auch wenn wir das noch so oft singen ...). Aber wir sind etwas viel Größeres: Wir sind in alle Ewigkeit von ihm geliebt und erwählt! Dieser Erkenntnisschritt ist wesentlich auf dem Weg zur Reife: Ich habe Gaben, aber ich bin nicht das Genie oder die Heldin, als die ich mich erträumt hatte. Und ich muss es auch nicht sein!

Nun steht auch die Sünde in unserem Leben, die wir eigentlich schon überwunden glaubten, wieder in neuem Gewand auf. Wir merken, dass in den Tiefen unserer Seele sehr hartnäckige Haltungen schlummern, die selbst gute Taten in ihr Gegenteil verkehren können. So hat Groeschel beobachtet:

Wenn man wächst, gibt es immer neue Horizonte und Herausforderungen. Die guten Taten von gestern erweisen sich als die Ego-Trips von heute. Was gestern nur eine Unvollkommenheit war, ist heute vielleicht die Sünde der Undankbarkeit oder Nachlässigkeit. Und noch erstaunlicher: Frühere Vertrauensschritte können plötzlich als krasse Anmaßung oder Selbsttäuschung erscheinen.[5]

Wir erkennen: Das Leben im Glauben, das Leben überhaupt, ist kein Rosengarten und kein Spaziergang, sondern eine handfeste Herausforderung. Jetzt stehen wir schließlich der Realität Auge in Auge gegenüber. Der Gegner lässt sich nicht mehr theatralisch nach hinten fallen, sondern leistet echten Widerstand, der uns alle unsere Kraft abfordert und der uns manchmal auch zu stark ist.

Enttäuschung

Das ist nach der Begeisterung der Anfangszeit und den hohen Erwartungen, die wir an die Zukunft hatten, enttäuschend. Aber Ent-Täuschung ist oft gesund. Wir entledigen uns so mancher Täuschungen, die uns daran hindern würden, das reale Leben zu bewältigen.

Immer wieder begegnen uns Menschen, die sich aufgrund ihrer sehr schwierigen Vergangenheit einer „normalen" Berufstätigkeit in unserer leistungsorientierten Gesellschaft nicht gewachsen fühlen. Mehr als einmal haben wir von einem solchen Menschen gehört, dass er sich berufen fühlt, ein Haus zu gründen und zu führen, in dem verletzte Menschen mitleben und Heilung erfahren können. Verhindert dieses „Luftschloss" vielleicht sehr effektiv, dass der Betreffende sich seiner eigenen Verletztheit stellt und sie mit Gottes Hilfe und therapeutischer Unterstützung zu bewältigen versucht?

Junge Absolventen einer Jüngerschaftsschule oder eines ähnliches Programms meinen manchmal, die beste Art, Jesus radikal nachzufolgen, sei, auf dem Missionsfeld „im Glauben zu leben". Wozu da noch eine Berufsausbildung machen? Ja: Wenn Gott eine solche Berufung gibt, wird er uns auch mit allem dazu Nötigen versorgen (und häufig tatsächlich mit einer passenden Berufsausbildung). Aber einige dieser Begeisterten hatten sich diese „Berufung" selbst gebastelt und stehen nach 10 Jahren ausgebrannt, enttäuscht und ohne Beruf vor der Herausforderung, sich nun doch der Notwendigkeit des Geldverdienens zu stellen. Wohl dem, der diese Enttäuschung eher früher als später erlebt und noch in einem vernünftigen Alter eine Ausbildung anfangen kann.

In diesem Prozess des Mündigwerdens verlieren wir manche unserer Träume. Aber wir gewinnen Realität. Träume tragen uns nicht durchs Leben. Dazu braucht es die Fähigkeit, mit der Wirklichkeit klarzukommen. „Wenn doch meine Gemeinde (mein Ehemann, meine Ehefrau, meine Arbeitsstelle, …) anders wäre, dann könnte ich auch radikal für Gott leben!" „Wenn ich endlich in meine Berufung gekommen bin, dann wird alles besser." Das ist eine unreife Haltung, die die Verantwortung für unseren Glauben auf andere oder auf die Zukunft abschiebt. Stattdessen müssen wir uns fragen: „Wie kann ich mit Gottes Hilfe aus dem, was jetzt gegeben ist, das Beste machen?" Oft ist dieses „Jetzt" schon unsere Berufung; dazu später mehr.

NEUE FÄHIGKEITEN
Wenn wir die Wirklichkeit als solche wahrnehmen, müssen wir neue Fähigkeiten lernen, um sie zu bewältigen.

Geduld
Eifer ohne Sachverstand taugt nichts; wer es zu eilig hat, macht Fehler. (Sprüche 19,2 GNB)

Geduld bringt weiter als Heldentum; sich beherrschen ist besser als Städte erobern. (Sprüche 16,32 GNB)

Geduld stellt sich der Realität, ihren Schwierigkeiten und Herausforderungen, ohne vorschnelle Lösungen zu suchen. Sie ist bereit, jeden einzelnen Schritt zu gehen, der nötig ist, um weiter zu kommen. Für den Menschen, der dies entdeckt, gilt:

Er entdeckt, was das Faktische bedeutet … das aber dasteht, mit dem gerechnet werden muss und über das nur die langsame Arbeit Herr wird … Er entdeckt jene Kraft, welche die Vorbedingung all dessen ist, was Verwirklichung heißt, nämlich Geduld.[6]

Bewährung im Alltag

So wächst nun eine neue Echtheit und „Praxistauglichkeit" im mündig werdenden Menschen. Er muss sich im Glauben in den Schwierigkeiten und Mühen des Alltags bewähren, muss das Leben bewältigen und gestalten; so wächst die Frucht.

Das Reich Gottes ist weitaus mehr als Bekehrungen, Wunder und Gemeindewachstum. Es zielt auf die Gestaltung aller Lebensbereiche von Gott her. Es will in unseren Beziehungen, in unserer beruflichen Arbeit, in unserem Engagement in Gemeinde und Ehrenamt, im Umgang mit Finanzen, im politischen Anteilnehmen – kurz: in allen Lebensäußerungen Gestalt gewinnen.

Für diesen Übergang von der Jugend zum Erwachsenenalter gibt es ein klassisches biblisches Vorbild. Israel zog, nicht ganz freiwillig, vier Jahrzehnte durch die Wüste. Die Wüstenzeit war so etwas wie seine Jugendzeit: Gott tat unglaubliche Wunder, angefangen mit dem Durchzug durch das Schilfmeer und der wunderhaften Vernichtung seiner Feinde; er schenkte Israel immer wieder den Sieg über seine Feinde und versorgte das Volk durch immer neue Wunder: Manna und Wachteln, die vom Himmel fielen, und Wasser, das aus Felsen sprudelte. Nach dem Einzug in das Verheißene Land aber änderte Gott die Strategie. Ab jetzt sollte Israel selbst die Felder bestellen; das wunderbare Manna hörte auf (Josua 5,10-12). Zwar galt für das Verheißene Land, dass dort Milch und Honig fließen sollten. Aber eben nur, wenn Israel jahrein, jahraus die Felder pflügte, das Getreide säte, erntete und drosch, das Vieh fütterte, die Ställe ausmistete und die Muttertiere molk, die Bienenstöcke pflegte und den Honig schleuderte. Mit anderen Worten: Es gehörte zum Reifwerden Israels dazu, *das Leben zu gestalten und so bleibende Frucht zu ernten.*

Die Gestaltung und Bewältigung des Alltags lässt sich mit der Tätigkeit eines Goldwäschers vergleichen, der einige Schaufeln Sand aus einem verheißungsvollen Bach in seine Pfanne schüttet. Nach und nach spült er dann den Sand davon, bis am Schluss vielleicht ein paar Körnchen des schwereren Goldes am Boden der Pfanne zurückbleiben. Wenn er den Sand verachten und sich weigern würde, ihn in seine Pfanne zu schaufeln, bekäme er überhaupt kein Gold. Das gleiche gilt für uns. Wenn wir auf Dauer den Alltag und die Normalität unseres Lebens verachten und lieber auf immer neue außergewöhnliche Erfahrungen warten, dann finden wir die Goldkörner der Gegenwart Gottes nicht und stehen am Ende mit leeren Händen da. Dazu gehören auch Erfahrungen, wie sie Guardini beschreibt:

Er erfährt, wie armselig das Dasein oft ist. Entmutigend kommt ihm zu Bewusstsein, was das heißt: ,Durchschnitt' und ,Alltag'; wie selten die wirklichen Begabungen und bedeutenden Leistungen sind, ebenso wie die großen Geschehnisse, im Guten und im Schlimmen.[7]

Die großen Geschehnisse sind selten – das ist zunächst eine Enttäuschung. Wie gerne wären wir ständig Teil großartiger Events, besonderer Erlebnisse oder vollmächtiger Gemeinden oder Werke. All das ist gut, und wir dürfen es wertschätzen, wenn wir es erleben. Aber es gilt eben auch, und das ist letztlich eine enorme Entlastung: Ich muss nichts Großes sein oder erleben, um ganze Sache mit Gott zu machen und um in seinem Willen zu leben. Sicher gibt es außergewöhnliche Begabungen und Berufungen. Aber die allermeisten Christen haben eine Berufung zur Gestaltung des Alltags. Diese Berufung erfüllt sich unauffällig und unbemerkt von der Kirchen- und Weltgeschichte und macht doch Gott Ehre. Es gilt: Gott liebt Menschen mit außergewöhnlichen Berufungen kein bisschen mehr als die mit den alltäglichen.

KRISEN GEISTLICHER BEWEGUNGEN

Tritt man einen Schritt zurück und schaut sich das größere Bild an, dann liegt die Frage nahe: Gibt es solch eine „Krise durch die Erfahrung" nicht auch im Leben geistlicher Bewegungen und Werke? Denn auch hier lässt sich Ähnliches beobachten: Immer wieder gibt es Zeiten bewegender Aufbrüche, der Bekehrungen und Wunder, der vollen Kirchen und Stadien. Dann kommt der Versuch, nicht nur Glauben und Gemeinde zu leben, sondern auch die Welt insgesamt zu gestalten. Dabei hat es den Anschein, dass diese „Welle" verebbt und die Routine, die manchmal mühsame Arbeit des Alltags angesagt ist. Glaube lebt und entfaltet sich nun in Gruppen, deren Wurzeln tief genug waren, um den Schritt zu bewältigen, den Glauben im Alltag zu bewähren.

Ist dieses Abebben der Begeisterung ein Verlust? Oder ein nötiger Reifeschritt? Kann eine Bewegung auf Dauer nur in der vollen Blüte des Frühlings leben, ohne die anderen Jahreszeiten, ohne Sommer, Herbst und Winter mit ihren je besonderen Gaben und Aufgaben? Man sagt, dass Apfelbäume im nächsten Jahr nur dann Frucht tragen, wenn sie durch die Kahlheit und Kälte des Winters gegangen sind.

ZWISCHEN IDEALISMUS UND RESIGNATION

Wenn Gott unser Leben so eingerichtet hat, dann stehen wir vor der Herausforderung, einen guten Weg zu finden und weder rechts noch links vom Pferd zu fallen.

Idealismus wird zur Gesetzlichkeit

So versuchen manche, hartnäckig daran festzuhalten, dass die Dinge und das Leben so laufen müssen, wie sie es sich von der Theorie her vorgestellt haben. Und schienen nicht die Wunder und die Bewegtheit der Anfangszeit genau das zu versprechen? Ist das nicht Gottes Verheißung? Hat er nicht zugesagt, uns „über die Höhen" zu führen „von einer Herrlichkeit zur anderen"[8]? Wenn die Realität nun anders aussieht, so muss das an uns liegen oder an den anderen um uns herum. „Wenn wir nur genug glauben würden … mehr beten … es ernst genug meinen …!" „Wir müssen Buße tun über unsere Lauheit! Dann wird es wieder wie am Anfang! Dann kann Gott eine neue Erweckung schenken!" Sehr schnell wird daraus eine Gesetzlichkeit, die uns und andere unter Druck setzt. Die jugendliche Überzeugung der unbegrenzten Machbarkeit wird nicht überwunden. Sie bleibt als Forderung an uns und andere fortbestehen und wird zunehmend unduldsam und verurteilend.

Desillusionierung und Resignation

Andere dagegen verfallen der Enttäuschung. „Es lohnt sich ja doch nicht, mein Leben ganz auf Gott zu setzen. Es war alles nur ein unreifer Hype. Darüber bin ich jetzt hinausgewachsen." Sie resignieren, geben die Nachfolge auf und fallen in das übliche Muster eines „weltlichen" Lebens zurück. Sie verwechseln Reife mit Abgeklärtheit oder Leidenschaftslosigkeit. Aber das ist nur eine andere Form der Stagnation. Sie pflegen ihren Egoismus, suchen Erfüllung in materiellen Dingen und achten auf ihre Bequemlichkeit.

Eure Liebe ist wie eine Wolke am Morgen und wie der Tau, der bald vergeht. (Hosea 6,4)

Als die Hitze des Alltags kam, sank ihr Glaube in sich zusammen. Christsein ist jetzt vor allem eine kulturelle Angelegenheit und eine Sache für's Gemüt – ein Sahnehäubchen auf einem satten Leben, das sich ansonsten nicht vom Mainstream der Gesellschaft unterscheidet. Oder er wird zu einem allgemeinen Gutmenschentum, das von anderen (am liebsten der Gesellschaft insgesamt) einfordert, was man selbst nicht zu geben bereit ist. Liebe zu Gott heißt nun nicht mehr Hingabe von ganzem Herzen; sondern es bedeutet, Gott „einen guten Mann sein lassen", der dazu da ist, uns zu segnen, wenn wir gerade vor einem Problem stehen.

3. BESTÄNDIGE LIEBE

Durch diese Krise der zunehmenden Lebenserfahrung, durch Misserfolge und Enttäuschungen hindurch kann man aber auch zu einer tieferen Liebe zu Gott finden. Auch ohne emotionale Höhenflüge und mit einem realistischen Blick auf das Leben kann man leidenschaftlich und von ganzem Herzen Jesus nachfolgen. Immer wieder fordert Paulus deshalb die Gläubigen zu Besonnenheit und Nüchternheit auf, wie zum Beispiel im Titusbrief:

… besonnen zu sein, ein glaubwürdiges Leben zu führen, verantwortungsbewusst zu handeln und sich im Glauben (oder: der Treue), in der Liebe und in der Geduld zu bewähren. (Titus 2,2 NGÜ)

Man kann besonnen, nüchtern und verantwortungsbewusst und doch radikal glauben und lieben. Für eine dauerhafte Liebe zu Gott ist nicht dauerhafte Begeisterung nötig, sondern Treue. Treue ist eine der drei zentralen Ausprägungen des Glaubens, die uns an Gott festhalten lässt, gerade wenn es am schwierigsten erscheint: in der Trockenheit. Eine tragfähige Liebe zu Gott beruht nicht auf intensiven Emotionen, sondern auf dieser Treue.

In den Biografien geistlicher „Helden" erfahren wir oft von den Krisenzeiten, den bestandenen Gefahren oder Siegen, den Wundern und Abenteuern, den außergewöhnlichen Führungen. Selten wird von langen Jahren treuer Alltagsarbeit berichtet. Sie reißen einen einfach nicht vom Hocker. Wer würde so ein Buch schon kaufen? Dennoch fordert Paulus uns auf zu beten, dass

… wir ungestört und in Frieden ein Leben führen können, durch das Gott in jeder Hinsicht geehrt wird und das in allen Belangen glaubwürdig ist. (1.Timotheus 2,2, NGÜ)

Gott lieben heißt, bereitwillig anzunehmen, was er uns schenkt: Außergewöhnliches wie Alltägliches, Wunder oder geduldige Arbeit. Diese Bereitschaft anzunehmen, was er gibt, ist nichts anderes als Demut. Es ist kein Zeichen besonderer Hingabe, wenn wir unzufrieden und nörglerisch darauf bestehen, dass Gott uns anders begegnen muss, als er es im Moment tut. Wenn Hiob sogar letztlich sein Leid annehmen konnte, sollten wir nicht auch Normalität und Alltäglichkeit aus Gottes Hand nehmen können?

Der Herr hat gegeben und der Herr hat genommen. Ich will ihn preisen, was immer er tut! (Hiob 1,21 GNB)

4. WACHSTUMSAUFGABEN

So stellen sich uns an diesem Übergang zur geistlichen Mündigkeit eine Reihe konkreter Wachstumsaufgaben:

DANKEN, LOSLASSEN, BEJAHEN

Dankbarkeit

Wir sollen und dürfen dankbar für die begeisternden Aufbrüche sein, an denen wir vielleicht teilhaben durften. Wir können mit Wertschätzung auf das sehen, was Gott uns in dieser Zeit geschenkt und gelehrt hat. Und wir dürfen ihm danken, dass er heute noch der gleiche ist, in den Herausforderungen des Alltags und in den neuen Aufgaben, die das Wachstum mit sich bringt.

Loslassen und tiefer lieben

Zu der Dankbarkeit gehört auch, diese ersten Erfahrungen nicht zum Maß aller Dinge zu machen, sondern loszulassen und weiter zu wachsen hin zu einem Glauben, der sowohl in Schwierigkeiten als auch in den „Niederungen" des Alltags bestehen kann. Das fordert uns heraus, Geduld und Treue zu entwickeln, Besonnenheit und Nüchternheit zu lernen. Darin vertieft sich unsere Liebe zu Gott. So wie in der Ehe nicht die Verliebtheit eine Beziehung auf Dauer tragfähig macht, sondern die wachsende Freundschaft, so basiert eine belastbare Liebe zu Gott auf klaren Prioritäten, auf immer neuem Fragen nach dem, was ihm wichtig ist, auf einer beständigen Aufmerksamkeit für sein Handeln in allen Bereichen unseres Lebens. Darin werden wir dann immer wieder auch zu ungewöhnlichen Erfahrungen und mutigen Schritten herausgefordert.

Unseren Weg bejahen

Vielleicht müssen wir erkennen, dass manche unserer Träume unrealistisch waren, weil sie sich letztlich aus menschlicher Abenteuerlust speisten oder dem Bedürfnis, etwas Besonderes zu sein. Möglicherweise haben wir uns mit andern verglichen und sie um ihre Berufung beneidet, statt unsere eigene Berufung anzunehmen. So leben wir in einer Illusion. Anselm Grün schreibt:

In Gesprächen mit ausgebrannten Menschen wird mir meist sehr schell deutlich, dass ihre Erschöpfung nicht in der Menge der Arbeit oder in der Art der Arbeit liegen kann, auch nicht an den Erwartungen, die von außen auf sie einströmen, nicht einmal an den äußeren Umständen ihres Lebens. Meist ist es der Unfrieden, den sie in sich spüren. Sie wehren sich letztlich gegen das Leben, so wie es ihnen Gott zumutet. Sie hängen lieber ihren Illusionen nach und leben in der Fantasie, wie ihr Leben sein sollte. Genau dieser Zwiespalt zwischen ihren Illusionen und ihrer Realität raubt ihnen dann jede Energie.[9]

Unsere tiefste und besondere Bedeutung liegt darin, dass Gott uns gewollt und geschaffen hat, so wie wir sind. Wir müssen dafür nicht irgendeine Norm, ein Lebensideal erfüllen. In vielen Punkten liegt es auch überhaupt nicht in unserer Macht, wie unser Lebensweg verläuft. Wir haben allerdings die Wahl, wie wir uns dazu verhalten und wie wir uns dabei zu Gott stellen. Es ist die Wahl zwischen Wachstum oder Stagnation.

DEN VIELFÄLTIGEN SEGEN GOTTES WAHRNEHMEN
Dennoch sollen wir die Zuversicht behalten, dass Gott in dieser Welt und in uns machtvoll wirkt, dass sein Handeln und seine Erlösung Menschenleben verändert. Aber allzu oft sehen wir den Segen Gottes nur in den augenblicklichen Veränderungen und der überraschenden Hilfe.

Ich (U) habe im Lauf meines geistlichen Lebens mich oft an Worten von Konferenz-Ankündigungen oder Seminarreferenten festgehalten, die den Teilnehmern versprachen, dass Gott sie in eine völlig neue Dimension von Glauben, Autorität oder Heiligkeit führen würde.

Lange Jahre hoffte ich immer wieder neu auf einen „Durchbruch", der alles verändern würde, was in meinem Leben nicht gut lief. Dieser Durchbruch kam nie. Im Rückblick aber kann ich sehen, dass Gott tatsächlich große Veränderungen und Heilung in meinem Le-

ben bewirkt hat. Aber diese Veränderungen geschahen langsam, oft unbemerkt, Schritt für Schritt. Es ging durch Tiefen und auch über manche Höhen. Aber jetzt erkenne ich, dass Gottes Segen zwar kaum einmal als Sturzbach kam, aber dass er beständig „tröpfelte" und so im Lauf der Jahre eine tiefgreifende Befruchtung in meinem Leben bewirkte. Gottes Wirken zeigte sich im einzelnen Moment ganz unscheinbar; aber auf die Länge der Zeit hat es sich als machtvoll erwiesen. Die Bereiche meines Lebens, in denen ich früher so dringend auf einen Durchbruch gewartet habe, sind nun tatsächlich neu geworden – und werden immer weiter verändert. Aber das ist nicht auf einmal geschehen, sondern in Jahren innerer Heilung, zunehmender Heiligung und dem konkreten Leben im Alltag unter der Herrschaft Gottes. Wie groß ist Gott!

So müssen wir lernen, den vielfältigen Segen Gottes zu erkennen, der nicht in unser manchmal viel zu enges Schema passt:

Den *Segen des Vaters*, des Schöpfers, der nicht nur uns geschaffen hat, wie wir sind, sondern auch die Prozesse und Gesetze dieser Welt. Er selbst wirkt durch sie, durch ganz „natürliches" Wachstum, durch menschliche, berufliche und psychologische Weisheit, durch die Gaben der Schöpfung, wie beispielsweise in der Medizin …

Den *Segen des Sohnes*, des Erlösers, der uns befreit aus der Knechtschaft des Selbst, des Erfolg-Haben- und Groß-Sein-Müssens, weil er auch unsere Misserfolge und selbst unser Scheitern erlöst. Er schafft aus Zerbruch das Neue. Er liebt das Kleine und Unscheinbare. Er stellt uns auch in die Gemeinschaft des Volkes Gottes, in dem wir einander in unseren Wachstums- und Reifeprozessen helfen.

Und den *Segen des Heiligen Geistes*, des Neuschöpfers, der Wunder tut, der uns von innen heraus verändert und den neuen Menschen hervorbringt, in dem wir die „Kräfte der kommenden Welt" schmecken (Hebräer 6,5) und in unserem Leben hier schon wirksam erfahren. Er hat den „langen Atem", bis er uns vollendet haben wird in dem kommenden Reich Gottes.

EIGENE GEDANKEN UND GEBET

1. Entdecke ich mit Gott zusammen den „Alltag"? Oder ist er mir eher eine Last?

2. Besteht bei mir bzw. in meiner Umgebung die Gefahr der Gesetzlichkeit oder der Resignation?

3. Wie definiere ich „Segen Gottes"? Gäbe es da mehr zu entdecken?

4. Was für Gefühle lösen Begriffe wie „Treue", „Demut" oder „Geduld" bei mir aus? Warum?

NOTIZEN

GEBET

Herr, ich danke dir für alles, was du mir im Lauf meines Glaubenslebens schon geschenkt hast! Voll Dankbarkeit schaue ich es vor dir noch einmal an. Wie kostbar war diese Zeit der ersten Liebe zu dir.

Ich will auch aus deiner Hand annehmen, dass mein Glaube sich weiter entwickelt hat und heute andere Herausforderungen an mich stellt. Ich nehme auch das aus deiner Hand. Vor dir lasse ich Enttäuschung und Wehmut los.

Gib mir Augen, die sehen, wo du die Goldkörner deiner Gegenwart und deines Segens in meinen Alltag streust.

Anmerkungen

1 Johannes vom Kreuz, *Die dunkle Nacht*, Herder-Verlag, Freiburg i.B., 11. Auflage 2013, S. 33.

2 Texte der Propheten aus dieser Zeit, z.B. Sacharja 2 oder Jesaja 40 scheinen das widerzuspiegeln. Die allgemeine Erwartung war: Gottes Herrschaft über die Welt und sein Friedensreich brechen jetzt an!

3 Guardini, *Lebensalter*, S. 39.

4 Lothar J. Seiwert, in Anlehnung an Gail Sheehy; http://bit.ly/1qlkqog, abgerufen am 23.3. 2016

5 Groeschel, *Spiritual Passages*, S. 104, eigene Übersetzung.

6 Guardini, *Lebensalter*, S. 41.

7 Guardini, *Lebensalter*, S. 41.

8 Diese Aussagen stammen aus Habakuk 3,19 und 2.Korinther 3,18.

9 Anselm Grün, *Quellen innerer Kraft*, Herder Verlag 2015, S. 94; zitiert nach: Birgit Schilling, *Verwandelt – Werden, wie Gott mich gedacht hat*, Witten 2016.6.

4. MARIA MAGDALENA: „HALTE MICH NICHT FEST!"

Maria Magdalena gilt bis heute als eine geheimnisumwitterte Frau: Ihr Name bedeutet nichts anderes als „Maria aus dem Ort Magdala" am See Genezareth. Wilde Spekulationen heften sich an sie. Schon in der Gnosis der ersten Jahrhunderte, dem esoterischen Gegenstück zum damaligen Christentum, galt sie als Jüngerin, die Jesus in besondere Geheimnisse eingeweiht habe. Heute meinen manche sogar, sie sei die Geliebte oder Ehefrau Jesu gewesen. Nichts davon stimmt. Es sind Auswüchse einer blühenden Fantasie, die sich auf eine der bemerkenswertesten Personen des Urchristentums richtet. Auslöser dafür, dass diese Frau die Fantasie immer wieder so stark beschäftigt hat, ist ihre Begegnung mit dem auferstandenen Jesus. Es ist die erste Erscheinung des Auferstandenen überhaupt. Sie wird in Johannes 20 höchst eindringlich geschildert:[1]

Am ersten Tag der neuen Woche, frühmorgens, als es noch dunkel war, ging Maria aus Magdala zum Grab. Sie sah, dass der Stein, mit dem man das Grab verschlossen hatte, nicht mehr vor dem Eingang war. Da lief sie zu Simon Petrus und zu dem Jünger, den Jesus besonders lieb gehabt hatte, und berichtete ihnen: „Sie haben den Herrn aus dem Grab weggenommen, und wir wissen nicht, wohin sie ihn gebracht haben."

Jetzt wird kurz erzählt, wie die beiden Jünger zum leeren Grab laufen und hineinsehen, aber nichts weiter erkennen. So kehren sie wieder zurück.

Maria aber blieb draußen vor dem Grab stehen; sie weinte. Und während sie weinte, beugte sie sich vor, um ins Grab hineinzuschauen. Da sah sie an der Stelle, wo der Leib Jesu gelegen hatte, zwei Engel in weißen Gewändern sitzen, den einen am Kopfende und den anderen am Fußende. „Warum weinst du, liebe Frau?", fragten die Engel. Maria antwortete: „Sie haben meinen Herrn weggenommen, und ich weiß nicht, wohin sie ihn gebracht haben." Auf einmal stand Jesus hinter ihr. Sie drehte sich nach ihm um und sah ihn, erkannte ihn jedoch nicht. „Warum weinst du, liebe Frau?", fragte er sie. „Wen suchst du?" Maria dachte, es sei der Gärtner und sagte zu ihm: „Herr, wenn du ihn weggebracht hast, sag mir bitte, wo du ihn hingelegt hast, dann hole ich ihn wieder." „Maria!", rief Jesus. Da wandte sie sich um und rief: „Rabbuni!" Das ist Hebräisch und heißt: „Mein Lehrer!" Jesus sagte zu ihr: „Halte mich nicht fest! Ich bin noch nicht zum Vater aufgestiegen. Geh aber zu meinen Brüdern und sag ihnen: Ich gehe hinauf zu meinem Vater und zu eurem Vater, zu meinem Gott und zu eurem Gott." Da ging Maria aus Magdala zu den Jüngern zurück und verkündete ihnen: „Ich habe den Herrn gesehen!"

DIE VERGANGENHEIT

Um die Bedeutung dieser Erzählung voll erfassen zu können müssen wir uns zunächst mit der Person der Maria beschäftigen. Im Neuen Testament wird nicht allzu viel von ihr erzählt. Dass sie aber überhaupt namentlich erwähnt wird, zeigt, dass sie eine der maßgeblichen Personen der Urgemeinde gewesen ist. Was wissen wir von ihr?

Zunächst: Maria von Magdala ist eine Frau. Das klingt banal, ist es aber nicht. Wir können uns heute kaum mehr vorstellen, was das zur Zeit Jesu bedeutete. In allen Gesellschaften der Antike, einschließlich des Judentums, waren Frauen Menschen zweiter Klasse. Nur der Mann war ein Mensch im vollen Sinn; die Frau war es nicht. Sie galt als minderwertig, als defizitärer Mensch, und musste deshalb in allem hinter dem Mann zurückstehen. So dankt ein griechischer Philosoph dem Schicksal, „dass ich kein Tier bin, keine Frau und kein Barbar"[2], und der fromme Jude pries Gott dafür, dass „ich kein Heide bin, und keine Frau".

Bis in die Moderne lautete ein Lobspruch des jüdischen Morgengebets: „Gelobt seist du, Ewiger, unser Gott, Gebieter der Welt, der mich nicht als Frau geschaffen hat!"[3]

Die minderwertige Stellung der Frau äußerte sich in vielen Bereichen: Ein Synagogengottesdienst kam erst zustande, wenn mindestens zehn Männer anwesend waren, unabhängig davon, wie viele Frauen da waren. Frauen durften nicht die Tora studieren; sie konnten erst recht nicht Schülerin („Jünger") eines Rabbis werden.[4] Vor Gericht galt das Wort einer Frau nichts. Das hat Auswirkungen bis in das Neue Testament hinein. Zwar formulierte Paulus für die Gemeinde Jesu *„Hier gibt es keinen Unterschied mehr zwischen Juden und Griechen, zwischen Sklaven und freien Menschen, zwischen Mann und Frau. Denn durch eure Verbindung mit Jesus Christus seid ihr alle zusammen ein neuer Mensch geworden"* (Galater 3,28 NGÜ). Trotzdem verzichtete er in seiner Liste von Auferstehungszeugen darauf, die Frauen zu nennen, obwohl sie die ersten gewesen waren, denen Jesus erschienen war (1.Korinther 15,5-8). Der Grund lag darin, dass sie in den Augen ihrer Mitmenschen kein gültiges Zeugnis geben konnten.

Maria von Magdala wuchs also mit dem Handicap auf, Mensch zweiter Klasse zu sein. Das hatte sie von klein auf verinnerlicht. Aber es gab noch Schlimmeres in ihrem Leben. Offensichtlich war sie psychisch komplett zerrüttet. Denn Lukas überliefert, dass Jesus bei ihr sieben Dämonen ausgetrieben hatte (Lukas 8,2). Das Ereignis war so markant gewesen, dass man sich noch nach Jahrzehnten daran erinnerte. Sicherlich hatten die Jünger Jesu bei seinem Befreiungsdienst nicht mitgezählt, wie viele Dämonen es gewesen waren. Die Zahl „sieben" dürfte hier, wie auch sonst häufig, für die „Fülle" stehen: Maria von Magdala war umfassend dämonisiert, ohne dass das inhaltlich näher beschrieben wird. Mit anderen Worten: ihre Persönlichkeit war zerstört. Bei einer solch schweren Dämonisierung aber hatten die Betroffenen gleich doppeltes Unglück. Nicht nur dass sie keine Hilfe bekamen, die Sozialgemeinschaft eines Dorfes war derartig überfordert im Umgang mit ihnen, dass man sie komplett aus der Gemeinschaft ausschloss. Man zwang sie, außerhalb der

Gesellschaft zu leben. Ein dramatisches Beispiel dafür ist der Besessene von Gadara, der sich in Grabhöhlen aufhielt (Markus 5). Maria dürfte es nicht viel besser ergangen sein; bestenfalls (!) war sie zu Hause eingesperrt, abgeschnitten von jeglichem Kontakt nach außen.

Das ist schon alles, was wir im Neuen Testament über das Vorleben von Maria von Magdala erfahren. Aber das reicht auch schon. Alle anderen Geschichten, in denen eine Maria vorkommt, handeln von anderen Personen, etwa von Maria aus Bethanien.[5]

Das Erstaunliche nun ist, dass Jesus Maria von Magdala nicht nur geheilt hat. Das allein war schon dramatisch genug für sie. Maria erfuhr in der Begegnung mit Jesus buchstäblich die Befreiung aus der Hölle ihres eigenen Lebens. Und das hieß für sie nicht nur eine Heilung an Seele und Verstand. Es war zugleich auch die Befreiung von ihrem Ausgestoßensein aus der Gemeinschaft der Menschen. Sie wurde wieder Teil der Gesellschaft. Ihr Leben war ihr neu geschenkt worden.

Aber Jesus blieb hier nicht stehen. Er ging noch einen großen Schritt weiter: Er, der Rabbi und Prophet, der herumzog, das Reich Gottes verkündete und Zeichen und Wunder tat, berief sie in seine Nachfolge. *„In der folgenden Zeit wanderte er von Stadt zu Stadt und von Dorf zu Dorf und verkündete das Evangelium vom Reich Gottes. Die Zwölf begleiteten ihn, außerdem einige Frauen, die er von bösen Geistern und von Krankheiten geheilt hatte: Maria Magdalena, aus der sieben Dämonen ausgefahren waren ... und viele andere. Sie alle unterstützten Jesus und die Jünger mit dem, was sie besaßen."* (Lukas 8,1-3). Lukas berichtet, dass diese geheilten Frauen, unter ihnen an erster Stelle Maria, Jesus auf seinen Missionsreisen begleiteten, also ihm tatsächlich „nachfolgten", wie es Markus formuliert (15,40-41). Das war in der damaligen Kultur unerhört, eine doppelte Provokation. Frauen, egal ob ledig oder verheiratet, konnten nicht einfach ihre Familie verlassen. Damit verstießen sie gegen alle sozialen Regeln. Und ebenso undenkbar war es, dass Frauen „Nachfolger", also Schüler eines Rabbis wurden. Nichts anderes meint der Begriff Nachfolge nämlich. Die teilweise wohlhabenden Frauen unterstützten also Jesus nicht nur finanziell; das hätten sie auch von zuhause aus gekonnt. Sie wurden seine „Jünger"; sie lernten seine Art, die Tora auszulegen; sie lernten, den Willen Gottes zu erkennen und zu tun. Wie die männlichen Jünger „saßen sie zu seinen Füßen und hörten auf sein Wort" (so die Aussage über Maria von Bethanien, Lk 10,39). Wie sie führten sie – als Frauen! – theologische Diskussionen mit ihm; wie sie erkannten und bekannten sie ihn als den Messias Gottes (vgl. Johannes 4,12-26; 11,20-28).

Als Jesus Maria von Magdala begegnete, befreite er sie nicht nur von ihrer Krankheit und ihrer Qual. Er heilte noch etwas viel Tieferes: Er verlieh ihr die Würde, voll und ganz Mensch zu sein, erschaffen zum Ebenbild Gottes. Und zugleich gab er ihrem Leben einen Sinn und ein Ziel. Sie war seine Jüngerin geworden. Sie lebte mit ihm und für ihn.

DIE SITUATION

Maria von Magdala gehörte zu den Frauen, die nahezu von Anfang an Jesus begleiteten und an seinem Dienst Anteil hatten. Sie hörte seine Predigten. Sie sah mit eigenen Augen, wie er Menschen heilte. Sie wurde Zeugin von Totenauferweckungen. Und sie erlebte das Staunen und die Begeisterung, als Jesus Tausende und Abertausende mit fünf Broten und zwei Fischen satt machte. Sie war mittendrin, als die Volksmassen ihn daraufhin zum König ausrufen wollten. Sie erlebte auch, wie Jesus von Frommen und Theologen massiv angegriffen wurde. Und sie blieb wie die anderen Frauen bei ihm, als viele seiner Jünger sich in Galiläa von ihm abwandten.

Als Jesus alles auf eine Karte setzte und nach Jerusalem zog, um Israel zur Entscheidung zu zwingen, da zog sie mit ihm. Sie war dabei, als er sich auf den Esel setzte und unter dem Jubel der Menge in Jerusalem einzog. Sie begleitete ihn, als die Leute ihn als Sohn Davids, als Messias Israels priesen und ihm begeistert zujubelten. Der große Traum, für den auch sie lebte, schien in Erfüllung zu gehen. Jesus war auf dem Gipfel seines Einflusses angekommen: Jerusalem lag ihm zu Füßen. Und sie war dabei.

Auch die letzten Tage in Jerusalem, als Jesus im Tempel lehrte und sich die Auseinandersetzungen zuspitzten, erlebte sie unmittelbar mit. Dann kam plötzlich die Botschaft, dass man ihn mitten in der Nacht verhaftet hatte und verhörte. Vielleicht schaffte sie es gerade noch bis zum Rand der aufgewühlten Menge, die schrie: „Kreuzige ihn!"

Und dann durchlebte sie Schritt für Schritt den Alptraum, als sich Jesus, gezeichnet von der schweren Folter, zur Hinrichtung schleppte. Sie musste mit ansehen, wie man ihn ans Kreuz nagelte. Sie war Augenzeugin seines langsamen, qualvollen Sterbens. Sie hörte seine letzten Schreie. Dann war es vorbei.

DIE HERAUSFORDERUNG

Damit war auch ihr Leben zu Bruch gegangen. Diesmal war alles viel schlimmer, denn es war das neue, das heile Leben, das zerstört worden war. Mit diesem Mann war die Quelle ihres Seins gestorben, ihrer Würde, ihrer Berufung, ihres Sinns im Leben. Die Katastrophe war total. Es war so viel schmerzhafter als früher, denn inzwischen hatte sie das Leben geschmeckt: Hoffnung, Liebe, Glauben, Heil. Nun war es vorbei, zerbrochen am Kreuz. Ihr Rabbi und Heiler, der Prophet und Messias Gottes war tot. Die Gemeinschaft, die er gestiftet hatte, lag in Trümmern. Es war vorbei. War es nicht alles doch nur im Letzten eine große, berauschende Illusion gewesen, ein Traum, der der Realität nicht standhalten konnte?

Wie auch immer, eins bleibt ihr noch. Ein Letztes kann sie noch tun: Sich um eine ordentliche Beerdigung kümmern und so endgültig Abschied nehmen – von ihm und von ihrem Traum. Sich der Realität des Scheiterns stellen, dem Bittersten ins Auge blicken. Und so macht Maria sich auf und geht ans Grab, zusammen mit den anderen Frauen, mit denen sie alles geteilt hatte.

Halten wir hier kurz inne. Versuchen wir, von Maria zu lernen: Sie befindet sich in der größten Krise ihres Lebens. Ihr neues Leben, ihr Glaube, ihre Gottesbeziehung sind zerbrochen. Obwohl sie enger an Jesus dran gewesen war als viele andere. Obwohl sie ihn, seine Gnade, seine Liebe und seine Autorität tiefer und reicher erlebt hatte als viele seiner Jünger. Es war noch nicht einmal ihre eigene Schuld gewesen. Sie hatte geglaubt, sie hatte geliebt, sie hatte gehofft – mehr und intensiver als die meisten. All das war gescheitert. Ihr Glaube und ihr Leben lagen in Scherben.

Und hier macht sie den ersten Schritt in das Neue. In ihren Augen ist es allerdings der letzte Schritt, der endgültige: Sie geht zum Grab. Sie stellt sich der Realität. Sie sucht keinen billigen Trost, keine Durchhalteparolen, kein „Festhalten im Glauben". Sie stellt sich dem Undenkbaren, Unfassbaren. Sie leugnet nicht. Sie trinkt den bitteren Kelch bis zur Neige. Aber so – und nur so! – geht sie den Weg, den Gott für sie hat. Nur so kann Gott ihr begegnen. Nur so kommt das Neue, Unerwartete, Unfassbare, das, „was kein Auge gesehen und kein Ohr gehört hat, was keinem Menschen in den Sinn gekommen ist" (1.Korinther 2,9).

Ohne diesen Schritt geht es nicht weiter. Auch für uns nicht. Wachstum und Reife heißt, sich dem Leben stellen. Der Realität des Scheiterns, des Zerbruchs, des Todes. Wer die Realität leugnet, wer sie nicht wahrhaben will – und sei es, um seinen Glauben zu retten! – der bleibt stecken. Der wird Gefangener einer Illusion, und sei diese Illusion auch noch so fromm. „Und das ist der Sieg, der die Welt besiegt hat: unser Glaube " (1.Johannes) – ja! Aber erst im Durchgang durch die Realität, im Durchleiden, nicht im Vermeiden.

Dass diese Sicht auf Maria richtig ist, zeigt sich an einer schlichten Beobachtung: Als sie das Grab leer findet, läuft sie zu den anderen Jüngern; sie wendet sich an die „Leiter". Und tatsächlich sind es Petrus und Johannes, die beiden wichtigsten Jünger Jesu und zukünftigen Leiter der Urgemeinde, die reagieren. Auf Marias Nachricht hin, dass der Leichnam Jesu verschwunden sei, laufen sie zum Grab. Aber sie können die Situation nicht einordnen. Statt zu bleiben, statt sich selbst der Not und dem Zerbruch zu stellen und die Schwierigkeiten der Situation auszuhalten, kehren sie umgehend wieder „nach Hause" zurück – in den Schutzraum der eigenen Gruppe, die sich abschottet und sich in sich selbst verschließt. So verpassen sie das Neue, das Entscheidende: Die Engel und Jesus selbst sind draußen am Grab.

„Maria aber blieb draußen vor dem Grab stehen; sie weinte".

Anders als die beiden Jünger bleibt Maria beim Grab und lässt ihren ganzen Schmerz zu. Sie stellt sich ihm. Das ist der Schlüssel; deshalb beginnt der Neuanfang Gottes bei ihr. Und so ist sie es, der die beiden Engel erscheinen. „Engel" in der Bibel sind immer „Boten", nämlich Boten Gottes – das ist die Bedeutung dieses Wortes. Weil Maria geblieben war und sich dem Unerträglichen nicht verweigerte, sandte Gott ihr seine Boten. Er tut es auch bei uns, wenn wir in Hoffnungslosigkeit und Schmerz versinken. Er sendet uns Boten, die sich um uns kümmern, die nachfragen, die das Tor zu Neuem aufstoßen. Solange wir sie an uns heranlassen, solange wir noch etwas anderes außer uns selbst und unser Leid hören und sehen wollen. Entscheidend ist, dass Maria trotz ihres Leids und ihres Schmerzes offen bleibt für die Anrede von außen, für das Reden Gottes. Erst wenn wir uns dem verschließen, wird eine Situation wirklich ausweglos.

DER AUFBRUCH

In ihrem Schmerz wundert sich Maria noch nicht einmal darüber, dass in der vorher leeren Grabkammer jetzt zwei Personen sitzen, und zwar auf der Steinbank, auf der der Leichnam Jesu gelegen hatte. Schon gar nicht erkennt sie, dass es sich um Engel handelt. Sie ist allein auf Jesus konzentriert; er ist alles, was sie beschäftigt. Und dann kommt anscheinend auch noch der Gärtner. Er fragt sie das Gleiche wie die Engel; er erhält auch die gleiche Antwort. Er stellt aber noch eine scheinbar harmlose Zusatzfrage: „Wen suchst du?" Jetzt könnte Maria aufmerken, denn das ist genau die Frage, die Jesus an Jünger richtet, die ihm nachfolgen wollen (vgl. Johannes 1,38). Aber noch übertönt ihr Schmerz diese Wahrnehmung. Alles, was sie will, ist, ihn wiederzuhaben, und sei es auch nur seinen Leichnam. Die letzte Erinnerung an die Zeit vor dem Scheitern, an die Zeit des großen Aufbruchs, der großen Hoffnungen auf das Kommen des Reiches Gottes, auf die große Erweckung Israels …

Und nun wird eine der tiefsten persönlichen Begegnungen geschildert, die sich in der gesamten Bibel finden. Wegen dieses Moments hat sich die Geschichte von Maria Magdalena in das Gedächtnis der Christenheit eingebrannt. Jetzt blicken wir in ihr Herz – und in das Herz Jesu. Denn Jesus spricht das eine Wort, das alles ändert. Er ruft ihren Namen: „Maria!"

Da ist sie wieder, diese vertraute und geliebte Stimme, die sie oft so gerufen hatte! Die Stimme des Heilers, der sie aus ihrem unsäglichen Leid herausgeholt hatte. Die Stimme des Lehrers, der sie der Nachfolge und des geistlichen Diensts für würdig befunden hatte, der ihr Würde und Sinn verliehen hatte. Die Stimme dessen, der ihr Lebensinhalt geworden war.

Mit diesem einen Wort ist alles wieder da. In diesem Wort liegt ihre Identität. Scheitern, Zerbruch und Tod sind ausgelöscht. Er ist wieder bei ihr. Und sie hat ihren Lehrer wieder. Sie ist wieder eine Jüngerin, hat wieder einen Sinn und ein Ziel im Leben. Und so bricht es aus ihr heraus: „Rabbuni – mein Lehrer!" Die alte, vertraute Anrede, die Anrede des Jüngers für den geliebten Rabbi. Alles, alles ist wiederhergestellt.

Aber genau an diesem Punkt widerspricht Jesus: „Halte mich nicht fest!" Hier geht es um etwas ganz anderes als das Verbot einer körperlichen Berührung.[6] Es geht um die gesamte alte Existenz Jesu, um alle früheren Erfahrungen, die Maria mit ihm gemacht hatte. Ja, er war der Prophet und Wundertäter gewesen, der sie gerettet hatte. Ja, er war ihr Rabbi und Lehrer, der sie in die Nachfolge berufen hatte. Ja, sie verdankte ihm ihr ganzes Leben. Ja, da war eine tiefe persönliche Beziehung gewachsen, eine Freundschaft, die alles in ihrem Leben übertraf.

Aber jetzt war eine Wende eingetreten. Etwas, das niemand sich hätte träumen lassen, das sich niemand auch nur im Entferntesten vorstellen konnte. Jesus war gestorben und auferstanden. *Und deshalb* ist er jetzt auf dem Weg, von Gott über alles erhöht zu werden: *„Ich bin noch nicht zum Vater aufgestiegen!"* Er ist dabei, zur Rechten Gottes Platz zu nehmen und *alle*

Macht im Himmel und auf Erden[7] übertragen zu bekommen. Jesus ist dabei, die Weltherrschaft anzutreten, wie es schon Daniel geheimnisvoll geschaut hatte.[8] Er ist ein anderer geworden, unvorstellbar anders.

Wenn Maria am Alten festgehalten hätte, an ihren alten Erfahrungen und Erkenntnissen, so tief und bewegend sie gewesen waren, dann hätte sie etwas viel Größeres verpasst. Dann hätte sie Jesus in der Vergangenheit *fixiert* mittels ihrer alten Erfahrungen. Sie hätte ihn *definiert*, also „eingegrenzt". Sie hätte ihn *begriffen* – in den Griff bekommen. Jesus wäre zu einem Bestandteil ihres geistlichen Lebens, einem Element ihrer Spiritualität geworden: erhebend, tröstlich, beglückend, motivierend. Und sein Reich zu einer Vision, für die sich jede Anstrengung gelohnt hätte. Später wäre Jesus dann vielleicht sogar zu einem Gegenstand ihrer religiösen Verehrung geworden.

Wenn sie ihn aber loslässt, öffnet sie sich für etwas Neues, Größeres. Für einen Jesus, den sie noch überhaupt nicht kennt. Für den Herrn der Welt. Sie hat keine Vorstellung davon, was das bedeutet. Sie hatte zwar von Jesus selbst gehört:

„Aber glaubt mir, es ist gut für euch, dass ich fortgehe; denn sonst wird der Helfer nicht zu euch kommen. Wenn ich aber fortgehe, dann werde ich ihn zu euch senden und er wird meine Stelle einnehmen!"[9]

Aber sie kann es sich nicht vorstellen – wie auch? Dass Jesus selbst Herr der Welt wird und zugleich durch seinen Heiligen Geist in ihr Wohnung nehmen wird, ist im wahrsten Sinn noch unvorstellbar. Aber es wird geschehen. Wenn sie loslässt und sich dem Neuen überlässt: dem Unverfügbaren, dem Heiligen Geist.

Das Alte geht ihr dabei nicht verloren. Sie bleibt nicht innerlich oder äußerlich verwaist zurück: Denn Jesus hat gesagt: *„Ich lasse euch nicht wie Waisenkinder allein; ich komme wieder zu euch."*[10] Das, was sie mit Jesus erfahren hatte, bleibt ihr erhalten. Es vertieft und erweitert sich, aber es verschwindet nicht wieder. Es reift zur Fülle des Lebens heran.

Aber wenn der Helfer kommt, der Geist der Wahrheit, wird er euch anleiten, in der vollen Wahrheit zu leben. Was er euch sagen wird, hat er nicht von sich selbst, sondern er wird euch nur sagen, was er hört. Er wird euch jeweils vorbereiten auf das, was auf euch zukommt. Er wird meine Herrlichkeit sichtbar machen; denn was er an euch weitergibt, hat er von mir. (Johannes 16,13-14 GNB)

Das Kommen des Heiligen Geistes bedeutet aber auch das Ende unseres *eigenen* geistlichen Wegs. Es bedeutet das Ende dessen, dass wir ihn seelisch erkennen: mit unseren Gefühlen und Erlebnissen, mit unseren Konzepten und Vorstellungen. Das gilt für unser persönliches Leben, aber auch für unsere Gemeinden und Bewegungen.

Wie oft speist sich unsere Sehnsucht nach Erweckung aus früheren Erfahrungen, und sei es die vorheriger Generationen. Wir idealisieren sie und sehnen uns danach. Und merken nicht, dass wir rückwärtsgewandt leben. So „machen wir uns ein Bild" von Gott, was schon in den Zehn Geboten verboten worden war.[11]

Dabei ist Gott gerade dabei, die ganze Welt umzugestalten. Städte, Länder, ja ganze Kontinente verändern sich rapide. Unser Lebensstil ebenfalls. Völker kommen in Bewegung, zerfallen, formieren sich neu. Systeme geraten ins Wanken, kollabieren vielleicht. Es sind Krisen von ungeahntem Ausmaß. Die Welt wird erschüttert. Bei allen Schwierigkeiten, die das mit sich bringt, gilt aber: Es ist Gott, der das Neue schafft. Er verflüssigt die Welt, die wir kennen. Er führt die Umbrüche herbei. Wir aber blicken zurück auf die alten Muster und Dynamiken, die uns vertraut sind. Auf die Aufbrüche, die uns bewegt haben. Die wir deshalb als Erwartung oder sogar „Verheißung" in die Zukunft verlängern, und sei es mit einem „Wort des Herrn". Statt uns dem Herrn der Geschichte rückhaltlos anzuvertrauen. Eins ist sicher: So, wie wir es kennen und erwarten, wird es garantiert nicht werden. Wie immer Gott handeln wird, es wird anders sein, als wir es uns vorstellen. Denn er ist der Herr. Der Herr der Welt. Und unser Herr.

Maria lässt sich darauf ein. Sofort bricht das Neue herein. Jesus schickt sie zu den Jüngern in die Stadt, die sich im Alten eingeschlossen haben. Jesus sendet sie mit einem klaren Verkündigungsauftrag: *„Geh aber zu meinen Brüdern und sag ihnen: Ich gehe hinauf zu meinem Vater und zu eurem Vater, zu meinem Gott und zu eurem Gott."* Damit macht Jesus Maria von Magdala zu seiner ersten „Gesandten", zu einem „Apostel". Denn für einen Apostel, einen „Gesandten Jesu" – das ist die Bedeutung des Begriffs im Neuen Testament – gelten drei Kriterien: Er muss Jesus vor seiner Auferstehung begleitet haben; er muss den Auferstandenen leibhaftig gesehen haben; und er muss vom Auferstandenen selbst persönlich und unmittelbar gesandt worden sein. All das trifft auf Maria von Magdala zu: Sie hat den irdischen Jesus seit Galiläa begleitet, sie hat ihn, den Auferstandenen – als erste! – gesehen, und sie wird von ihm gesandt: zu den Jüngern, die erst noch Apostel im Vollsinn werden sollen.

Das Neue hat begonnen: Wenn es für eine Frau damals schon undenkbar war, dass sie als Zeugin in Frage kam und Schülerin eines Rabbis sein konnte, dann war es erst recht undenkbar, dass sie eine Gesandte des Messias – des Königs Israels! – sein konnte. Und trotzdem sendet Jesus sie. Er hält sich nicht an gesellschaftliche Einschränkungen, wenn sie dem Reich Gottes widersprechen. Und damit verstört er konservative Geister bis heute, nicht nur in patriarchalen Gesellschaften. Aber er ist der Herr der Welt – er hat alle Freiheit, das zu tun. Das war mehr als ungewöhnlich, es war undenkbar. Aber der Auferstandene tut es. Ein griechischer Kirchenvater des 6. Jahrhunderts umschreibt voller Staunen den Auftrag Jesu an die Frauen so:

Geht hin, verkündet meinen Brüdern, dass sie nach Galiläa gehen sollen; dort werden sie mich sehen. Verkündet meinen Jüngern die Geheimnisse, die ihr gesehen habt. Werdet die ersten Lehrer(innen) der Lehrer. Petrus, der mich verleugnet hat, soll lernen, dass ich auch Frauen als Apostel wählen kann.[12]

Auch der bedeutendste lateinische Theologe des Mittelalters, Thomas von Aquin, erkennt:

Sie ist dadurch Apostel der Apostel geworden, daß ihr die Aufgabe zuteil wurde, den Jüngern die Auferstehung des Herrn zu verkünden.[13]

Maria, die sich der Herausforderung gestellt hat, wird zur Lehrerin der Lehrer, zum Apostel!

Und so erhält auch die Frage Jesu „Wen suchst du?" ihren Tiefgang. Diese Frage rahmt bewusst die Jüngerberichte des vierten Evangeliums ein. Es ist die Frage an die allerersten Jünger, die Jesus nachfolgen: Andreas und Simon (1,38); es ist auch die Frage an die allererste Jüngerin Jesu nach der Auferstehung: Maria von Magdala (20,15).

„Eva wird Apostel!", so staunt Hippolyt von Rom[14] im 3. Jahrhundert – die gefallene Frau ist erlöst und wiederhergestellt. Das Neue hat begonnen. In ihr. Mit ihr. Und für sie.

NOTIZEN

Anmerkungen

1 Johannes 20, 1-2 und 11-18; eigene Übersetzung.

2 Thales von Milet oder Sokrates zugeschrieben (Diogenes Laertius, *Leben der Philosophen*, I,33).

3 In liberalen Gebetbüchern ist der Satz inzwischen abgeändert zu „Gelobt seist du, Ewiger, unser Gott, Gebieter der Welt, der mich nach seinem Bild geschaffen hat", z. B. in: *Jüdisches Gebetbuch, Schabbat und Werktage*, Gütersloh 2009, S. 18-19. In traditionellen Gemeinden wird aber teilweise noch die alte Form gebetet.

4 1935 wurde Regina Jonas in Offenbach als weltweit erste Frau zur Rabbinerin ordiniert. Die zweite Ordination geschah dann 1972 in den USA.

5 Maria Magdalena ist deshalb auch nicht identisch mit der bußfertigen Sünderin von Lukas 7,36-50 oder der Sünderin von Johannes 8,3-11.

6 Die herkömmliche Übersetzung „Rühre mich nicht an!" (z. B. LUT) ist zwar sprachlich korrekt, trifft aber den Sinn nicht. Es geht nicht um eine Art leibliche Zwischenexistenz Jesu, die ein physisches Tabu nötig macht, sondern um das Festklammern. Später wird das ganz deutlich (Johannes 20,27).

7 Matthäus 28,18.

8 Daniel 7,13-14.

9 Johannes 16,7.

10 Johannes 14,18.

11 2.Mose 20,4.

12 Gregor von Antiochien (ca. 593), *Predigt über die Myrrhenträgerinnen*, J.-P. Migne, Patrologia Graeca, Bd. 88, Sp. 1863/1864; eigene Übersetzung. Die lateinische Übersetzung spricht hier von „Lehrerinnen" und „Apostelinnen". Bis heute wird sie in den orthodoxen Kirchen als Apostelin verehrt.

13 Thomas von Aquin, *In Joannem Evangelistam Expositio*, c. XX, L. III., zitiert bei Johannes Paul II., *Mulieris Dignitatem, Über die Würde und Berufung der Frau*, 1988, Anmerkung 38. Die erste erhaltene Erwähnung von Maria als „Apostel der Apostel" findet sich bereits bei Hippolyt von Rom (ca. 170–235 n. Chr.), einem Vertreter des konservativen Flügels, *Kommentar zum Hohenlied*, 25,6-7.

14 Er schreibt über die Frauen am Grab: *„... und Apostel der Apostel wurden sie, von Christus gesandt ... Eva wird Apostel!"* G. N. Bonwetsch, *Hippolyts Kommentar zum Hohenlied*, 25,6-7; in: Texte und Untersuchungen zur Geschichte der altchristlichen Literatur, Heft 2, Leipzig 1902, S. 67-68.

5. GLAUBE UND REALITÄT

1. „SCHON JETZT" UND „NOCH NICHT"

SCHON DA?

Im einem Brief an die Gemeinde in Thessaloniki finden wir Spuren einer erstaunlichen Diskussion zwischen Paulus und einigen Gemeindegliedern. Paulus schreibt:

Lasst euch nicht so schnell aus der Fassung bringen und in Schrecken jagen, wenn in einem prophetischen Wort oder einer Rede oder in einem Brief, der angeblich von uns stammt, behauptet wird, der Tag des Herrn sei schon da. (2.Thessalonicher 2,2)

Die innere Verfassung der Gemeindemitglieder kann man nur erschließen. Aber offenbar hatten sie gehört – und waren vielleicht schon teilweise dieser Meinung –, dass es nicht mehr nötig sei, auf das Wiederkommen Jesu zu warten und damit auf die Neuschöpfung von Himmel und Erde. War der Sohn Gottes nicht bereits auf diese Erde gekommen? War damit das Reich Gottes denn nicht schon da? War die Welt nicht schon neu geworden? Jesus hatte doch gesagt:

Das Reich Gottes ist mitten unter euch. (Lukas 17,21)

In der Gemeinde in Ephesus scheint es ein ganz ähnliches Problem gegeben zu haben. Deswegen sandte Paulus den Timotheus als seinen Vertreter dorthin und schrieb ihm, er solle nicht auf die hören, „die von der Wahrheit abgeirrt sind und behaupten, die Auferstehung sei schon geschehen." (2.Timotheus 2, 16-18)

Gemeindeglieder behaupteten also: „Meine Auferstehung zum ewigen Leben ist schon jetzt geschehen." Was ist dann mit meinem leiblichen Tod? Muss ich den gar nicht mehr sterben? Oder ist es vielleicht nur eine Illusion meines Bewusstseins, dass ich sterblich bin?

Und sagt es nicht Jesus selbst auch so?

Wer mein Wort hört und dem glaubt, der mich gesandt hat, hat das ewige Leben; er kommt nicht ins Gericht, sondern ist aus dem Tod ins Leben hinübergegangen. (Johannes 5,24)

Oder Paulus:

Stellt euch Gott zur Verfügung als Menschen, die vom Tod zum Leben gekommen sind. (Römer 6,13)

Wenn also jemand in Christus ist, dann ist er eine neue Schöpfung: Das Alte ist vergangen, Neues ist geworden. (2.Korinther 5,17)

Heißt das: Das Reich Gottes ist *schon jetzt* in seiner ganzen Fülle da? Wir sind *schon jetzt* neu gemacht, *schon jetzt* auferstanden, *schon jetzt* vollendet? Alle Verheißungen der Bibel sind *schon jetzt* voll erfüllt?

Allerdings widerspricht unsere Erfahrung in dieser Welt doch immer wieder solchen Sätzen. Dankbar erleben wir Wirken des Reiches Gottes in vieler Weise. Aber es gibt zugleich auch Bereiche in uns und in dieser Welt, die *noch nicht* unter die Herrschaft Gottes gekommen sind. Wir glauben zwar, dass wir nach dem Tod auferstehen *werden*. Diese Hoffnung ist eine starke Kraft in unserem Leben und Glauben. Keiner von uns hat aber erlebt, dass ein Christ in seiner Umgebung zu Gott gegangen wäre, ohne den leiblichen Tod zu sterben. Und auch Paulus kennzeichnet solche Behauptungen als schlichtweg falsch (2.Timotheus 2,18). Die Aussagen von Jesus und Paulus zu diesem Thema müssen also etwas anderes bedeuten, als dass alles schon jetzt vollendet wäre.

SCHON JETZT – NOCH NICHT

Tatsächlich ist das gesamte Neue Testament von dieser Spannung durchdrungen: Jesus ist auferstanden und wir in ihm, aber unsere individuelle leibliche Auferstehung steht noch aus. Das bedeutet zugleich, dass auch unser leiblicher Tod noch aussteht. Das ist in Johannes 5,24 gemeint: Wir sind zwar *noch nicht* leiblich auferstanden, aber Jesus hat uns *schon jetzt* ein Leben geschenkt, das unseren Tod überdauert und sich in der leiblichen Auferstehung vollenden wird. Paulus differenziert in Römer 6,8 den Zeitrahmen genau: Wir *sind* bereits mit Christus gestorben (Vergangenheit) und *werden* deshalb mit ihm leben (Zukunft). Somit ist nicht mehr der leibliche Tod die Bestimmung unseres Menschseins, sondern das ewige Leben, das Gott uns geben wird. Das gilt, auch wenn wir auf dieser Erde noch durch den leiblichen Tod hindurch müssen.

Eine ähnliche Dynamik finden wir immer wieder: Wir sind *schon jetzt* von der Sünde erlöst, aber trotzdem *noch nicht sündlos* – denn wir sündigen immer wieder noch (Römer 7,18ff). Wir haben *schon jetzt* den Heiligen Geist als Anzahlung auf die Fülle unseres Erbes empfangen (Epheser 1,14); aber das volle Erbe steht noch aus, wir sind *noch nicht* verherrlicht.

Aber auch wir selbst, die doch schon als Anfang des neuen Lebens – gleichsam als Anzahlung – den Heiligen Geist bekommen haben, stöhnen ebenso in unserem Innern. Denn wir warten sehnsüchtig auf die volle Verwirklichung dessen, was Gott uns als seinen Kindern zugedacht hat: dass unser Leib von der Vergänglichkeit erlöst wird. Wir sind gerettet, aber noch ist alles Hoffnung. Eine Hoffnung, die sich schon sichtbar erfüllt hat, ist keine Hoffnung. (Römer 8,23-24 GNB)

Nach dem Zeugnis des Neuen Testaments ist unser neuer Mensch noch nicht vollendet; der alte kommt immer noch durch! Die Briefe an die unterschiedlichen Gemeinden zur Zeit des Neuen Testaments ringen genau mit dieser Herausforderung: Die Christen sollen ihre immer noch vorhandene Sünde erkennen und ablegen.

So bleibt für uns Christen die beständige Aufforderung:

Ja, legt den ganzen alten Menschen ab, der seinen Begierden folgt! Die betrügen ihn nur und führen ihn ins Verderben. Lasst euch in eurem Denken erneuern durch den Geist, der euch geschenkt ist. Zieht den neuen Menschen an, den Gott nach seinem Bild geschaffen hat und der gerecht und heilig lebt aus der Wahrheit Gottes, an der nichts trügerisch ist. (Epheser 4,22-24 GNB)

Wenn der alte Mensch ein für alle Mal mit der Lebensübergabe an Christus oder in der Taufe abgelegt wäre, dann wäre ein Großteil des Inhalts der neutestamentlichen Briefe überflüssig: nämlich alle Abschnitte, die uns zu einem neuen Lebensstil auffordern. Dieses neue „Leben aus dem Geist" gewinnt nur in täglich neuen Entscheidungen für den Willen Gottes Gestalt, für das „was ihm gefällt, was gut und vollkommen ist" (Römer 12,2). Das Wachstum des neuen Menschen und das Ablegen des alten Menschen ist ein Prozess, mit dem wir in diesem Leben nie ans Ende kommen werden.

Wenn wir behaupten, ohne Sünde zu sein, betrügen wir uns selbst und verschließen uns der Wahrheit. Doch wenn wir unsere Sünden bekennen, erweist Gott sich als treu und gerecht: Er vergibt uns unsere Sünden und reinigt uns von allem Unrecht. (1.Johannes 1,8-10 NGÜ)

Das Reich Gottes ist angebrochen, aber noch nicht voll verwirklicht. Mit dem Kommen Jesu begann das Ende des Alten Zeitalters der zerbrochenen und vergänglichen Welt. Seither ist das Neue Zeitalter der Herrlichkeit schon gegenwärtig und erlebbar. Aber noch überlappen und durchdringen sich diese beiden Zeitalter, das alte und das neue; sie liegen nebeneinander und ineinander. Erst wenn Jesus zum zweiten Mal für alle Welt sichtbar kommt, wird er das Alte Zeitalter endgültig beenden. Bis dahin leben wir in einer Zwischenzeit, im *„Schon Jetzt und Noch Nicht".* In dieser Zwischenzeit sind wir noch nicht aus der Gebrochenheit der Welt und unserer eigenen Zerbrechlichkeit herausgenommen. Wir „stöhnen" und „warten sehnsüchtig", wie Paulus in Römer 8 schreibt.

DIE ZUKUNFT IN DER GEGENWART
...die das gute Wort Gottes und die Kräfte der zukünftigen Welt kennen gelernt haben. (Hebräer 6,5)

Aber gerade in dieser Vorläufigkeit erleben wir voller Staunen, wie das vollkommene Heil der Zukunft in unsere unvollkommene Gegenwart hineinreicht. Gott tut Wunder für uns, in uns und durch uns. Er schenkt Heilung, seelisch und körperlich, er befreit von Zwängen, überwindet unlösbare Probleme und gibt uns eine Kraft, die weit über unser eigenes Vermögen hinausgeht.

Blinde sehen, Gelähmte gehen, Aussätzige werden gesund, Taube hören, Tote stehen auf und den Armen wird die Gute Nachricht verkündet. (Lukas 7,22 GNB)

Die Glaubenden aber werden an folgenden Zeichen zu erkennen sein: In meinem Namen werden sie böse Geister austreiben und in unbekannten Sprachen reden. Wenn sie Schlangen anfassen oder Gift trinken, wird ihnen das nicht schaden, und Kranke, denen sie die Hände auflegen, werden gesund. (Markus 16,17-18 GNB)

Er vergibt uns unsere Schuld und verändert uns von innen heraus.

Wir alle spiegeln mit enthülltem Angesicht die Herrlichkeit des Herrn wider und werden so in sein eigenes Bild verwandelt, von Herrlichkeit zu Herrlichkeit, durch den Geist des Herrn. (2.Korinther 3,18)

Unser Blick weitet sich und wir sehen über die Grenzen dieser Welt hinaus.

Deshalb lassen wir uns von dem, was uns zurzeit so sichtbar bedrängt, nicht ablenken, sondern wir richten unseren Blick auf das, was jetzt noch unsichtbar ist. Denn das Sichtbare vergeht, doch das Unsichtbare bleibt ewig. (2.Korinther 4,18 rev.HfA)

So gesehen hat sich für Christen ihre Staatsangehörigkeit geändert: Sie gehören jetzt zum Reich Gottes.

Sie sind nicht von der Welt, wie auch ich (Jesus) nicht von der Welt bin. (Johannes 17,16)

Dennoch leben sie noch in dem alten „Staat" der vergänglichen, gefallenen, vom Leid und von der Sünde geprägten Welt.

Ich bin nicht mehr in der Welt, aber sie sind in der Welt ... Ich bitte nicht, dass du sie aus der Welt nimmst. (Johannes 17,11+15)

Wir wissen, dass wir fern vom Herrn in der Fremde leben, solange wir in diesem Leib zu Hause sind. (2.Korinther 5,6)

2. SCHEINBARE LÖSUNGEN

Die Versuchung liegt sehr nahe, diese Spannung nach der einen oder anderen Seite aufzulösen. Wir leben nicht gerne mit Unklarheiten. Entweder – oder! So hätten wir es gerne auch im Glauben. Aber das geht nicht; es entspricht nicht der Wirklichkeit. Beides ist gleichzeitig wahr: Wir sind alte, der Vergänglichkeit, der Krankheit und dem Tod unterworfene Menschen. Und wir sind eine neue Schöpfung, deren Leben ewig ist.

DAS HEIL AUF DIE ZUKUNFT VERSCHIEBEN

Um diese für unser Denken und Empfinden nur schwer erträgliche Spannung nicht aushalten zu müssen, entwickeln wir unterschiedliche Vermeidungsstrategien. Die einen verschieben alles Heil auf die Zukunft: Erlösung, Veränderung, körperliche Heilung usw. werden uns erst nach dem Tod geschenkt. „Alles wird kommen, wenn Gott seine neue Welt erschafft, wenn Jesus zum zweiten Mal kommt. Bis dahin müssen wir in dieser Welt halt aushalten, dass es Leid und Not und Schuld gibt." Glaube kann uns dann höchstens innerlich „erlösen", indem er uns Hoffnung gibt, dass das Eigentliche noch kommt.

„ES IST SCHON ALLES VOLLBRACHT!"

Andere lösen diese Spannung so auf, wie es die anfangs des Kapitels erwähnten Christen in Thessaloniki und Ephesus taten: Es ist *alles schon geschehen*, alles ist schon da und für uns verfügbar. Sagt uns nicht das Wort Gottes: „Heilung von allen Krankheiten ist unser rechtmäßiges Erbe. Jesus hat schließlich unsere Krankheiten getragen!" „Seelsorge ist nicht mehr nötig, denn Jesus hat den Menschen ja schon neu gemacht. Das muss man einfach nur ergreifen." „Wer wirklich glaubt, der sündigt nicht mehr." „Uns steht aller Reichtum der Welt zu, weil wir Königskinder sind."

Beide Positionen finden genügend Bibelworte, um ihre Behauptungen zu untermauern. Aber solche Versuche, die Spannung aufzulösen, sind unbiblisch! Sie verkennen Gottes Handeln in dieser Welt und mit uns.

Die erste Position führt in letzter Konsequenz in die Resignation: „In diesem Leben ändert sich ja doch nichts". Oder sie erzeugt einen enormen Leistungsdruck: „Der einzige, der etwas ändern kann, bin ich selber. Also muss ich mich nach Kräften anstrengen, um in dieser Welt etwas zum Guten zu verändern."

Die zweite Position führt schnell zur Anmaßung gegenüber Gott: „Ich nehme nur in Anspruch, was mir von Gott her zusteht. Es ist mein Recht. Du, Gott, hast es so in Deinem Wort versprochen!" Oder in eine andere Form von Leistungsdruck. „Wenn ich nur *genug* glaube, *genug* bete, *mehr* Hingabe aufbringe – dann wird Gott segnen und mich heilen." Dieser Leistungsdruck unterscheidet sich von dem vorherigen nur darin, dass er scheinbar geistlich ist. Aber das ist letztlich nur eine andere Form von Werkgerechtigkeit. – Nun kann so eine Intensivierung unserer Anstrengungen zunächst durchaus positive Auswirkungen haben, weil wir uns Mühe geben, „den guten

Kampf zu kämpfen" und Gott zu gefallen. Aber leider landen viele dabei schnell in der Haltung, den eigenen Willen selbst Gott gegenüber durchsetzen zu wollen, mit der Begründung, er habe das ja verheißen und somit sei es sein Wille. Menschen in ihrer Umgebung nehmen viel schneller wahr, dass da etwas nicht stimmt. Die Betroffenen aber sind eingesperrt im Gedankengebäude einer falschen Theologie, aus dem sie nicht heraustreten wollen. Paulus bezeichnet solche Gedankengebäude als „Festungen" und ist überzeugt, dass dieses Denken richtiggehend gefangengenommen werden muss, „so dass es Christus gehorcht" (2.Korinther 10,4-5).

„DIESE WELT IST NICHT REAL"

Eine dritte Möglichkeit, die Spannung aufzulösen, liegt darin, dieser irdischen Welt ihre Realität abzusprechen: „Das ist alles nur Illusion, Täuschung und Lüge, die im Glauben überwunden werden muss." (Das ist auch die Weltsicht des Buddhismus und alter und neuer esoterischer Gruppen.)

Natürlich ist es wahr, dass hinter dieser irdischen Welt das oft unsichtbare Wirken Gottes steht und dass wir glauben, dass er nach dieser Welt einen vollkommenen neuen Himmel und eine neue Erde schaffen wird (Offenbarung 21). Es ist auch wahr, dass Gott unendlich größer als diese Welt ist. Dennoch ist diese gegenwärtige Welt Gottes reale Schöpfung, auch wenn sie gefallen und gebrochen ist. Er hat sie unendlich geehrt, indem er selber als Mensch in diese Welt gekommen ist. Sie ist nicht Illusion, sondern in diesem Zeitalter der konkrete Ort der Begegnung mit Gott und der reale Rahmen, in dem wir uns im Leben und Glauben bewähren sollen.

Es scheint ein weit verbreitetes Missverständnis zu geben, als würde die Bibel einen grundsätzlichen Dualismus von Natürlich und Übernatürlich lehren. In der Theorie wird der Dualismus zwar abgelehnt, aber dann bestimmt er in manchen Kreisen doch weitgehend die Praxis. Solch ein Dualismus widerspricht aber der Bibel und ihrem Weltbild. Der Gegensatz, den die Bibel beschreibt, besteht zwischen der Sünde und der *menschli-*

chen Selbstsucht – Paulus nennt sie „Fleisch" – einerseits und dem *Leben aus dem Geist* andererseits: *Geistlich* ist ein Mensch, wenn er sich von Gottes Geist bestimmen lässt, nicht wenn er „sich im Übernatürlichen bewegt". Ein geistliches Leben ist *immer* ein Leben in der natürlichen Schöpfung und auf dieser Erde – aber eben nach dem Willen Gottes. Dabei schmecken wir punktuell „die Kräfte der kommenden Welt" – das meint das Wirken des Heiligen Geistes unter uns. Wir müssen also nicht das Übernatürliche in das Natürliche „hineinholen", „den Himmel auf die Erde holen" oder „in den himmlischen Örtern leben". Diese Formulierungen fördern zumindest das dualistische Missverständnis, wenn sie nicht schon Ausdruck dafür sind. Sondern wir sollen als Geschöpfe Gottes in dieser realen Welt nach den Maßstäben und aus der Kraft Gottes leben. Das Geistliche, das eigentliche Leben, außerhalb der natürlichen Schöpfung zu suchen, ist nichts anderes als Esoterik. Das gab es übrigens schon einmal. In den ersten vier Jahrhunderten nach dem Neuen Testament stellte dieser Ansatz die größte Versuchung für die Gemeinde Jesu dar. Viele Gemeinden ließen sich darauf ein, denn die „geistliche Welt" war um so viel faszinierender als die irdische Nachfolge.[1]

Auch manche Glaubenden unserer Zeit suchen die Begegnung mit Gott nicht hier und heute, sondern in einem parallelen geistlichen „himmlischen Raum". Dort ist alles anders: heil, vollkommen, ohne Schwäche. In diesen Raum flüchten sie vor den Unzulänglichkeiten dieser Welt. Sie versuchen mittels Himmelsreisen in diese andere Realität zu gelangen und dort das „wahre" Leben zu erfahren. Tatsächlich leben sie ein irreales Leben in einer Phantasiewelt. Was sie für Glauben halten, ist ein selber gemachter „Bildschirm" vor den Augen, der ihnen den Blick auf die Welt erspart. Sie meinen, wenn sie lange genug auf ihn schauen, wird sich die Wirklichkeit dahingehend verändern.

Jesus aber ist Mensch geworden und damit in die Realität dieser Welt hineingekommen. Hier begegnet er uns. In seinem bewegenden Lied „Zwischen Himmel und Erde" singt Albert Frey:

Zwischen Himmel und Erde hängst du dort
wo die Balken sich kreuzen, ist der Ort
wo sich Himmel und Erde trifft in dir:
dort am Kreuz.[2]

Wir müssen nicht mehr nach den richtigen geistlichen Techniken suchen, um „den Himmel auf die Erde zu bringen". Gott hat das in Jesus schon längst getan! Wir müssen keine Himmelsreisen unternehmen, um Gott nahe zu sein.

Die Glaubensgerechtigkeit aber spricht: Sag nicht in deinem Herzen: Wer wird in den Himmel hinaufsteigen? Das hieße: Christus herabholen. … Was also sagt sie? Das Wort ist dir nahe, es ist in deinem Mund und in deinem Herzen. Gemeint ist das Wort des Glaubens, das wir verkündigen. (Römer 10,6+8)

Durch den Heiligen Geist wohnt Jesus in unserem Herzen und ist mit uns in unserem Alltag, in unserer Gegenwart. Hier begegnen wir ihm, hier kann die Kraft des Himmels auf der Erde wirksam werden: in unserem Alltag, unserem täglichen Leben mit Gott.

Um sicher auf dem Grund des biblischen Glaubens zu stehen, müssen wir beide Beine fest auf dem Boden haben: unsere Identität und Zukunft von Gott her bestimmen lassen und uns der Realität dieser gefallenen Welt stellen und uns in ihr bewähren. Der Widerstandstheologe Dietrich Bonhoeffer schreibt aus dem Gefängnis der Nazis an seine Braut:

Ich meine nicht den Glauben, der aus der Welt flieht, sondern der in der Welt aushält und die Erde trotz aller Not, die sie uns bringt, liebt und ihr treu bleibt. … Ich fürchte, dass Christen, die nur mit einem Bein auf der Erde zu stehen wagen, auch nur mit einem Bein im Himmel stehen.[3]

3. EIN LEBENSSTIL DER GERECHTIGKEIT

STANDHALTEN

„Standhalten" ist das entscheidende Schlüsselwort in dem bekannten Text über die Waffenrüstung Gottes:

Und schließlich: Werdet stark durch die Kraft und Macht des Herrn! Zieht die Rüstung Gottes an, damit ihr den listigen Anschlägen des Teufels widerstehen könnt. Denn wir haben nicht gegen Menschen aus Fleisch und Blut zu kämpfen, sondern gegen die Fürsten und Gewalten, gegen die Beherrscher dieser finsteren Welt, gegen die bösen Geister des himmlischen Bereichs. Darum legt die Rüstung Gottes an, damit ihr am Tag des Unheils standhalten, alles vollbringen und den Kampf bestehen könnt. Seid also standhaft: Gürtet euch mit Wahrheit, zieht als Panzer die Gerechtigkeit an und als Schuhe die Bereitschaft, für das Evangelium vom Frieden zu kämpfen. Vor allem greift zum Schild des Glaubens! Mit ihm könnt ihr alle feurigen Geschosse des Bösen auslöschen. Nehmt den Helm des Heils und das Schwert des Geistes, das ist das Wort Gottes. Hört nicht auf, zu beten und zu flehen! Betet jederzeit im Geist; seid wachsam, harrt aus und bittet für alle Heiligen. (Epheser 6,10-18)

Es geht nicht um einen *aggressiven Eroberungskampf* „für Gott" gegen Menschen, Organisationen oder Mächte, sondern um einen *Lebensstil* der Gerechtigkeit und Wahrheit, des täglich gelebten Evangeliums, des Friedens, des Glaubens, des empfangenen Heils und des Gebets. „Gerechtigkeit" und „Wahrheit" bezeichnen in der Bibel nicht juristische oder philosophische Prinzipien, sondern ein Leben, das den Maßstäben Gottes entspricht. Dieses Leben orientiert sich an biblischen Werten und macht den Willen Gottes zum Zentrum seines Handelns. Es geht also um eine ethische Integrität in der Kraft des Heiligen Geistes – das Leben des neuen Menschen. *Dieser Lebensstil überwindet die Angriffe geistlicher Mächte,* weil er einen anderen Geist, den Heiligen Geist, in der Situation wirksam werden lässt.

Dieser Lebensstil kostet uns etwas; er bringt uns Ablehnung, Nachteile und Spott ein. Wenn wir dem Willen Gottes entsprechend leben, stoßen wir in dieser Welt auf Widerstand. Und genau dann, in diesen Auseinandersetzungen mit der Welt und mit den dahinter stehenden geistlichen Mächten muss sich das Leben des neuen Menschen bewähren und standhalten. Diesen Kampf hat Paulus hier im Blick. Entgegen einer in manchen Kreisen verbreiteten Sichtweise gilt es dabei festzuhalten: Für Paulus ist das Ziel des Kampfes nicht, die geistlichen Mächte zu besiegen oder zu entmachten – das tut Christus! Unsere Aufgabe besteht einzig und allein darin, den neuen Lebensstil des Glaubens angesichts aller Angriffe zu bewahren. Dadurch wird Christus selbst sichtbar; so werden die feindlichen Mächte letztlich überwunden.

VOM ALTEN ZUM NEUEN MENSCHEN

Worte und Taten

Manche Menschen sehen in diesen Worten von der Waffenrüstung weniger den Ansporn zu einem heiligen Lebensstil, sondern eher eine Art Schutzzauber, den sie über sich aussprechen. Aus biblischer Sicht sind allerdings Worte, die nicht im Einklang mit unserem Leben stehen, wirkungslos. Wenn jemand sich morgens „die Waffenrüstung anzieht", den Tag über aber im Unfrieden mit anderen, unwahr und ungerecht lebt, bewirkt sein morgendliches Gebet nicht viel. Unser Leben steht nur dann unter dem Schutz Gottes, wenn wir es seinen Maßstäben entsprechend führen, nicht wenn wir es bloß proklamieren. In der Bergpredigt warnt uns Jesus sehr eindringlich vor der Trennung von Worten und Handeln:

Nicht jeder, der zu mir sagt: „Herr, Herr!", wird ins Himmelreich kommen, sondern nur der, der den Willen meines Vaters im Himmel tut. (Matthäus 7,21 NGÜ)

Der Bericht von Hananias und Saphira in Apostelgeschichte 5 macht erschreckend deutlich, wie ernst es sein kann, wenn Worte und Tun auseinanderfallen.

Neu werden

Der alte Mensch wird nicht dadurch neu, dass er jubelnd ein Fähnchen schwenkt, auf dem steht: „Ich bin ein neuer Mensch!" Der alte Mensch muss täglich abgelegt werden. Das geschieht, indem wir unsere sündigen Haltungen vor Gott als Schuld bekennen, Vergebung dafür erbitten und empfangen und uns neu für den Heiligen Geist öffnen, der uns von innen heraus verändert. Im Kleinen Katechismus beschreibt Luther das in seiner altertümlichen Sprache recht plastisch:

Was bedeutet denn solch Wassertaufen?

Es bedeutet, daß der alte Adam in uns durch tägliche Reue und Buße soll ersäuft werden und sterben mit allen Sünden und bösen Lüsten; und wiederum täglich herauskommen und auferstehen ein neuer Mensch, der in Gerechtigkeit und Reinheit vor Gott ewiglich lebe.[4]

Und der Heidelberger Katechismus, eines der wichtigsten Bekenntnisse der weltweiten reformierten Kirchen, formuliert es in seinem typischen Frage- und Antwortschema so:

Worin besteht die wahrhaftige Buße oder Bekehrung des Menschen? Im Absterben des alten Menschen und im Auferstehen des neuen Menschen. Was heißt Absterben des alten Menschen? Sich die Sünde von Herzen leid sein lassen und sie je länger je mehr hassen und fliehen. Was heißt Auferstehen des neuen Menschen? Herzliche Freude in Gott durch Christus haben und Lust und Liebe, nach dem Willen Gottes in allen guten Werken zu leben.[5]

Erneuerung geschieht nicht, wenn wir das neue Sein proklamieren, aber uns von Gott nicht zeigen lassen, wo wir Umkehr und Veränderung nötig haben, wofür wir seine Vergebung und Erlösung konkret brauchen. Für Schuld, die wir vor Gott verleugnen, können wir nicht die gewaltige, frohmachende Befreiung empfangen, die echte, konkrete Buße mit sich bringt. Genauso wenig aber werden wir neu, indem wir uns anstrengen, möglichst anständig zu leben und freundliche Gefühle für andere Menschen zu produzieren.

Vergebung

Der einzige Weg, der Erfolg verspricht, wenn wir dem Heiligen Geist in uns Raum geben wollen, ist die regelmäßige Umkehr. Sie beginnt mit der Erkenntnis der Sünde, bringt dann die Sünde ans Kreuz, bittet um Vergebung und findet ihr Ziel in dem Zuspruch der Vergebung durch Gott. So wächst der neue Mensch heran. Dazu braucht es aber als Voraussetzung, dass Gottes Licht in unser Herz scheint und die dunklen Stellen beleuchtet. Wir müssen zulassen, dass er uns unseren Stolz zeigt, unser elitäres Denken, unser Streben nach Ruhm, Beliebtheit und Einfluss, unsere Lieblosigkeit und Selbstzentriertheit. Die Vergebung, die wir von Jesus empfangen, macht Raum für seine Liebe zu den anderen Menschen.

Wenn wir unsere Sünden bekennen, ist er treu und gerecht; er vergibt uns die Sünden und reinigt uns von allem Unrecht. (1.Johannes 1,9)

Der Herr ist barmherzig und gnädig, langmütig und reich an Güte. Er wird nicht immer zürnen, nicht ewig im Groll verharren. Er handelt an uns nicht nach unsern Sünden und vergilt uns nicht nach unsrer Schuld. Denn so hoch der Himmel über der Erde ist, so hoch ist seine Huld über denen, die ihn fürchten. So weit der Aufgang entfernt ist vom Untergang, so weit entfernt er die Schuld von uns. Wie ein Vater sich seiner Kinder erbarmt, so erbarmt sich der Herr über alle, die ihn fürchten. (Psalm 103,8-13)

EIGENE GEDANKEN
1. Wie komme ich mit dieser Spannung „schon jetzt – noch nicht" klar?
2. Bin ich gelegentlich versucht, sie einseitig aufzulösen? Wie?
3. Welche Erfahrungen habe ich mit Buße und Vergebung gemacht?

NOTIZEN

GEBET
Herr, lehre mich auszuhalten, dass dein Reich schon gekommen ist und doch noch aussteht. Hilf mir, dich in dieser realen Welt zu finden. Aber lass meine Augen dabei fest auf die kommende Vollendung gerichtet sein. Mögen in meinem Leben die Kräfte der kommenden Welt schon heute wirksam werden!

Ich will *heute* mit dir leben. Ich will *hier* deinen Willen tun. Erweise du deine Gegenwart, indem du den neuen Menschen in mir schaffst.

Anmerkungen

1 Diese Bewegung wird „Gnosis" (griechisch: „Erkenntnis") genannt. In Ansätzen beginnt das schon am Ende der neutestamentlichen Zeit und findet seinen Niederschlag im Kolosserbrief, in den Timotheus- und Titusbriefen, sowie in den Briefen der Offenbarung. Paulus warnt vor der „fälschlich sogenannten Erkenntnis" (1.Timotheus 6,20). Dabei meint er nicht intellektuelle, sondern himmlisch-spirituelle Erkenntnisse.

2 *Zwischen Himmel und Erde*, Text und Musik: Albert Frey, 2002 Freyklang, Gerth Medien Musikverlag, Asslar.

3 Dietrich Bonhoeffer/Maria von Wedemeyer, *Brautbriefe Zelle 92*, C. H. Beck 2006, S.38.

4 Viertes Hauptstück: „Das Sakrament der heiligen Taufe". Der *Kleine Katechismus* findet sich im Anhang des Evangelischen Kirchengesangbuchs oder im Internet unter http://bit.ly/1pH8VHo.

5 *Heidelberger Katechismus*, Frage 88–90. Im Internet unter: http://bit.ly/1pHahSA.

6. GLAUBEN IN DER ZWISCHENZEIT

Lehre die Wahrheit unverfälscht und mit Würde. (Titus 2,7)

Was ist nun Glauben in dieser Zwischenzeit? Wie können wir es vermeiden, dass wir sozusagen auf einem Bein im Kreis hüpfen, weil wir nur das „Noch Nicht" oder das „Schon Jetzt" betonen? Anstatt den guten Lauf mit beiden Beinen aufzunehmen, wie Paulus uns anspornt? Es reicht einfach nicht, Bibelstellen zu finden und so auszulegen und anzuwenden, wie es uns gerade in den Kram passt. Wir müssen gründlicher hinschauen: Was ist genau gemeint? Wie ist der jeweilige Zusammenhang der Aussage? Wie passt das mit den anderen Aussagen zusammen, vor allem denen des Neuen Testaments? Steht unsere Auslegung im Einklang mit den großen Linien und dem Gesamtzeugnis der Bibel?

Wir wollen das an ein paar aktuellen Themen beispielhaft verdeutlichen:

1. HEILUNG: GLAUBEN UND SCHAUEN

HEILUNG ALS ANGELD AUF DAS KOMMENDE HEIL

Eines der Zeichen, dass Jesus der Messias ist, der von Gott versprochene Retter und König Israels, waren seine Wunder und Heilungen. Bei der Aussendung der Jünger gab Jesus ihnen auch den Auftrag zu heilen; diese Aussendung wird durch den Auferstandenen wiederholt und erweitert.[1] Paulus spricht von Wundern und Machttaten als den Zeichen eines Apostels, die in seinem Leben sichtbar sind (2.Korinther 12,12). Wunder, und hier vor allem körperliche Heilungen, gehören zu den Merkmalen christlichen Glaubens. Dieser Aspekt wurde in den letzten Jahrzehnten weltweit vor allem in der charismatischen Bewegung wieder neu entdeckt. Darüber ist inzwischen so viel und so oft geschrieben worden, dass wir darauf nicht ausführlicher eingehen müssen. Es gibt aber auch einen Aspekt beim Thema Heilung in der Bibel, der leicht zu kurz kommt.

Viele schließen aus den Heilungen Jesu und aus seinen wiederholten Heilungsaufträgen an die Jünger, dass Gott *immer* heilt und dass Christen sozusagen ein Anrecht auf Heilung hätten. Als Beweis dafür wird meist Jesaja 53,4-5 zitiert:

Aber er hat unsere Krankheit getragen und unsere Schmerzen auf sich geladen … Durch seine Wunden sind wir geheilt.

Die Argumentation läuft dann so: „Hier steht doch in der Vergangenheitsform, dass unsere Krankheit von Jesus schon getragen wurde. Also muss ich sie nicht mehr tragen. Meine Heilung ist schon am Kreuz vollbracht; ich muss sie deswegen im Glauben ergreifen."

Doch diese Aussage in Jesaja 53 ist vergleichbar mit den im vorigen Kapitel zitierten Bibelversen, in denen die Rede davon ist, dass wir schon auferstanden sind. Wie für die Auferstehung gilt auch für die Heilung: *Schon jetzt* trennt uns Krankheit nicht mehr von Gott, wie es eigentlich jüdische Überzeugung war; *schon jetzt* erleben wir *zeichenhaft* Heilungen, die zeigen, was Gott letztlich mit uns vorhat: Heil. *Schon jetzt* hat Jesus das Fortdauern der Macht der Krankheit und des Todes besiegt. *Schon jetzt* ist unser Leben zur endgültigen Heilung bestimmt.

Doch genauso gilt: dieses Heil ist eben *noch nicht* vollkommen in dieser Welt verwirklicht; alle Krankheit und alles Leid sind *noch nicht* beendet; *noch* warten wir auf die volle Erlösung unseres Leibes von der Vergänglichkeit (Römer 8,23). Die neue Welt Gottes, in der es keinen Schmerz, kein Leid und keinen Tod mehr geben wird, ist *noch nicht* Wirklichkeit geworden (Offenbarung 21). *Noch immer* leiden auch Glaubende an körperlichen

Problemen, die nicht geheilt werden; *noch immer* sterben auch Christen an tödlichen Krankheiten. Und das trotz aller Gebete um Heilung, trotz allen Glaubens und aller Zuversicht, trotz tiefster Hingabe an Gott.

Erst in Gottes neuer Welt wird unser Körper unvergänglich, herrlich und voll Kraft sein:

Begraben wird unser irdischer Körper; aber auferstehen werden wir mit einem Körper, der von unvergänglichem Leben erfüllt ist. Denn wie es einen sterblichen Körper gibt, so gibt es auch einen unsterblichen. (1.Korinther 15,44 HfA)

Hier auf der Erde, diesseits der leiblichen Auferstehung, erleben wir aber beides: dass Gott heilt und dass er nicht heilt. Auch das finden wir schon bei Jesus.

HAT JESUS JEDEN GEHEILT?

Nein: Tatsächlich hat Jesus nicht jeden Kranken geheilt, der sich mit der Hoffnung auf Heilung an ihn gewandt hat. Immer wieder wird berichtet, dass er sich zurückzog, wenn sich Menschen um ihn drängten, um geheilt zu werden (z.B. Lukas 5,15). Am Teich Bethesda hat er von den Dutzenden von Kranken, die dort auf eine Berührung durch Gott warteten, nur einen einzigen geheilt (Johannes 5). Eine umfassende Erklärung gibt die Bibel dafür nicht. Die einzige Aussage, die ein Licht darauf wirft, findet sich in der Geschichte vom Teich Bethesda. Sie zeigt zum einen die Souveränität Gottes und zum anderen den völligen Gehorsam Jesu:

Der Sohn kann nichts von sich aus tun, sondern nur, wenn er den Vater etwas tun sieht. Was nämlich der Vater tut, das tut in gleicher Weise der Sohn. (Johannes 5,19)

Mit anderen Worten: Jesus wartet auch bei seinem Heilungsauftrag jeweils auf die konkrete Anweisung Gottes. Ähnliches sehen wir schon bei einem Vergleich der Versuchungsgeschichte Jesu mit seinen beiden Brotvermehrungen: Obwohl Jesus jederzeit Brot in Fülle bewirken könnte, macht er sich doch von dem konkreten Reden Gottes abhängig:

Der Mensch lebt nicht nur von Brot; er lebt von jedem Wort, das Gott spricht! (Matthäus 4,4 GNB)

Im Neuen Testament wird deutlich, dass Gott einigen Christen Heilungsgaben gibt. Allein die Tatsache, dass eben nicht alle diese Gabe haben, ja dass es solche speziellen Gaben überhaupt braucht, zeigt, dass durchgängige Heilung aller eben nicht der Normalzustand in der Gemeinde ist (vgl. 1.Korinther 12,30).

Dem einen wird vom Geist die Gabe geschenkt ..., Krankheiten zu heilen, einem andern Wunderkräfte ... Das alles bewirkt ein und derselbe Geist; einem jeden teilt er seine besondere Gabe zu, wie er will. (1.Korinther 12,8-11)

Als Gott seinen Mitarbeiter Epaphroditus von einer längeren schweren Krankheit heilte, bringt Paulus seinen Dank und seine Erleichterung darüber zum Ausdruck. Damit macht er deutlich, dass die Heilung nicht selbstverständlich ist, dass es also kein Anrecht darauf gibt: Sein Freund hätte auch sterben können (Philipper 2,25-30). Seinem engsten Freund Timotheus gibt Paulus einen medizinischen Rat nach dem Wissen seiner Zeit „... weil du so oft krank bist" (1.Timotheus 5,23).

Auch Paulus selbst hatte Probleme mit Krankheit; möglicherweise litt er an einem Augenleiden:

Ihr wisst, dass ich krank und schwach war, als ich euch zum ersten Mal das Evangelium verkündigte; ihr aber habt auf meine Schwäche, die für euch eine Versuchung war, nicht mit Verachtung und Abscheu geantwortet ... Wäre es möglich gewesen, ihr hättet euch die Augen ausgerissen, um sie mir zu geben. (Galater 4,13-15)

Auch diejenigen unter uns, die eigentlich überzeugt sind, dass Gott immer heilt, erleben selbst ja auch, dass das Gebet um Heilung nicht immer bewirkt, was wir uns wünschen. Das trifft nicht nur für den – möglicherweise – glaubensschwachen Normalchristen zu: auch den größten Heilungsevangelisten ergeht es nicht anders.

Natürlich gibt es aber auch den andern Fall: Es gibt Zeiten, in denen wir wiederholt und ausdauernd unsere Bitten vor Gott bringen sollen, wie Jesus es uns im Gleichnis von der bittenden Witwe deutlich macht (Lukas 18). Wir haben selbst in unserer eigenen Familie Heilung erlebt, auf die wir drei Jahre gewartet haben. Warum das in solch einem Fall so ist, lässt sich nicht mit Sicherheit sagen. Auch hier sind wir abhängig von dem konkreten Reden Gottes.

DIE HEILUNG BEKENNEN?

Immer wieder hört man in diesem Zusammenhang die Aufforderung, die eigene Heilung „im Glauben zu bekennen" und Gott zu danken, dass er einen *schon geheilt* hat, obwohl man noch an den Symptomen der Krankheit leidet. Denn der wunderwirkende Glauben könne nur dann zum Ziel kommen, wenn man die Heilung als schon geschehen betrachtet und das „mit dem Mund bekennt". Denn wir sollen ja „im Glauben" und nicht „im Schauen" leben, wie Paulus uns auffordert. Also müssen wir die Heilung glauben, bekennen und proklamieren – dann werden wir sie auch sehen!

Aber zum einen *widerspricht das der Erfahrung* auch der Glaubensstärksten unter uns. Es gibt niemanden, der immer Heilung erlebt, egal wie glaubensstark oder heilig er ist. Im Gegenteil: Selbst bei den vollmächtigsten Heilungsevangelisten werden *mehr Menschen nicht geheilt* als geheilt. Das lässt sich auf jeder Großveranstaltung erleben, zu der die Menschen gläubig strömen.

In diesem Zusammenhang wird gelegentlich behauptet, das Ausbleiben der Heilung liege, wenn schon nicht am fehlenden Glauben, dann an nicht bekannter Sünde des Betreffenden, an falschen inneren Haltungen oder an Flüchen, die über ihm ausgesprochen worden wären. Es stimmt: Immer wieder zeigt Gott tatsächlich ganz konkret im Leben eines Menschen Dinge auf, die zu klären sind. Auch die Medizin weiß um unterschiedlichste psychosomatische Zusammenhänge zwischen unserer Seele und körperlichen Krankheiten. Ein erfahrener Beter darf den Heilungssuchenden vorsichtig und respektvoll nach solchen Zusammenhängen fragen.

Etwas ganz anderes ist es, daraus eine allgemeine Lehre zu machen: „Diese Art der Krankheit hat ihre Ursache in Bitterkeit, Untreue, ..." Das ist in dieser Verallgemeinerung unbarmherzig, arrogant und widerspricht dem Wesen Gottes. Denn Gott wendet sich auch solchen Menschen heilend zu, die ihren Lebenswandel noch überhaupt nicht geklärt und geordnet haben. Natürlich gibt es Sünde oder Aspekte der Lebensführung, die Heilung verhindern können. Die große Gefahr, wenn man solche möglichen Zusammenhänge zur Regel erklärt, liegt darin, dass die Krankheit dann – bewusst oder unbewusst – als Beweis für die Sünde eines Menschen gesehen wird. Das ist für beide verheerend: Der Kranke entwickelt, und sei es auch nur unterschwellig, ein Schuldbewusstsein, das seine Beziehung zu Gott trübt oder sogar zerstört; und sein Gegenüber fängt an, ihn zu richten. Dieser ganze Ansatz widerspricht grundlegend dem, was Jesus selbst zu diesem Thema gesagt hat.

Unterwegs sah Jesus einen Mann, der seit seiner Geburt blind war. Da fragten ihn seine Jünger: „Rabbi, wer hat gesündigt? Er selbst? Oder haben seine Eltern gesündigt, sodass er blind geboren wurde?" Jesus antwortete: „Weder er noch seine Eltern haben gesündigt, sondern das Wirken Gottes soll an ihm offenbar werden." (Johannes 9,1-3)

Das zweite große Problem an dieser Lehre ist, dass sie in vielen Fällen die Wahrnehmung der eigenen Situation und die geistliche Auseinandersetzung mit ihr blockiert. Wir haben leider von mehr als einem Fall gehört, wo todkranke Menschen im Glauben und Bekennen der eigenen Heilung gestorben sind. *Sie hatten nicht nach dem konkreten Willen Gottes für ihr Leben gefragt*

(„Was will der Vater tun?" wäre die Frage Jesu gewesen!); ihnen war ja schon klar, dass Gott *immer* Heilung will. Das Schlimme daran ist: Sie hatten sich innerlich nicht auf den Tod vorbereitet – das wäre für sie ein Zeichen des Unglaubens gewesen –, und nahmen deshalb keinen Abschied von ihrer Familie, ordneten ihre Angelegenheiten nicht und hinterließen so weit mehr Schmerz, Verwirrung und Trauer, als ein bejahtes Sterben gebracht hätte.

In unserer Bekanntschaft waren in einem Jahr gleichzeitig zwei Menschen an Krebs erkrankt. Wenn ich für die eine Person betete, bekam ich immer mehr Zuversicht, dass Gott sie heilen würde. Diesen Eindruck gab ich weiter und konnte sie damit während der langen Therapie ermutigen. Beim Gebet für die andere Person schien mir Gott zu sagen, sie solle sich auf ihren Tod vorbereiten. Sollte ich das weitergeben? Der Betroffene selbst glaubte fest an seine Heilung. Unsere Beziehung war nicht vertraut genug, um solch ein heikles Thema anzusprechen. In mir selber blieben natürlich auch Zweifel, ob ich da Gott richtig gehört hatte. Daher betete ich dafür, dass Gott den Betroffenen mit seinem umfassenden Segen anrühren solle und direkt zu ihm und seiner Familie reden möge. Zum Erschrecken aller starb er dann durch einen tragischen Unfall, ehe der Krebs tödlich geworden wäre. Die erste Person aber wurde nach einer längeren medizinischen Behandlung geheilt und ist bist heute gesund.

Wir finden tatsächlich im Neuen Testament keine Aufforderung, eine Heilung zu bekennen, die noch nicht sichtbar ist. Auf die Stellen, die manche damit in Verbindung bringen, gehen wir gleich ein.

Wenn Jesus Menschen auf ihren Glauben anspricht, geht es um ihr Vertrauen zu *ihm*. Die Heilung selbst ist dann immer sichtbar und überprüfbar („Zeig dich dem Priester!" Matthäus 8,4). Der Dank der Menschen antwortet auf die bereits erfahrene Heilung, nicht auf eine proklamierte aber noch unsichtbare.

2. DREI ARTEN VON GLAUBEN

Nun gibt es eine Reihe Worte Jesu wie:[2]

„Darum sage ich euch: Alles, um was ihr auch betet und bittet, glaubt, dass ihr es empfangen habt, und es wird euch werden." (Markus 11,24)

„Alles, was ihr im Gebet erbittet, werdet ihr erhalten, wenn ihr glaubt." (Matthäus 21,22)

Hier richtet sich der Glaube auf die *erwartete Tat* Gottes, also scheinbar nicht, wie sonst meist, auf die *Person Gottes*, auf das Vertrauen zu ihm. Jesus meint hier also nicht den Glauben, der rettet und uns Anteil am ewigen Leben gibt. Hier geht es um einen Glauben, der Wunder erbittet und empfängt. Was heißt das nun?

Es gibt im Neuen Testament drei unterschiedliche Ausprägungen des Begriffs „Glauben":

1. Der *„grundlegende" oder „rettende"* Glaube, der nichts anderes ist als ein *tiefes Vertrauen und Sich-Verankern in Gott.* Dieser Glaube wird jedem Menschen angeboten, besser gesagt: jeder ist dazu aufgefordert: „Glaube an Jesus, den Herrn, und du wirst gerettet werden!" (Apostelgeschichte 16,31). Dieser Glaube wird durch den Heiligen Geist gewirkt und *richtet sich auf die Person Jesu.* In ihm erkennen wir, dass er der Erlöser ist, der uns den Zugang zu Gott eröffnet. Er bewirkt unsere Umkehr, stellt uns in eine *Beziehung* zu Gott und errettet uns damit aus der Vergänglichkeit und aus der Knechtschaft der Sünde.

2. Der *„wunderwirkende"* Glaube. Diese Form des Glaubens wirkt Wunder und vermittelt Heilung. Der wunderwirkende Glaube kann so klein wie ein Senfkorn sein und doch einen Berg versetzen (Matthäus 17,20). Er ist aber kein Besitz, son-

dern wird in der jeweiligen Situation von Gott geschenkt. Wenn dies bei einzelnen Christen häufiger vorkommt, spricht Paulus von einem *Charisma des Heiligen Geistes*, das er souverän gibt, das aber nicht jeder hat (1.Korinther 12). Der wunderwirkende Glaube und der eng damit verwandte Glaube, der immer wieder Heilungen sieht, sind also ein unverfügbares „Gnadengeschenk" (so die Bedeutung des griechischen Wortes „Charisma"):

Dem einen wird vom Geist die Gabe geschenkt, Weisheit mitzuteilen, dem andern durch den gleichen Geist die Gabe, Erkenntnis zu vermitteln, dem dritten im gleichen Geist Glaubenskraft, einem andern – immer in dem einen Geist – die Gabe, Krankheiten zu heilen, einem andern Wunderkräfte. (1.Korinther 12,8-10a; vgl. 13,2)

Die Grundlage für diese Gabe der Krankenheilung ist ein Glaube, der einem Menschen in spezieller Weise für eine bestimmte Situation geschenkt wird. Er zeigt sich in einer tiefen inneren Gewissheit, dass Gott einer konkreten Person Heilung schenken möchte, bzw. dass er das Gebet um Heilung erhört, schon erhört hat oder sicher erhören wird. Dieser konkrete Glaube ist aber kein Freifahrschein, Heilung automatisch immer erwarten zu sollen oder zu dürfen. Er verleiht kein Anrecht darauf. Er ist noch nicht einmal eine Gabe für jedermann. Das trifft im übrigen für alle Gnadengaben Gottes („Charismen") zu, etwa die Gabe, Apostel zu sein, Prophet oder irgendetwas anderes (1.Korinther 12,30). Dieser wunderwirkende Glaube wurzelt aber immer in dem tiefen Vertrauen zu der Person Jesu bzw. Gottes, nicht in einem verheißenen Automatismus.

3. Das gleiche griechische Wort, das im Neuen Testament für Glaube und Vertrauen steht, bedeutet zugleich auch „Treue". Dieser *„standhafte" Glaube* hält an Gott fest, egal was passiert – auch in Verfolgung, Not und Krankheit. So

steht diese (Glaubens-)Treue im Galaterbrief zwischen anderen *Charaktereigenschaften* wie Freundlichkeit, Geduld und Enthaltsamkeit (Galater 5,22). Hier ist mit diesem Wort eine Frucht des Geistes beschrieben, eine Charaktereigenschaft, die in uns wächst in dem Maß, wie der neue Mensch in uns immer mehr Raum gewinnt.

Diese drei Formen von „Glaube" – grundlegender Glaube, wunderwirkender Glaube und standhafter Glaube – gehen auf die Grundbedeutung von „Glauben" im Hebräischen zurück. Die Wortwurzel bedeutet nämlich *„Festigkeit"* und wird noch in dem Wort „Amen" sichtbar, mit dem wir ein Gebet bekräftigen. Für unsere Frage bedeutet das: „Glaube" im Neuen Testament kann Verschiedenes meinen: 1. das Sich-Festmachen in Gott; 2. die feste Gewissheit, dass Gott hier und heute diese Person heilen will; und 3. die Beständigkeit, das Festhalten an Gott in allen Umständen – Armut oder Reichtum, Glück oder Not, Gesundheit wie Krankheit – ganz egal, was das Leben bringen mag.

In den Evangelien wird zudem ein *Unglaube* beschrieben, der Wunder verhindern kann: In Markus 6,1-6 wird berichtet, dass die Menschen in seiner Heimatstadt Nazareth die Sendung Jesu anzweifeln: „Wir kennen ihn doch. Er ist doch ein normaler Mensch! Wie kann er da ein Gesandter Gottes sein?" Ihr Unglaube, genauer ihr „Anti-Glaube", richtet sich aber *nicht auf die Fähigkeit* Jesu, Wunder zu tun, *sondern auf den Anspruch*, den er erhebt: „Sie nahmen Anstoß an ihm und lehnten ihn ab." Lukas 4,16-30 führt das in aller Deutlichkeit aus.

Glaube als Willensakt?
Was genau meint nun Jesus, wenn er sagt:

Darum sage ich euch: Alles, um was ihr auch betet und bittet, glaubt, dass ihr es empfangen habt, und es wird euch werden. (Markus 11,24)

Ist das nicht doch ein Glaube, der *immer* erhört wird, wenn er nur stark genug ist? Und damit ein wundertätiger Glaube, der jedem offensteht, der zu Gott gehört? Das heißt, ein Glaube, der eben nicht eine geschenkte Geistesgabe oder ein Erkennen des konkreten Willens Gottes für diese Situation ist, sondern ein *jederzeit möglicher Willensakt* des Menschen? Dann gäbe es doch einen wunderwirkenden Glauben, der auf unserem Willensakt und das heißt: auf unserer Anstrengung, unserem Für-Wahr-Halten und Nicht-Zweifeln beruht und der uns – unter dieser Voraussetzung – jederzeit möglich ist? Wenn dem so wäre, dann müssten wir tatsächlich versuchen, alle Gedanken auf die Heilung zu fokussieren. Dann dürften wir nicht über die Krankheit oder ihre Symptome nachdenken, und dann müssten wir vielleicht sogar die *Realität* der Symptome leugnen. Dann dürften wir keine Zweifel oder „vernünftige" Überlegungen zulassen. Dann müssten wir uns auch dagegen wehren, dass andere in unserer Umgebung die Krankheit als solche ernst nehmen. Dann müssten wir proklamieren, dass wir im Namen Jesu schon geheilt sind, und unseren Körper als gesund visualisieren. Ärztliche Hilfe dürften wir dann, wenn überhaupt, nur in Anspruch nehmen, wenn es nicht mehr anders geht. Ist das wirklich neutestamentlicher Glaube?

Für solch ein „Festhalten am Unsichtbaren" wird oft die Aussage des Hebräerbriefs angeführt, die isoliert genommen, das zu bestätigen scheint:

Glaube aber ist: Feststehen in dem, was man erhofft, Überzeugtsein von Dingen, die man nicht sieht. (Hebräer 11,1)

Schauen wir uns den Zusammenhang an; damit wird die Sache klarer. Das gesamte 11. Kapitel des Hebräerbriefs führt uns Beispiele aus der Geschichte Israels vor Augen, in denen der Glaube auf die eine oder andere Weise eine entscheidende Rolle gespielt hatte. Dabei werden Belege für alle drei oben genannten Formen des Glaubens erzählt: den grundlegenden Glauben, den wunderwirkenden und den standhaften. Interessant ist nun die Beobachtung, dass dabei Fälle erwähnt werden, wo die Betreffenden selbst gezweifelt haben, wie etwa Sara, die Frau Abrahams. In 1.Mose 18,12 wird plastisch ihr Unglauben und ihr Zweifel geschildert, als Gott ihr einen Sohn verheißt. Trotzdem formuliert der Hebräerbrief:

Aufgrund des Glaubens empfing selbst Sara die Kraft, trotz ihres Alters noch Mutter zu werden; denn sie hielt den für treu, der die Verheißung gegeben hatte. (Hebräer 11,11)

Das zeigt doch, dass kein Willensakt gemeint sein kann, mit dem sie sich auf das verheißene Wunder konzentriert und die Realität ausgeblendet hätte. Tatsächlich tat Sara genau das Gegenteil! Nach diesem Maßstab wäre Sara zutiefst ungläubig gewesen. Und doch sieht der Hebräerbrief sie als *Vorbild* des Glaubens: wegen ihrer *grundlegenden Verankerung* in Gott.

Das wirft auch ein Licht auf die Aussage des Markusevangeliums. Wie die Parallelen im Johannesevangelium zeigen[3], beruht alle Gewissheit des Erhörtwerdens auf einer einzigen Grundvoraussetzung: dass wir im *Willen* Jesu gebetet haben. Und das meint seinen konkreten *Willen* für unsere Situation hier und jetzt.

Das entlastet uns von dem Druck, mit unseren „glaubensvollen" Gedanken unser Geschick selbst lenken zu müssen. Es spricht das erlösende Wort Gottes in unsere Not hinein: „Deine Krankheit ist nicht durch deinen Zweifel verschuldet." Wir müssen uns nicht mehr am eigenen Zopf eines selbst produzierten Nicht-Zweifelns aus dem Sumpf der Krankheit ziehen, sondern können uns dem Handeln Gottes überlassen.

Diese Entlastung erlebte eine ältere Dame, die sich gerade von einer kürzlichen Krebsbehandlung erholte. Sie fragte sich zutiefst besorgt, durch welche unbewusste Schuld, sie wohl die Erkrankung verursacht hätte und was sie nun tun müsste, um ganz geheilt zu werden. Mit der Erwartung, darüber etwas von Gott zu hören, kam sie auf ein Seminar über Hörendes Gebet. Ohne dass sie irgendetwas von ihrer Situation oder ihren Fragen erzählte, betete die Gruppe und bekam zwei Worte von Gott für sie: „Du bist gut." und „Du musst nichts tun!"

Dein Glaube hat dich gerettet!

Was ist dann aber mit den Stellen, an denen Jesus ganz klar sagt „Dein Glaube hat dich gerettet/geheilt"[4]?

Eine erste Beobachtung zeigt, dass vom „Glauben" bei der Mehrzahl der Heilungen Jesu gar nicht die Rede ist: Bei den insgesamt 27 verschiedenen Einzelheilungen, die von Jesus in den Evangelien berichtet werden, gibt es nur bei insgesamt 12 *irgendeinen Bezug* zum Glauben. Und es gibt überhaupt nur drei Heilungen, bei denen Jesus *ausdrücklich* sagt: „Dein Glaube hat dich gerettet/geheilt!"[5]. Dabei wird sichtbar, dass hier mehr gemeint ist als die körperliche Heilung. Lukas 17,11-19 zeigt das ganz deutlich: Jesus heilt zehn Aussätzige, aber nur einer von ihnen kehrt zurück und dankt Jesus dafür. *Zu ihm allein* sagt Jesus das Wort „Dein Glaube hat dich gerettet/geheilt". Auch die andern neun waren durch die souveräne Heilungskraft Jesu geheilt worden – aber der „Glaube" von dem Jesus hier spricht, richtet sich auf mehr als die Heilung, nämlich auf seine Person! Und *diesen Glauben* brachte nur der eine auf, der zurückgekehrt war. Die „Rettung", das „Heilwerden", meint also Größeres als die bloße körperliche Heilung und ist nicht mit ihr identisch. Entsprechendes gilt für die anderen Stellen.[6]

Auch eine andere Erzählung macht deutlich, dass es bei diesem Glauben um mehr als den Glauben an Heilung geht. Für die Sünderin, die ihm die Füße wäscht, bekräftigt Jesus den Zuspruch seiner Vergebung mit eben diesem Satz: „Dein Glaube hat dich gerettet!" (Lukas 7,48.50). Eine körperliche Heilung findet nicht statt.

Das Ergebnis ist also: Für ein Verständnis von Glauben als Willensakt oder innerer Konzentrationsleistung, der Heilung hervorbringt, finden wir in der Bibel keine Belege.[7]

Glaube, der erhört wird

Und was meint Jesus nun mit dem Glauben, der zu einer Gebetserhörung führt?

Viele Widersprüche lösen sich, wenn man versteht, dass Jesus hier vom *Glauben des neuen Menschen* spricht. Dieser Mensch wird vom Heiligen Geist mehr und mehr in das Bild Jesu verwandelt. Wie Jesus wird er vom Geist geführt; wie Jesus tut er deshalb nichts aus eigenem Willen, sondern nur das, was er den Vater tun sieht. Er erkennt den Willen Gottes in der aktuellen Situation; er nimmt wahr, ob Gott hier heilen möchte oder nicht. Seine Motive sind gereinigt und geheiligt und er vertraut Gott voll und ganz, auch wenn dieser nicht tut, was menschlich erstrebenswert scheint. Sein Glaube ist ein tiefer Ausdruck der Beziehung zu Gott. Solch ein Glaube steht jedem offen, der sich von Gott erneuern lässt. Von einem Glauben, der meint, Gott mittels seiner Verheißungen im Griff zu haben, ist er himmelweit entfernt.

DREI ARTEN DES BITTENS

Wir leben auf einer Erde, die noch nicht vollkommen ist; wir selbst sind es auch nicht. Unser Glaube und unser Leben stehen immer noch unter der Gebrochenheit des Vorläufigen, des noch nicht Endgültigen. Zu oft bestimmt der alte Mensch unser Wahrnehmen, unsere Denk- und Verhaltensmuster – und damit auch unser Glauben und Bitten. Für das Thema Gebetserhörung bedeutet das: Unser Bitten kann sehr unterschiedlich sein und sich aus den verschiedensten Motivationen speisen, selbst wenn wir uns auf Gottes Verheißungen beziehen. Damit entspricht es nicht automatisch dem Bitten, dem gegeben wird, was es erbittet.

1) Der Glaube, dessen Bitten *erhört* wird, ist die selbstverständliche, unangestrengte Gewissheit des *neuen Menschen*, dass er im Willen Gottes bittet. Deswegen kann er sich dessen gewiss sein, dass Gott geben wird, worum er gebeten hat. Sein Herz schlägt im gleichen Rhythmus mit dem Herzen des Vaters. Seine Anliegen decken sich mit denen Gottes. Und *Seine* Pläne wird Gott ganz gewiss ausführen. Daran gibt es keinen Zweifel. Jesus sagt:

„Was ihr den Vater bitten werdet in meinem Namen, wird er euch geben." (Johannes 16,23)

„In meinem Namen" heißt hier genau das: im Einklang mit dem Herzschlag Jesu, also dem Willen Gottes. In diesem Bitten hat der Glaubende gespürt, was Gott in diesem Moment tun will und betet entsprechend. Darin ist Jesus das große Vorbild: Selbst er, der Sohn Gottes, kann nur tun, was er den Vater tun sieht (Johannes 5,19). Das Erkennen des konkreten Willens Gottes für hier und jetzt ist die Grundlage des „erhörungssicheren" Gebets, des wunderwirkenden Glaubens und des Proklamierens. Jedes Proklamieren und Gebieten, bei dem einer Krankheit befohlen wird, zu weichen, muss darin wurzeln. Sonst ist es im besten Fall ein frommer Wunsch oder heiße Luft, im schlimmsten Fall sogar Gotteslästerung.

Eine Freundin von uns hatte seit einigen Jahren Rheuma. Immer wieder bekam sie Krankheitsschübe, in denen die Entzündung der Gelenke und die Schmerzen so stark waren, dass sie sich kaum noch bewegen konnte. Selbst starke Medikamente halfen nur wenig. Eines Tages wurde ihr eine falsche innere Haltung zu anderen Menschen klar und sie tat Buße darüber. In dem Moment geschah etwas Unerwartetes: „Ich hörte eine Stimme mit meinen Ohren. Ich wusste sogleich, dass es Gottes Stimme war, die ich hörbar, wie bei einem Freund in einer Unterhaltung wahrnahm: ‚Dein Rheuma ist geheilt!'" Überwältigt von diesem Zuspruch wollte sie sofort ihre Medikamente absetzen. Sie spürte aber, dass Gott sie ermahnte, zuerst zum Arzt zu gehen und alles zu tun, was dieser sagen würde.

Noch bevor sie einen Arzttermin vereinbaren konnte, bekam sie den nächsten Rheuma-Schub. Unter dem Eindruck des Redens Gottes widerstand sie jetzt im Gebet dieser Krankheit und befahl den Entzündungen zu weichen. Nach zwei Tagen waren ihre Gelenke wieder schmerzfrei, obwohl diese Schübe sonst fünf bis zehn Tage dauerten. Bald danach bekam sie erneut einen Schub. Wieder widerstand sie im Namen Jesu der Krankheit. Diesmal heilten die Entzündungen noch schneller als beim letzten Mal ab. Eine dritte Schmerzattacke nur wenige Tage später dauerte dann nur noch eine halbe Stunde.

Als der Arzt sie schließlich untersuchte, fand er zu seinem Erstaunen geringere Rheumawerte im Blut als früher. Und mit jeder weiteren

Untersuchung wurden es weniger. Schritt für Schritt konnte der Arzt so die Medikamente reduzieren. Heute, fünf Jahre später, nimmt unsere Freundin zwar noch eine sehr niedrige Dosis, hat aber nie wieder einen schwereren Krankheitsschub bekommen; lediglich einmal hatte sie leichte Schwellungen und Schmerzen in einer Hand. Durch das konkrete Reden Gottes hatte sie die feste Zuversicht gewonnen, dass sie im Willen Gottes war, wenn sie der Krankheit widerstand.

2) Auch bei Christen gibt es ein Bitten, das nicht im Willen Gottes ist und deswegen auch nicht aus dem neuen Menschen stammt. Das kann ein selbstzentriertes, sensationslüsternes, Zeichen forderndes oder einfach auch nur gedankenloses *Bitten des alten Menschen* sein, der wir gleichzeitig auch immer noch sind. Es kann aber auch einem falschen Mitleid mit einem anderen entspringen. Wir nehmen seine Not auf uns, weil wir uns so gerne als Retter sehen möchten.

Eure Bitten werden nicht erhört, weil ihr in verwerflicher Absicht bittet: Das Erbetene soll dazu beitragen, eure selbstsüchtigen Wünsche zu erfüllen! (Jakobus 4,3 NGÜ)

Dieses Bitten findet keine Erhörung, weil Gott sich nicht vor den Karren unseres alten Menschen spannen lässt. Auch nicht mit angeblichem Glauben, Proklamieren und dem Zitieren von Bibelversen. Ebenso wenig findet ein Bitten Erhörung, das aus den *allgemeinen* Absichten Gottes theoretisch ableitet, was Gott in diesem *konkreten* Moment tun will.

Nur eine aktuelle Offenbarung von Gott kann zeigen, ob *jetzt* die Kräfte der neuen Welt in *diese* Vergänglichkeit und Krankheit hineinreichen und heilen sollen oder ob Gott andere Pläne hat.

Eine Freundin erzählt: Mein Mann und ich hatten uns immer Kinder gewünscht. Nach einer Fehlgeburt kam eine Zeit des Hoffens, und mitten in dieser Zeit geschah es, dass an meinem Herzen eine recht schwerwiegende Erkrankung festgestellt wurde. Die Ärzte warnten mich: „Damit sollten Sie besser keine Kinder zur Welt bringen, das wäre für das Herz zu anstrengend!" Ich war am Boden zerstört. Aber seltsam: Bald schon konnte ich die Diagnose erstaunlich gut annehmen. Ein Friede, höher als alle Vernunft, breitete sich in mir aus.

Eine Frau aus unserem Hauskreis reagierte anders: „Das nehmen wir gar nicht erst an, dass Du keine Kinder bekommen sollst! Das ist kein Gedanke von Gott! Sowas sagt Gott nicht. Gott kann das immer noch machen, dass das trotzdem geht! Bei Gott sind alle Dinge möglich! Dafür beten wir jetzt!"

Ich schüttelte nur den Kopf: „Nein, das möchte ich nicht. Ich nehme das jetzt so an, wie es ist." Ich ließ also nicht für mich beten.

Der Gedanke, ein Kind zu adoptieren, war mir wieder in den Sinn gekommen, von ganz tief aus meiner Seele war er in meinem Bewusstsein aufgetaucht. Es war nicht nur ein Gedanke, es war ein Wunsch, ein sehr alter. Nun schien dieser Plan Raum zu bekommen, um wahr zu werden!

Mit meinem Mann zusammen machte ich mich ohne Druck auf einen inneren Weg der Klärung. Schließlich war er genauso Feuer und Flamme wie ich, eine Adoption anzugehen.

Bald darauf wurden wir Eltern eines kleinen Mädchens aus Südafrika. Sie ist die wundervollste Tochter überhaupt, wir lieben sie über alle Maßen, und immer wieder stellen wir noch heute fest (sie ist jetzt 13!): So ein Wunder hätten wir beide niemals zustande bekommen.

Für uns ist dieser Weg ganz klar von Gott geführt. Er hat aus meiner Krankheit das Beste gemacht, was uns passieren konnte. Ich bin froh, dass ich damals auf meine innere Stimme gehört habe und nicht gegen die Diagnose anbeten ließ.

Wie gut, dass unsere Freundin bei dem geblieben ist, was sie konkret von Gott gehört hat. Was hätte passieren können, wenn sie auf die theoretische Behauptung hin, dass Gott so etwas nicht sagen könne, das gesundheitliche Risiko einer Schwangerschaft eingegangen wäre!

Wenn wir uns für einen neuen Menschen halten, aber aus dem alten Menschen heraus bitten und nicht erhört werden, dann liegt der Schluss nahe, dass es am mangelnden Glauben liegen muss. Manche versuchen dann, sich mit ihrer Willenskraft innerlich oder auch äußerlich zu pushen; sie fokussieren die eigenen Gefühle und Gedanken auf das erwünschte Resultat und produzieren so „Glauben". Unter Umständen führt das sogar zu gewissen psychosomatischen Resultaten – aber nicht zu einer gottgewirkten Heilung. Mit dem wunderwirkenden Glauben, der als Geistesgabe von Gott geschenkt wird, hat das herzlich wenig zu tun. *Autosuggestion ist keine Inspiration!* Sie hat mit der Erhörungsgewissheit, die der Heilige Geist dem neuen Menschen schenkt, nichts zu tun. Der erhörungsgewisse Glaube ist kein Produkt von Konzentration, Willenskraft oder Lautstärke beim Gebet, sondern ein Geschenk: wir können ihn nur empfangen, nicht machen.

Als Christen leben wir mit dem Ineinander von altem und neuem Menschen. Es gibt Momente, da sind wir uns einfach gewiss, dass Gott uns erhört, und wir bitten zuversichtlich. Aber diese Gewissheit ist angefochten, unser Misstrauen zieht sie in Zweifel. Denn wir müssen uns dagegen wehren, dass uns diese Gewissheit geraubt wird – wir müssen sie „im Glauben festhalten". Umgekehrt müssen wir aber auch aufpassen, dass wir nicht an den Wünschen und Eingebungen des alten Menschen festhalten und diese dann Gott in einer fordernden Weise vorhalten! Sonst verfestigen wir tragischerweise den alten Menschen, statt in den neuen hineinzuwachsen.

3) Schließlich gibt es auch Momente, in denen wir keine Klarheit über die Pläne Gottes für diesen Moment bekommen, obwohl wir fragen, hinhören und um Offenbarung bitten. Es stellt sich keine innere Gewissheit ein. Kein wunderwirkender Glaube wird uns geschenkt.

Wir wissen also nicht, ob unsere Anliegen unserem alten oder unserem neuen Menschen entspringen. In solch einer Situation, die vermutlich bei den meisten relativ häufig vorkommt, *dürfen wir Gott bitten, wie ein Kind seinen Vater bittet:* offen und voller Vertrauen, aber zugleich in dem Bewusstsein, dass unsere Bitten vielleicht nicht seinen Plänen entsprechen und er zu unserem Besten anders entscheidet. Eine ehrliche Bitte respektiert auch ein „Nein". Ehrfurcht vor Gott betet: „Dein Wille geschehe!" Was kann es denn Besseres und Größeres geben?

Wenn Gott uns keine Offenbarung über seinen konkreten Willen für eine Situation gibt, dann legen wir unsere Wünsche und Ängste vertrauensvoll in seine Hände. Unser Bitten kann trotzdem leidenschaftlich und engagiert sein. Wir dürfen ihm alle Argumente vortragen, warum er so eingreifen soll, wie wir es wünschen. Wir dürfen entsprechend der Aufforderung Jesu ausdauernd beten und in unserem Bitten nicht nachlassen. Aber wir müssen dabei in einer Haltung der Liebe und Ehrfurcht vor Gott bleiben. Und oft genug wird er auf solch ein vertrauensvolles Beten mit Segen, Heil und Heilung antworten!

DIE ZUKÜNFTIGE WAHRHEIT BEKENNEN

Im Bekennen einer noch nicht sichtbaren Heilung steckt aber dennoch ein Stück Wahrheit: Jesus hat nicht nur unsere Trennung von Gott (den „Sündenfall") überwunden, sondern auch seine Auswirkungen; dazu gehören Leid, Krankheit und Tod. Deswegen sieht Matthäus 8,16-17 im Heilungsdienst Jesu die Erfüllung von Jesaja 53,4-5:

Er ... heilte alle Kranken. Dadurch sollte sich erfüllen, was durch den Propheten Jesaja gesagt worden ist: Er hat unsere Leiden auf sich genommen und unsere Krankheiten getragen.

Erst dann, wenn wir nach unserem Tod zu neuem Leben auferstehen, wird unsere Heilung vollkommen sein: Wir werden einen unvergänglichen Auferstehungsleib haben und die volle Erlösung schauen. Das ist Grund zum Danken! In *diesen Zusammenhang* stellt Paulus das Wort vom Glauben und Schauen:

Deshalb bin ich in jeder Lage zuversichtlich. Ich weiß zwar: Solange ich in diesem Körper lebe, bin ich vom Herrn getrennt. Wir leben ja noch in der Zeit des Glaubens, noch nicht in der Zeit des Schauens. Ich bin aber voller Zuversicht und würde am liebsten sogleich von meinem Körper getrennt und beim Herrn zu Hause sein. Weil ich mich danach sehne, setze ich aber auch alles daran, zu tun, was ihm gefällt, ob ich nun in diesem Körper lebe oder zu Hause bin beim Herrn. (2.Korinther 5,6-9 GNB)

3. „VOR DEN AUGEN MEINER FEINDE"

Du deckst mir den Tisch vor den Augen meiner Feinde. Du salbst mein Haupt mit Öl, du füllst mir reichlich den Becher. (Psalm 23,5)

Es gibt einen anderen Zusammenhang, in dem das Bekennen und Aussprechen der Wahrheit eine ganz wichtige Rolle spielt: da, wo die Verletzungen unserer Vergangenheit unsere Identität in Frage gestellt haben. Hier sollen wir es lernen, die Wahrheit Gottes über uns zu hören und sie uns zu eigen zu machen. Unsere wahre Identität als geliebte Kinder Gottes empfangen wir aus dem Hören auf Gott, sowohl in der Bibel als auch durch sein aktuelles Reden zu unserem Herzen. Sein Wort bringt tiefe Heilung in unsere verwundete Seele. Das geschieht in einem Prozess: Meine Seele hört auf das Reden Gottes, hält sich das Gehörte immer und immer wieder vor Augen und hält daran fest. So bekennt und proklamiert sie, was Gott tatsächlich über uns sagt.

Neigt euer Ohr mir zu und kommt zu mir, hört, dann werdet ihr leben. (Jesaja 55,3)

Der Schlüssel, um diese Heilung zu empfangen, liegt darin, die alte Identität mit ihren Lügen und Verletzungen ins Licht Gottes zu bringen. Unser menschliches Schutzbedürfnis sagt uns stattdessen, dass wir die Wunden verstecken, sie tief in unserem Inneren in einen Schrank sperren und ein dickes Schloss davor hängen müssen. Wir ertragen es nicht, all das anzuschauen, was weh tut, was uns demütigt und beschämt; wir wollen es einfach nicht sehen. Und doch gibt es keine Heilung, wenn wir es nicht wagen „unseren Feinden in die Augen" zu sehen. Leanne Payne, die große Seelsorgerin, geistliche Lehrerin und Gründerin von Pastoral Care Ministries, schrieb:

Wenn wir Heilung in unseren Gefühlen und Empfindungen brauchen, dann haben wir automatisch negative, verdrehte Gedanken über uns selbst und andere. Wir ignorieren oder leugnen sie nicht, sondern wir schreiben sie so konkret wie nur möglich auf (genau wie wir das auch mit unseren Sünden tun) und sagen zu Gott: „Schau dir das an. Ich will das nicht. Nimm es bitte!" Wir nennen diese verdrehten Gedanken als solche beim Namen. Dann ersetzen wir sie durch die richtigen Gedanken – die lichterfüllten Gedanken und Verhaltensweisen, die im Einklang mit der Wahrheit … stehen. … Und wenn wir dann lernen, Gott zu hören, werden wir von Ihm das wahre Wort empfangen und die alten krankhaften Dinge durch das positive Wort ersetzen, das Er immerzu sendet.[8]

Manche Ratgeber behaupten, dass man diese alten Verletzungen nicht mehr anschauen dürfe, weil wir in Christus ja schon neu gemacht sind. Stattdessen sollen wir den neuen Menschen ergreifen und sein Heil-Sein proklamieren. Deswegen sei Seelsorge für einen Glaubenden gar nicht mehr nötig. – Diese Sichtweise ist nicht nur falsch, sie blockiert genau das Wachstum des neuen Menschen, um die es ihr eigentlich geht. Solange der verletzte alte Mensch in einem Schrank in unserem Keller eingesperrt ist, aus dem er nicht herauskommen darf, bleibt das Proklamieren des neuen Menschen ein Lippendienst, eine bloße Fassade, hinter der aber die alten Verletzungen weiter ihr Unwesen treiben dürfen. Und so kommt es immer wieder zu Situationen, in denen der alte Mensch völlig unerwartet aus seinem Schrank herausbricht und unser Empfinden und Handeln bestimmt.[9]

Wenn ich die Wahrheit Gottes über mir bekenne, aber nicht zulasse, dass sie die Verwundungen meiner Seele berühren darf, dann spaltet mich das innerlich: Mein Kopf und mein Willen sprechen von der Heilung Gottes, aber meine verletzte Seele entzieht sich genau der heilenden Berührung, die Gott eigentlich schenken will. Solche Menschen strahlen bei allen frommen Worten eine Art Unwirklichkeit aus. Wer sensibel ist, spürt, dass hier Bekenntnis und Leben nicht zusammenpassen. Auf Dauer raubt dieses Leugnen der Verletzungen die Kraft zum Leben und produziert unterschwellig Angst, Wut, Trauer, Erschöpfung oder emotionale Distanz zu anderen.

Unsere Seele verfügt über einen lebenswichtigen Mechanismus, bei besonderen Stresssituationen schaltet sie in eine Art Notfallprogramm: Wenn wir in einer Extremsituation sind, in der wir unmittelbar reagieren müssen oder deren Bewältigung unsere gegenwärtige Kraft überfordert, dann werden negative Gefühle, die uns überfordern oder zusammenbrechen lassen würden, weggeschoben und verdrängt. Das hilft uns, die akute Situation einigermaßen sinnvoll zu bewältigen. Hier kann mich auch das Aussprechen der Wahrheit Gottes in einer schwierigen Situation handlungsfähig machen, ohne dass ich mich jetzt dabei meinen Gefühlen stelle. Das Proklamieren „wirkt". Aber es ist eine Hypothek auf die Zukunft: Nur wenn ich später in einer sicheren Situation die Gefühle zulasse, sie anschaue, Wut und Trauer hochkommen lasse und vor Gott zum Ausdruck bringe, ist ein heilender Umgang mit schwierigen Erlebnissen möglich.

Rufe zu mir, so will ich dir antworten ... Seht, ich bringe ihnen Genesung und Heilung; ich mache sie wieder heil und gewähre ihnen beständiges Wohlergehen. (Jeremia 33,3 und 6)

„Kommt her zu mir, alle ihr Mühseligen und Beladenen! ... Ihr werdet Ruhe finden für eure Seelen." (Matthäus 11,28 und 29)

Auch hier muss ich also auf zwei Beinen gehen: Erkennen, dass ich Gottes geliebtes Kind bin, und anerkennen, dass erlebte Ablehnung in mir Wunden hinterlassen hat, die nur heilen können, wenn sie eingestanden und ins Licht der Wahrheit Gottes gehalten werden.

4. „MIT CHRISTUS HERRSCHEN"

Vor einiger Zeit erzählte mir eine Teilnehmerin eines prophetischen Gebetskreises, ihr Kreis hätte den Auftrag, „im Gebet zu herrschen" und so politische Entscheidungen zu steuern. Ein ähnliches Verständnis begegnet uns immer wieder in der einen oder anderen Form. Gemeinsam ist allen die Überzeugung, dass wir Christen über den Umständen dieser Welt stünden und sie mit geistlicher Autorität nach unserem Willen beeinflussen könnten. Dafür werden dann Stellen angeführt wie:

Ist durch die Übertretung des einen der Tod zur Herrschaft gekommen, durch diesen einen, so werden erst recht alle, denen die Gnade und die Gabe der Gerechtigkeit reichlich zuteil wurde, im Leben herrschen durch den einen, Jesus Christus. (Römer 5,17)

Er hat uns mit Jesus Christus vom Tod auferweckt und zusammen mit ihm in die himmlische Herrschaft eingesetzt. (Epheser 2,6 GNB)

Ebenso der in einigen Bibeln irrtümlich[10] so übersetzte Vers:

Du hast sie für unsern Gott zu Königen und Priestern gemacht; und sie werden auf der Erde herrschen. (Offenbarung 5,10)

Was ist mit „herrschen" hier meint? Eine erfolgreiche Gestaltung unseres Lebens ohne eine dauerhafte Erfahrung des Scheiterns? Der Triumph der Christen über widrige Umstände der Gegenwart? Die Ausübung von Macht hinter den Kulissen der sichtbaren Welt, durch die wir die sichtbare Politik steuern können? So legen es tatsächlich manche Christen heute aus.

DIE ZUKÜNFTIGE HERRSCHAFT DES NEUEN MENSCHEN
Epheser 2,6 spricht von einem abgeschlossenen Handeln Gottes. Aber die erste Hälfte des Satzes macht deutlich: Hier ist das ganze, erst in der Zukunft vollendete Werk Gottes im Blick – denn keiner von uns ist schon jetzt vom Tod auferweckt. Wie bereits dargelegt: Dieses Werk ist zwar durch den Tod und die Auferstehung Jesu *schon jetzt vollbracht*, aber in seiner Fülle *noch nicht verwirklicht*. Diese Verwirklichung geschieht erst mit unserer Auferstehung (so Paulus in 2.Korinther 4,14); *dann* werden wir auch herrschen.

Damit sind wir bei den beiden anderen Aussagen: Sie sind ausdrücklich in der Zukunftsform formuliert: „sie *werden* herrschen". Wieder einmal sind wir im Bereich der verheißenen Zukunft: Wenn der Tod endgültig überwunden ist, dann werden wir in dem Leben der zukünftigen Schöpfung (mit Christus zusammen) herrschen. Die Offenbarung erwartet dies sowohl für das zukünftige „Tausendjährige Reich" wie auch für die neue Schöpfung (Offenbarung 5,10; 20,4-6; 22,5). Dann wird der ursprüngliche Schöpfungsauftrag, der jetzt durch die Sünde des Menschen zutiefst beschädigt ist, in Erfüllung gehen:

Gott, der Herr, nahm also den Menschen und setzte ihn in den Garten von Eden, damit er ihn bebaue und hüte. (1.Mose 2,15)

Gott segnete sie und Gott sprach zu ihnen: Seid fruchtbar und vermehrt euch, bevölkert die Erde, unterwerft sie euch und herrscht über die Fische des Meeres, über die Vögel des Himmels und über alle Tiere, die sich auf dem Land regen. (1.Mose 1,28)

Zur Berufung des neuen erlösten und wiederhergestellten Menschen gehört also auch das Gott gemäße Herrschen. Es bezieht sich auf die Schöpfung, die Gott dem Menschen anvertraut hat, die Erde, die Natur und die Welt der Lebewesen (mit Ausnahme des Menschen). Eine wegen ihrer Kürze geheimnisvolle Andeutung des Paulus nimmt hier sogar noch die Engel in den Blick (1.Korinther 6,2-3). Wie die Erneuerung dieser Herrschaft genau aussieht, wird allerdings nirgends beschrieben. Ihr Ziel ist aber in jedem Fall die Entfaltung des Willens Gottes in der gesamten Schöpfung.

Der Begriff „Herrschen" taucht noch in einem weiteren Zusammenhang in der Bibel auf, und der hat für hier und jetzt eine bleibende Bedeutung: das Herrschen über die Sünde in unserem Leben.

Wenn du aber nicht recht tust, lagert die Sünde vor der Tür. Und nach dir wird ihr Verlangen sein, du aber sollst über sie herrschen. (1.Mose 4,7 ELB)

Beide Formen des Herrschens – verantwortliche Fürsorge für die Schöpfung und das Ablegen der Sünde in unserem Leben – sind auch in der Gegenwart dieser gefallenen Welt Aufgaben des erlösten und erneuerten Menschen, auch wenn sie erst in der neuen Welt Gottes vollkommen erfüllt werden können.

POLITISCH HERRSCHEN IN DIESER WELT

Wie sieht es mit dem politischen Herrschen in dieser Welt aus? Von Gott erneuerte Menschen sind entsprechend der ihnen von Gott geschenkten Berufung aufgefordert, sich in Politik und Gesellschaft zu engagieren. Dieses Engagement erfolgt mit den üblichen Werkzeugen politischen Handelns – Sachdiskussionen, Gremienarbeit, verantwortliche Amtsführung usw. Für einen glaubenden Politiker ist dabei neben der Integrität im Auftreten und Handeln die Orientierung am Evangelium Jesu eines der entscheidenden inhaltlichen Kriterien. Darüber hinaus kommt dem Gebet eine wichtige Rolle zu. Ein glaubender Politiker wird zum einen um die *Weisheit und die konkrete Führung Gottes* für seine Entscheidungen bitten. Er wird aber auch *segnend und fürbittend* für Menschen und Situationen vor Gott eintreten. Und er wird im Gebet den *guten Willen Gottes für seinen Verantwortungsbereich proklamieren.* – Natürlich sind auch alle anderen Christen dazu aufgerufen, für die politischen Amtsträger und für ihr Land und die ganze Welt fürbittend zu beten (1.Timotheus 2,1-2).

ÜBER ANDERE MENSCHEN HERRSCHEN

Anders steht es mit einem autoritativen „geistlichen" Gebieten, einem anordnenden Gebet im politischen oder gesellschaftlichen Bereich oder über andere Menschen. Davon lesen wir in der Bibel nichts. Um über andere Menschen – in Politik, Gesellschaft oder Gemeinde – zu herrschen, hätte Paulus genügend Anlass gehabt: Wenn er vor Richter gezogen wurde, weil er angeblich Aufruhr anstiftete oder Gott lästerte (regelmäßig in der Apostelgeschichte); als er von den Silberschmieden in Ephesus verleumdet und fast gelyncht wurde (Apg 19); als Kaiser Claudius alle Juden inklusive der Judenchristen aus Rom verbannte

(Apg 18) ... – Es hätte viele Gelegenheiten gegeben, um Autorität über die politischen und gesellschaftlichen Dynamiken zu ergreifen. Aber davon wird nichts berichtet. Ebenso hätte es für Paulus allen Grund gegeben, in den von ihm gegründeten Gemeinden seine Macht auszuüben. Stattdessen sehen wir ihn, wie er in seinen Briefen wirbt und argumentiert, engagiert ermahnt und Fürbitte tut. Er schreibt:

Wir wollen ja nicht Herren über euren Glauben sein, sondern wir sind Helfer zu eurer Freude! (2.Korinther 1,24)

Petrus stimmt ihm da zu und schreibt:

Seid nicht Beherrscher eurer Gemeinden, sondern Vorbilder für die Herde! (1.Petrus 5,3)

Es war Jesus selbst, der diese Wahrheit seinen Jüngern mehrfach eingeschärft hatte:

„Die Könige herrschen über ihre Völker und die Mächtigen lassen sich Wohltäter nennen. Bei euch aber soll es nicht so sein, sondern der Größte unter euch soll werden wie der Kleinste und der Führende soll werden wie der Dienende." (Lukas 22,25-26)

Ist also die Faszination des angeblichen Herrschens im Gebet und der Autorität in dieser Welt nicht eher Ausdruck *unseres alten Menschen*, der nach Macht und Bedeutung hungert? Wer sich in unserer Gesellschaft als ein Rädchen im Getriebe erlebt oder wer erlebt, wie er als Christ mit seinen Überzeugungen verspottet, ausgegrenzt und an den Rand gedrängt wird, könnte leicht Zuflucht nehmen zu der vermeintlichen Ausübung einer höheren Autorität. Aber damit gibt er nur dem Machtstreben des alten Menschen nach; er hängt ihm lediglich ein frommes Mäntelchen um.

Tatsächlich lässt sich immer wieder mit Erschrecken bemerken, dass eine geistliche Autorität, die sich nicht aus geistlicher

Demut speist, sondern aus einem „geistlichen" Machtbewusstsein und den entsprechenden Strategien, unbemerkt und ungewollt in Magie abzurutschen droht. Wenn Beter meinen, sie hätten im Gebet die Vollmacht, anzuordnen, was andere Menschen tun, denken oder fühlen sollen, dann ist das nichts anderes als der spirituelle Versuch, dem anderen die Freiheit zu nehmen, die Gott ihm verliehen hat. Statt Segen wird dann ein Fluch auf andere Menschen gelegt. Das ist fatal!

Segnet eure Verfolger; segnet sie, verflucht sie nicht! (Römer 12,14)

Echte geistliche Autorität über andere Menschen wurzelt in der Liebe und äußert sich im Dienen, in Fürbitte, im Mittragen, im vorbildlichen Leben, im Unterstützen und in der Ermöglichung von Entfaltung. Solche Autorität überzeugt und gewinnt den anderen!

Ein Freund war als einer der Initiatoren an der Gründung einer christlichen Schule beteiligt. Nach der ersten Gründungsidee und vielfältiger Bestätigung durch Gott begann ein langer Papierkrieg mit den zuständigen Behörden. Immer neue Hindernisse wurden vom zuständigen Kultusministerium aufgetürmt. Nach fünf Jahren vergeblichen Mühens erwogen die Initiatoren sogar eine Klage beim Bundesverfassungsgericht, weil die wiederholte Ablehnung der Schulgründung durch die Landesbehörden so offensichtlich ungerechtfertigt war.

Unser Freund erzählt: „In der Situation bekam ich ein Bild: Die Landeshauptstadt war unter einem schweren Gewitter. Oben auf der Gewitterwolke stand Jesus, der uns zurief: ‚Mein ist der Kampf, haltet euch zurück, denn mein ist der Sieg!' Einige Zeit später erfuhren wir, dass der Kultusminister am folgenden Tag ganz überraschend eine staatliche Schule im Nachbarort besuchen würde, um Konflikte mit dem dortigen Lehrerkollegium zu klären. Im gemeinsamen Gebet an dem Abend mit den Freunden sah ich einen ganzen Film vor meinem inneren Auge: Der Marktplatz im Nachbarort, die Lehrer der Schule zur Demonstration versammelt, Polizisten. Nun kam ein dicker Mercedes angefahren. Einer von uns ging auf den Wagen zu. Er hielt ein

Blatt Papier mit unserem Schul-Emblem vor seine Brust. Er ging zum Auto und öffnete dem Kultusminister die Tür und begrüßte ihn mit ‚Worten des Friedens'. Dann übergab er ihm einen Brief mit unserem Anliegen. – Am nächsten Tag, einem Samstag, kam es genauso, wie in dem Film: Das Auto hielt, einer von uns trat hinzu und sprach Worte des Friedens zum Kultusminister, also keine Anklage, und übergab ihm den Brief.

Nun wurde es spannend. Was würde als nächstes passieren? Am darauf folgenden Montag um 7 Uhr in der Frühe klingelte bei dem Briefüberbringer das Telefon. Am Apparat war das Kultusministerium: Die Stimme am anderen Ende der Leitung gab bekannt, dass die Freie Evangelische Schule genehmigt sei."

AUTORITÄT ÜBER DIE MACHT DES FEINDES

Der Vollständigkeit halber muss noch ein weiterer Bereich erwähnt werden. Es gibt einen Platz für ein Gebieten im Namen Jesu: in der Konfrontation mit Dämonen. Hier hat Jesus seinen Jünger diese Autorität gegeben. Das führt allerdings weit über den Rahmen unseres Buches hinaus, deshalb lassen wir das Thema hier auf sich beruhen.

ÜBERWINDER UNTER ALLEN UMSTÄNDEN

Es bleibt noch die Frage: Wie steht es mit der Autorität über unser Lebensumfeld? Sagt uns die Bibel nicht, dass wir Überwinder sein sollen? Heißt das nicht, dass wir die Umstände unseres Lebens im Griff haben, sie zum Guten wenden und so in Autorität über sie herrschen können? Auch die Korinther scheinen so gedacht zu haben. Paulus rückt ihre Perspektive zurecht:

Ihr seid schon satt, ihr seid schon reich geworden, ohne uns seid ihr zur Herrschaft gelangt. Wäret ihr doch nur zur Herrschaft gelangt! Dann könnten auch wir mit euch zusammen herrschen. Ich glaube nämlich, Gott hat uns Apostel auf den letzten Platz gestellt, wie Todgeweihte; denn wir sind zum Schauspiel geworden für die Welt, für Engel und Menschen. Wir stehen als Toren da um Christi willen, ihr dagegen seid kluge Leute in Christus. Wir sind schwach, ihr seid stark; ihr seid angesehen, wir sind verachtet. Bis zur Stunde hungern und dürsten wir, gehen in Lumpen, werden mit Fäusten geschlagen und sind heimatlos. Wir plagen uns ab und arbeiten mit eigenen Händen; wir werden beschimpft und segnen; wir werden verfolgt und halten stand; wir werden geschmäht und trösten. Wir sind sozusagen der Abschaum der Welt geworden, verstoßen von allen bis heute. (1.Korinther 4,8-13)

Auch hier entlarvt Paulus das vermeintliche Herrschen der Korinther als ein ungeistliches Missverständnis und als Streben des alten Menschen.

Grundsätzlich gilt in diesem Bereich des Sieges über widrige Umstände das Gleiche, wie zum Thema Heilung (siehe oben):

Es gibt Situationen, in denen wir in der Gelassenheit und der Autorität, die Gott dem neuen Menschen gibt, die Umstände verändern können, weil wir die Pläne Gottes verstehen. Immer wieder wird Gott im Vorgriff auf die endgültige Aufrichtung seines Reiches seine Autorität zeichenhaft durch uns wirken lassen. Wir können dann vollmächtig in Umstände hinein sprechen, Lügen unterbinden, Unrecht aufdecken, Wege für Gott öffnen. Diese Autorität beruht darauf, dass wir Gottes Reden konkret gehört, in Demut empfangen und mit Ehrfurcht ausgeübt haben.

Es gibt andere Situationen, in denen wir nicht verstehen, was Gott vor hat, in denen wir aber voller Vertrauen unsere Bitten und Anliegen zu ihm bringen können. Manchmal wird Gott uns hier herausfordern, dass wir uns in den *unveränderten Umständen* als Überwinder erweisen: Wir halten an Gott fest, auch wenn die Schwierigkeiten unseres Lebens sich nicht lösen. Hier ist der *standhaltende Glaube* gefragt.

Paulus war solch ein Überwinder. Er hat sich durch noch so widrige Umstände nicht davon abhalten lassen, den Willen Gottes zu tun. In einer schweren persönlichen Not betete er ernsthaft und anhaltend um das Eingreifen Gottes.

Mir [wurde] ein Stachel ins Fleisch gestoßen: ein Bote Satans, der mich mit Fäusten schlagen soll, damit ich mich nicht überhebe. Drei-

mal habe ich den Herrn angefleht, dass dieser Bote Satans von mir ablasse. (2.Korinther 12,7+8)

In der Auslegung sind die konkreten Umstände umstritten; es könnte sich dabei um eine Krankheit oder aber ein anderes schweres und andauerndes Problem gehandelt haben. Das macht allerdings keinen Unterschied; die Antwort Gottes gilt für beide Fälle: Auf seine Bitte hin bekam Paulus von Gott die Antwort:

„Lass dir an meiner Gnade genügen; denn meine Kraft ist in den Schwachen mächtig." (2.Korinther 12,9 LUT)

In aller Schwachheit, durch alle bedrohlichen und nieder-schmetternden Umstände hindurch erfuhr er, dass Gott seine Stärke war. Er konnte durchhalten und standhalten. Sein Glaube war nicht im Mindesten dadurch beeinträchtigt, dass seine Not dauerhaft weiter bestand. Denn es ging ihm um die Ver-herrlichung Gottes, die gerade in seiner Schwäche um so sicht-barer wurde.

5. LEBEN AUS DEM HÖREN

Leben im Geist bedeutet: Ich weiß, dass ich nicht aus eigener Kraft zu Gott kommen oder mich zum Guten hin verändern kann. Ich empfange alles von Gott; deshalb komme ich mit lee-ren Händen zu ihm. Der neue Mensch weiß, dass er nur tun kann, was er den Vater tun sieht, genau wie Jesus. Er nimmt sich nicht eigenmächtig sein geistliches Recht oder was er dafür hält, sondern lebt aus einer Haltung der Demut und des ständigen Hörens auf Gottes Reden im Hier und Heute.

Dieses Hören ist ausschlaggebend: Es ist das notwendige Ge-genmittel gegen unsere menschliche Tendenz zur Kontrolle. Wenn wir erlebt haben, dass Gott Krankheiten heilt, nachdem der Mensch eine Sünde bekannt hat, stehen wir in der Versu-chung, daraus ein Gesetz zu machen. Wenn wir erlebt haben, dass Gott uns dazu ermutigt, entgegen allem Augenschein an seiner Verheißung der Heilung festzuhalten, dann machen wir daraus ein allgemeingültiges Prinzip. Wenn uns Gott in einer kritischen Situation Autorität über die widrigen Umstände gegeben hat, dann halten wir diese Autorität für unser natürliches Recht. Aus konkreter Führung machen wir ein allgemeines Gesetz. Dann wissen wir, wie es funktioniert; wir müssen nur die entsprechenden Bedingungen erfüllen. So haben wir die Verheißungen Gottes im Griff – und damit ihn selbst. Das Tragische dabei ist: Diese Haltung ist weit entfernt davon, ein Ausdruck von Glauben zu sein. Im Gegenteil: Auf Dauer führt sie zu einer Selbstabschließung gegen den lebendigen Gott, der heute noch redet und sich seine Pläne von uns nicht aus der Hand nehmen lässt.

EIGENE GEDANKEN UND GEBET

1. Was bin ich über Glauben, Heilung, Gebetserhörung gelehrt worden?

2. Welche Erfahrungen mit Glauben habe ich in meinem Leben gemacht?

3. Kenne ich Situationen, in denen ich der Erhörung meiner Bitte gewiss bin?

4. Gab es Situationen, wo ich gewiss war und Gott doch anders gehandelt hat? Wie verstehe ich die heute?

5. Was in meinem Erleben verstehe ich nicht?

6. Lasse ich zu, dass Gottes Licht die Wunden meiner Seele aufdeckt? Oder verstecke ich die „Leichen im Keller" lieber?

7. Höre ich Gott konkret?

NOTIZEN

GEBET

Herr, ich staune über die Vollmacht, die du deinen Jüngern verheißen hast. Lass mich mehr und mehr in diese Vollmacht hineinwachsen! Aber bewahre mich vor der Anmaßung, mir diese Autorität selbstherrlich zu nehmen, wo du sie mir nicht gegeben hast!

Anmerkungen

1 Aussendung vor Ostern: Matthäus 10; Lukas 10,1-11; nach Ostern: Matthäus 28,20-22; Markus 16,15-18.

2 Siehe auch Matthäus 7,7f; 18,19; Johannes 14,13+14; 15,7+16; 16,23f.

3 Johannes 14,13-14; 15,7.16; 16,23.26. Näheres dazu siehe unten.

4 Das Wort, das hier verwendet wird, kann beides bedeuten. Es steckt auch in der Bezeichnung Jesu als „Retter" bzw., in altertümlicher Übersetzung, als „Heiland" (d. h. Heilsbringer).

5 Markus 5,34 (= Mt 9,22; Lk 8,44); Markus 10,52 (= Lk 18,42) und Lukas 17,19.

6 Die nur in Matthäus berichtete doppelte Blindenheilung (Mt 9,27-31) scheint eine Ausnahme zu bilden: Jesus fragt die Blinden „Glaubt ihr, daß ich dies tun kann?", und als sie bejahen, antwortet er „Euch geschehe nach eurem Glauben!". Der Zusammenhang zeigt dann aber: Zuerst glauben die Blinden *an Jesus* als den Messias Israels („Sohn Davids"); *dieser Glaube* schließt dann den an seine Fähigkeit zu Wundern ein. Dasselbe zeigt sich in Mt 15,21-28.

7 So auch die ausgewogene wissenschaftliche Untersuchung zum Thema von Roland Scharfenberg, *Wenn Gott nicht heilt, Theologische Schlaglichter auf ein seelsorgerliches Problem*, Nürnberg 2005. Vgl. auch: A. Kusch, J. Kuberski, R. Scharfenberg, *Heilung durch Gebet – Heilungsverständnis und Heilungspraxis im weltweiten Kontext*, Nürnberg 2009.

8 Leanne Payne, *Verändernde Gegenwart*, Asaph 1998, S. 77f.

9 Ausführlich dazu das Buch von Ursula Roderus/Ursula Schmidt, *Alte Rechnungen und falsche Schuldner,* Asaph 2016.

10 Korrekt muss es hier (wie auch in Offenbarung 1,6) heißen: „Du hast sie zu einem Königreich gemacht und zu Priestern …". Mit „Königreich" ist der Herrschaftsbereich Gottes gemeint, in dem die Gläubigen als Priester wirken; sie vermitteln der Welt die Gegenwart Gottes. So steht es auch im AT, das hier zitiert wird (2.Mose 19,6). Zu der vorliegenden verbreiteten Fehlübersetzung kommt es zum einen, weil diese Formulierung sprachlich einfacher ist, und zum andern, weil man nicht auf die ältesten und besten Bibelhandschriften zurückgreift, sondern auf spätere. Zum ersten Mal findet sich die abgeänderte Lesart „zu Königen gemacht" in einer syrischen Übersetzung aus dem 7. Jahrhundert n. Chr. Auch sachlich ist dem älteren Text Recht zu geben: Im biblischen Denken gibt es immer nur einen einzigen König, nämlich Gott; alles andere ist ein Zeichen des Abfalls von ihm.

7. VATER UND KÖNIG

1. DER VATER IM HIMMEL

REDEN VOM GLAUBEN IN BILDERN DER FAMILIE

In der Bibel werden sehr häufig Bilder der Familie verwendet, um uns Gott und unsere Beziehung zu ihm vor Augen zu malen. Gott wird uns wieder und wieder als ein liebender Vater gezeigt, der sich voller Fürsorge uns zuwendet:

Wie ein Vater sich seiner Kinder erbarmt, so erbarmt sich der Herr über alle, die ihn fürchten. (Psalm 103,13)

So schlecht ihr auch seid, ihr wisst doch, was euren Kindern gut tut, und gebt es ihnen. Wie viel mehr wird euer Vater im Himmel denen Gutes geben, die ihn darum bitten. (Matthäus 7,11 GNB)

Seine Fürsorge trägt dabei auch die ganze Liebe einer Mutter in sich:

Wie eine Mutter ihren Sohn tröstet, so tröste ich euch. (Jesaja 66,13)

Ebenso kann auch sein Bund mit uns mit dem Ehebund verglichen werden; die Braut ist das Volk Gottes, also die Glaubenden:

Ich schließe die Ehe mit dir für alle Zeiten; mein Brautgeschenk für dich sind meine Hilfe und mein Schutz, meine Liebe, mein Erbarmen. (Hosea 2,21 GNB; vgl. auch Epheser 5,31-32)

Jesus fordert uns immer wieder auf, das Reich Gottes zu empfangen wie ein Kind:

„Wer das Reich Gottes nicht so annimmt, wie ein Kind, der wird nicht hineinkommen." (Markus 10,15)

Denn die Haltung eines Kindes ist es, alles was es braucht, von den Eltern zu erbitten. Die häufigste Anrede für die Mitglaubenden ist die als „Brüder/Geschwister".[1]

Wir haben in Kapitel 2 gesehen, wie kostbar diese göttliche Vater- und Mutterliebe für die Wunden unserer Vergangenheit ist. Durch sie werden wir heil. Gottes Zuspruch gilt uns jeden Tag neu; er ist der feste Grund, auf dem wir stehen. So stellt sich die Gottesbeziehung vieler Menschen wie die Beziehung eines kleinen Kinds zu seinem Vater dar: Sie ist geprägt von Trost, Fürsorge, innerer Heilung, Liebe, Wärme, Zuspruch und Annahme. Das ist gut und notwendig, um die Defizite der Vergangenheit zu heilen und auszugleichen. Vor allem in den ersten Glaubensjahren ist das angemessen.

Auch ein stabiler und gesunder Erwachsener wird in seinem Leben immer wieder an Punkte kommen, in denen er ein Bedürfnis nach der Fürsorge eines Vaters oder einer Mutter hat. Das kann in Zeiten von Krankheit oder Schwäche so sein, beim Scheitern eigener Lebensentwürfe oder in Phasen allgemeiner Orientierungslosigkeit. Dieses Schwachsein-Dürfen bleibt unser Leben lang Teil unserer Beziehung zu Gott, auch wenn später andere Elemente auch wichtig werden. Es ist und bleibt ein kostbares Geschenk, wenn wir gelernt haben, im täglichen Gebet, in der Stille oder Anbetung bei Gott dem Vater aufzutanken, Trost zu empfangen, Bestätigung zu bekommen und die Wunden heilen zu lassen, die das Leben mit sich bringt.

ERWACHSENE SÖHNE UND TÖCHTER

Zusammenarbeit

Auf dem Weg unseres Wachstums in der Nachfolge ist es aber auch notwendig, dass wir eine Beziehung zu Gott entwickeln, die der eines erwachsenen Sohnes oder einer erwachsenen Tochter zu dem respektierten und geliebten Vater gleicht. Diese Beziehung gestaltet sich stärker auf Augenhöhe; in ihr ist die eigene Initiative auf Seiten der Kinder wichtig, ihr Engagement, ihre Kraft und Verantwortung. Auch diese Art der Beziehung wird uns in der Bibel immer wieder vor Augen geführt. Das liegt an der grundlegenden Berufung des Menschen zum Ebenbild Gottes. Ebenbild Gottes bedeutet ein Gegenüber für Gott, das die Begegnung mit ihm sucht und zugleich die eigene Autorität gegenüber der Schöpfung wahrnimmt:

Dann sprach Gott: „Nun wollen wir Menschen machen, ein Abbild von uns, das uns ähnlich ist! Sie sollen Macht haben über … alle Tiere auf der Erde." (1.Mose 1,26 GNB)

Du hast ihn (den Menschen) nur wenig geringer gemacht als Gott, hast ihn mit Herrlichkeit und Ehre gekrönt. Du hast ihn als Herrscher eingesetzt über das Werk deiner Hände, hast ihm alles zu Füßen gelegt. (Psalm 8,6-7)

Die Bibel zeigt uns einen Gott, der mit dem Menschen zusammenarbeiten will. Wir sehen, wie Abraham mit Gott über die Stadt Sodom verhandelt, und Gott sich dabei auf Abrahams Vorschläge einlässt (1.Mose 18). Seinen Jüngern gibt Jesus den Auftrag, der ganzen Welt das Reich Gottes zu verkünden, obwohl er das alleine viel besser könnte (Matthäus 28,19-20). Im letzten sind wir für Gott nicht unmündige Befehlsempfänger, sondern aktive Partner seines Handelns in der Welt.

Initiative
Wie wichtig der Gedanke der Mündigkeit für unsere Beziehung zu Gott als Vater ist, führt uns Wolfgang Bittner vor Augen:

Ein Vater, der nur an kleinen Kindern sich freuen kann, ist krank und wird beängstigt, wenn ihm reife Söhne und reife Töchter gegenübertreten … Der Gott der Bibel aber ist gesund. Gott wünscht sich reife, erwachsene Töchter und Söhne gerade auch in der Führung Gottes. Es ist doch nicht wahr nach der Bibel, dass Gott für jeden Wegab-

schnitt, den wir gehen, einen Willen hat, den wir von ihm erfragen müssen. Als reifer Vater sagt er: Sag einmal, was möchtest denn eigentlich du? Was ist vernünftig für unseren Betrieb, deinen und meinen? Alles, was mein ist, ist ja dein. Hast du denn keine eigenen Ideen? Und wenn deine Idee gut ist für das Vaterhaus – wunderbar, das tun wir.[2]

Es geht bei dieser Mündigkeit letztlich um die Autorität und Reife des erlösten neuen Menschen, in die wir alle hineinwachsen sollen. Gott will unser Herz so erneuern, dass es im Einklang mit seinem Herzen schlägt, dass es will, was er will. So kann es dann in eigener Initiative und Verantwortlichkeit die Welt im Sinne Gottes mitgestalten.

Eine in ihrem Beruf bewährte Frau erzählte mit einem Bedauern in der Stimme, wie sie früher auch für viele kleine Entscheidungen um Gottes Wegweisung gebetet hatte. „Aber heute treffe ich oft schnelle Entscheidungen im Alltag. Die erweisen sich dann als gut; aber ich habe doch nicht Gott gefragt." Mit Erstaunen begann sie dann zu begreifen, dass das nicht ein Zeichen ihrer Entfernung von Gott war, sondern ein Merkmal des neuen Menschen, der von Jesus geprägt worden ist und verantwortliche Entscheidungen treffen kann.

In der neuen Welt Gottes wird die ursprüngliche Herrschaft über die Schöpfung wiederhergestellt. Eine geheimnisvolle Aussage des Paulus deutet dabei noch weitere Horizonte an:

Wisst ihr denn nicht, dass die Heiligen die Welt richten werden? Und wenn durch euch die Welt gerichtet wird, seid ihr dann nicht zuständig, einen Rechtsstreit über Kleinigkeiten zu schlichten? Wisst ihr nicht, dass wir über Engel richten werden? Also erst recht über Alltägliches. (1.Korinther 6,2-3)[3]

Wie Paulus es an einem konkreten Problemfall in Korinth deutlich macht: Wir müssen durch Erfahrung lernen, uns in unsere Verantwortung einzuüben. Dieses Leben auf der Erde ist das Lern-

und Übungsfeld dafür. In der Beziehung zum Vater wächst der neue Menschen in seine volle Statur hinein (vgl. Epheser 4,13).

Zuversicht

Trotz aller Reife werden wir in unseren Entscheidungen auch immer wieder Fehler machen. So gründlich wir auch prüfen und nachdenken, manchmal sind die Konsequenzen unserer Entscheidungen nicht abzusehen. Zu anderen Zeiten bleibt uns nur die Alternative zwischen zwei schlechten Optionen, die beide Nachteile, vielleicht sogar Unrecht, mit sich bringen. Und dann? Geistliche Reife gibt uns den Rat: „Triff nach bestem Wissen und Gewissen mutig Entscheidungen, auch wenn du weißt, dass sie nicht perfekt sind oder du nicht alles überblickst. Aber triff sie vor Gott! Dann kannst du dir seiner Fürsorge sicher sein." Als erwachsene Kinder Gottes versuchen wir, vor Gott verantwortlich zu handeln. Aber wir sind uns bewusst, dass es Irrtumslosigkeit und Sündlosigkeit auf dieser gefallenen Erde nicht gibt, auch nicht für uns. Deshalb verlassen wir uns auf die Gnade Gottes und auf seine Vergebung. Wer aus Angst vor Fehlern lieber gar nichts macht, verhält sich wie der Knecht in dem Gleichnis Jesu in Matthäus 25, der das ihm anvertraute Geld vergräbt, statt es einzusetzen. Die Angst zu versagen hatte ihn gelähmt, denn sein Bild von Gott war verkehrt: „Herr, ich wusste, dass du ein harter Mann bist." (Matthäus 25,24 GNB)

GOTT ALS ERWACHSENER BEGEGNEN

Verantwortung für sich übernehmen

Ein wichtiges Element des erwachsenen Glaubens besteht darin, Verantwortung für sein Leben und seinen Glauben zu übernehmen. Um zum Vertrauen auf Gott zu finden, kann uns die Seelsorge oder das Gebet anderer eine Hilfe sein, gerade auch in schwierigen Zeiten. Auf Dauer aber müssen wir es selbst in unserem Alltag erringen. Eine gute Predigt ist viel wert. Aber die Umsetzung liegt in unserer eigenen Verantwortung. Gott nahe zu kommen geschieht in erster Linie dadurch, dass wir ihm täglich unser Herz hinhalten. Dann können auch großartige Gottesdienste oder tiefe Anbetungszeiten diesen Prozess vertiefen. Erwachsener Glaube sucht selbst nach Wegen zu wachsen. Er überträgt die Verantwortung dafür nicht auf andere, auf die „Profis", den Pastor, den Hauskreis oder das Lobpreisteam. Kein „Eventhopping", keine durch andere vermittelten Glaubenserfahrungen können unseren Glauben so tief gründen wie ein selbstverantwortliches Leben in der Nachfolge im Alltag.

Sich einsetzen

Wenn erwachsene Kinder in einem Familienbetrieb mitarbeiten, dann wollen sie sich selbst mit ihren Ideen, ihren Begabungen und ihrer Kraft einbringen. Der Entwicklungspsychologe Erik Erikson bezeichnet die *Generativität* als die zentrale Aufgabe des Erwachsenenalters. Er meint damit neben der biologischen Zeugungsfähigkeit auch alle Formen von Produktivität und Kreativität, *„also die Hervorbringung neuen Lebens, neuer Produkte und neuer Ideen"* einschließlich der Weiterentwicklung der eigenen Identität.[4] Der erwachsene Mensch hat ein Bedürfnis, sich zu investieren und Verantwortung für andere Menschen oder Aufgaben zu übernehmen. So entsteht daraus eine Haltung der Fürsorge, die Leben in anderen hervorbringt und fördert. Wir lernen es, die inzwischen erworbenen Fähigkeiten und Einflussmöglichkeiten für Interessen einzusetzen, die über uns hinausreichen. Unsere Handlungen werden nicht mehr so sehr durch unsere eigenen Bedürfnisse bestimmt. Vielmehr fragen wir danach: Was braucht der andere? Was ist nötig, damit dieses Projekt unabhängig von mir gelingt? Was kann ich dazu beitragen?

Zeichen einer reifen Generativität zeigen sich in meiner Sorge um das Wohlergehen einer Welt, die mich überleben wird.[5]

Genau das will Gott von uns. Es gehört zum Wachstum im Glauben dazu, von sich selbst und den eigenen Bedürfnissen wegschauen zu lernen und sich für eine größere Sache einzusetzen:

das Reich Gottes. So lernen wir zu geben, ohne etwas zurückzuerwarten. Wir investieren uns in die Gemeinde, weil es um Gottes und der Menschen willen wichtig ist, dass sie blüht. Wir geben uns an Gott hin, weil wir ihn lieben, nicht weil er uns segnen soll.

Nicht in der Kleinkindbeziehung bleiben

Die kindliche Gottesbeziehung von Geborgenheit und Trost ist wichtig für die Heilung unserer Lebenswunden. Sie muss aber erweitert werden, wenn wir im Glauben reifen wollen. Wenn Gottes Vaterschaft uns nur die Kleinkindrolle ließe, wäre das unattraktiv und irrelevant für Menschen, die zu mündigen Erwachsenen herangereift sind. Es verhindert Wachstum sowohl in unserer Persönlichkeit als auch im Glauben. Wenn sich die Kleinkindbeziehung zu Gott bei uns als einzige Form dauerhaft verfestigt, zementiert sie damit zugleich auch die typisch kindliche Egozentrik als Lebensstil. Wir verhalten uns dann wie ein normales Kleinkind. Wir selbst sind der Mittelpunkt unserer Welt: Alles muss sich um uns drehen, selbst Gott hat für uns dazusein. Der himmlische Vater wird zum Bedürfniserfüller degradiert und ist dafür verantwortlich, dass es uns gut geht, er darf aber nichts von uns fordern. Das Ergebnis ist ein Wellness-Glaube, in dem vor allem unser Wohlergehen zählt. Solch ein Glaube hat keine Kraft, die Welt zu gestalten und Mitarbeiter Gottes zu sein. Neutestamentlich gesprochen ist das Selbstsucht, nicht Glaube.

Benedict Groeschel schildert aus seiner jahrzehntelangen Erfahrung in der geistlichen Begleitung, wie der Glaube von Kindern von dem Versuch bestimmt wird, Gott durch Gebete, Bitten und gute Taten zu manipulieren.[6] Für Kinder ist das eine ihrem Alter angemessene Form, mit ihren Ängsten und Hoffnungen in einer für sie übermächtigen Welt zurechtzukommen. Es ist ihre Form, Hilfe bei Gott zu suchen. In der Adoleszenz wächst dann die Fähigkeit zur intellektuellen Reflexion. Der Glaube wird stärker durch abstrakte Konzepte dessen geformt, wer Gott ist und was er tun kann. Daraus schließt der Heranwachsende, dass Gott auch immer genau so handeln wird und meint so,

Gott zu begreifen. Dieses „intellektuelle" Erfassen Gottes kann mit großem Eifer und hoher Intensität erfolgen. Es bereitet den Weg, um später Gottes Wahrheit lieben zu können.

Um eine reife Spiritualität zu erreichen ist es aber nötig, diese kindlichen und jugendlichen Ausdrucksweisen des Glaubens verwandeln zu lassen.

Es braucht eine Selbstüberschreitung oder, wenn man so will, das Sterben des Selbst ... Der kindliche Impuls, Gott durch Gebet und Taten zu kontrollieren, und der Versuch des Verstandes in der Adoleszenz, ihn durch logische Vorstellungen und Konzepte in den Griff zu bekommen, muss aufhören.[7]

Geistliche Reife bedeutet, über diese beiden Haltungen hinauszukommen und ein Vertrauen auf Gott zu entwickeln, und zwar angesichts der Unkontrollierbarkeit der Welt und unseres Lebens. Reifer wird der Glaube dann, wenn er es aufgibt, Gott durch frommes Verhalten manipulieren oder ihn intellektuell begreifen – „in den Griff bekommen" – zu wollen. Leider bleiben manche ihr Leben lang in diesen unreifen Glaubenshaltungen stecken.

Glaube und Vertrauen sind für den gottfernen Menschen in der Zerbrochenheit und Gefallenheit seines Lebens nicht möglich. Sie sind ein Geschenk, das uns mit der Geburt des neuen Menschen gegeben wird und sich von da an entfaltet – in dem Maß, wie wir den alten Menschen sterben lassen.

„Amen, amen, ich sage euch: Wenn das Weizenkorn nicht in die Erde fällt und stirbt, bleibt es allein; wenn es aber stirbt, bringt es reiche Frucht. Wer an seinem Leben hängt, verliert es; wer aber sein Leben in dieser Welt gering achtet, wird es bewahren bis ins ewige Leben."
(Johannes 12,24-25)

Darum tötet, was irdisch an euch ist ... denn ihr habt den alten Menschen mit seinen Taten abgelegt und seid zu einem neuen Menschen geworden, der nach dem Bild seines Schöpfers erneuert wird, um ihn zu erkennen. (Kolosser 3,5+9-10)

EIGENE GEDANKEN

1. Was würde sich für mich verändern, wenn ich mich stärker als erwachsene Tochter oder erwachsenen Sohn Gottes verstehen würde?

2. Wo lebe ich meinen Glauben schon in dieser Weise?

Wo sucht Gott meine Zusammenarbeit und meine Initiative?

3. Habe ich die kindliche und jugendliche Glaubenshaltung überwunden, Gott durch mein Verhalten oder mein Glaubenssystem kontrollieren zu wollen?

4. Wie kann ich selber mehr Verantwortung für meinen Glauben übernehmen?

5. Wo will ich weiter wachsen?

NOTIZEN

2. DER KÖNIG DER KÖNIGE

Die Bildwelt der Familie ist nicht die einzige Art, wie die Bibel von Gott spricht. Häufiger noch stellt sie uns Bilder von Gott als machtvollem König vor Augen. Die Bibel zeigt uns Gott als den Herrscher und absoluten Souverän des Alls. Er ist der Allmächtige, der Schöpfer; angesichts seiner Macht sind wir Menschen klein. So spricht Gott zu Hiob, der zum Ankläger Gottes geworden war:

„Wo warst du denn, als ich die Erde machte? Wenn du es weißt, dann sage es mir doch! Wer hat bestimmt, wie groß sie werden sollte? Wer hat das mit der Messschnur festgelegt? Du weißt doch alles! Oder etwa nicht? Hast du je einen Tag heraufbefohlen, der Morgenröte ihren Platz bestimmt? Warst du schon unten bei den Meeresquellen? Den Grund des Meeres, hast du ihn durchstreift? Hast du am Tor der Totenwelt gestanden, dort, wo die ewige Finsternis beginnt? Weißt du, wie weit die Erde sich erstreckt? Wenn du das alles kennst, dann sag es mir!" (Hiob 38, 4-5.12.16-18 GNB)

Natürlich bleibt Hiob schließlich nichts anderes übrig, als in Demut vor dem Allmächtigen zu bekennen, dass er viel zu gering ist, um ihn zu hinterfragen (Hiob 40,4-5). Denn Gott ist der König des Alls, vor dem sich alle Welt beugen muss.

„Denn ich bin der einzige Gott. Ich habe bei meinem Namen geschworen, ich sage die Wahrheit und nehme mein Wort nicht zurück: Vor mir werden alle niederknien, und alle werden bekennen: ‚Nur beim Herrn gibt es Rettung und Hilfe!' Auch die, die den Herrn einmal gehasst haben, werden beschämt zu ihm kommen." (Jesaja 45,22-24, rev. HfA)

Seine Macht ist unbegrenzt und absolut ehrfurchtgebietend.

GLAUBEN IM KÖNIGREICH GOTTES

Gott ist trotz all seiner Liebe und Nähe kein Kuschelgott, kein Taschengott, oder um mit C.S. Lewis zu sprechen: „Aslan ist kein zahmer Löwe!"[8]

Gott gehören

Als unser Schöpfer erhebt Gott Anspruch auf unser Leben: von Rechts wegen gehören wir ihm! Dass Gott uns die Freiheit lässt, uns gegen ihn zu entscheiden, ist zuallererst seine Freiheit, nicht unsere. *Er* ist frei aus sich selbst; *wir* sind frei, weil er es uns zugesteht. So wahr es ist, dass wir sein Ebenbild sind, so sehr sind wir auch seine Geschöpfe und schon allein deswegen keine gleichberechtigten Partner des Schöpfers. Nicht er steht zu unserer Verfügung, wenn wir ihn brauchen – das entspricht der Erwartung eines Kleinkindes an seine Mutter –, sondern er ruft uns, uns ihm völlig zur Verfügung zu stellen.

Niemand von uns lebt für sich selbst und niemand stirbt für sich selbst. Wenn wir leben, leben wir für den Herrn, und wenn wir sterben, sterben wir für den Herrn. Wir gehören dem Herrn im Leben und im Tod. Denn Christus ist gestorben und wieder lebendig geworden, um Herr zu sein über alle, Tote wie Lebende. (Römer 14,7-9 GNB)

Der Widerstandstheologe Dietrich Bonhoeffer schrieb in der Zeit des Nationalsozialismus:

Es ist deutlich, dass die einzig angemessene Haltung des Menschen vor Gott das Tun seines Willens ist.[9]

Heiligung

Seid heilig, denn ich, der Herr, euer Gott, bin heilig. (3.Mose 19,2)

Das ist die uralte Aufforderung Gottes an Israel; es ist auch die Aufforderung an uns. Heiligkeit hat mit dem innersten Wesen Gottes zu. Gott allein ist der vollkommen Gute, und Heiligkeit ist so etwas wie die Energie seiner Güte und Liebe. Diese Energie ist so stark, dass alles, was anders ist und ihr widerspricht, abgestoßen wird. In die Nähe Gottes kann deshalb nur der kommen, der bereit ist, „sich zu heiligen" – das heißt: Gottes Willen zur ersten Priorität im Leben zu machen. Heiligung bedeutet also nichts anderes, als Gott ähnlich zu werden. Das geschieht dadurch, dass er uns ganz in Beschlag nehmen darf:

Bemüht euch … darum, dass ihr heilig seid und euer ganzes Leben Gott gehört. Wer das versäumt, wird den Herrn nicht zu sehen bekommen. (Hebräer 12,14 GNB)

… Feindschaft, Streit und Rivalität, Wutausbrüche, Intrigen, Uneinigkeit und Spaltungen, Neid, Trunk- und Fresssucht und noch vieles dergleichen. Ich warne euch, wie ich es schon früher getan habe: Menschen, die solche Dinge tun, werden nicht erben, was Gott versprochen hat; für sie ist kein Platz in Gottes neuer Welt! (Galater 5,20-21 GNB)

Diese Warnung findet sich an vielen Stellen in der Bibel, gerade auch im Neuen Testament.[10] Für manche scheint sie der genaue Gegensatz zu dem Zuspruch der Gnade und Vergebung Gottes zu sein, die wir als das Herzstück des christlichen Glauben verstehen gelernt haben: „Ist das Werk der Erlösung denn nicht vollbracht, und zwar ein für alle Mal am Kreuz? Was hat unsere Lebensführung denn noch damit zu tun? Liebt Gott uns nicht in jedem Fall, weil er uns in Jesus schon alles vergeben hat? Wieso sollten wir uns dann anstrengen müssen, um Gott zu gefallen? Das können wir doch sowieso nicht! Wir stehen doch nicht mehr unter dem Druck, uns das Wohlwollen Gottes durch Wohlverhalten verdienen zu müssen!"

Und doch finden sich die oben erwähnten Aufforderungen und Warnungen in der Bibel, und zwar durchgehend in allen Schichten. Der Grund dafür liegt im biblischen Menschenbild, das von einer Einheit des Menschen in Glauben und Tun ausgeht. Zu diesem Menschsein gehört das Handeln untrennbar dazu: Der Mensch ist, was er tut! So sagt Jesus eindrücklich:

„Es gibt keinen guten Baum, der schlechte Früchte hervorbringt, noch einen schlechten Baum, der gute Früchte hervorbringt. Jeden Baum erkennt man an seinen Früchten … Ein guter Mensch bringt Gutes

hervor, weil in seinem Herzen Gutes ist; und ein böser Mensch bringt Böses hervor, weil in seinem Herzen Böses ist. Was sagt ihr zu mir: ‚Herr! Herr!', und tut nicht, was ich sage?" (Lukas 6,43-46)

Je mehr unser Handeln dem Willen Gottes entspricht und im Einklang mit seinem Willen erfolgt, desto mehr sind wir wirklich Menschen, die ihrer eigentlichen Bestimmung als Ebenbild Gottes nahekommen. Erlösung heißt im Letzten: Das zerbrochene Bild Gottes in uns wird wieder hergestellt. Wir werden in vollerem Sinne Mensch und leben zunehmend in der Einheit mit Gott, mit uns selbst, mit unseren Nächsten und mit der gesamten Schöpfung. Jesus hat uns das als der wahre Mensch im Gehorsam gegen Gott vorgelebt.

Ein Glaube dagegen, der sich nicht in der Lebensführung äußert, ist keine Erlösung, sondern pure Illusion: ein Hirngespinst, eine Selbsttäuschung.

Wer behauptet: „Ich kenne Gott", ihm aber nicht gehorcht, ist ein Lügner und die Wahrheit lebt nicht in ihm. (1.Johannesbrief 2,4 GNB)

Es ist die innere Gespaltenheit des alten Menschen, der meint, seinen Glauben von seinem Handeln loslösen zu können. Wenn „ich" erlöst zu sein meine, ohne dass mein Handeln erlöst wird, dann bin ich innerlich mit mir selbst zerfallen. Erlösung durch Jesus versöhnt mich nicht nur mit Gott, sondern versöhnt auch die entfremdeten Teile meines Seins miteinander. Das versetzt mich in die Lage, meinem Glauben entsprechend zu leben und zu handeln.

Genauso ist es auch mit dem Glauben: Wenn er allein bleibt und aus ihm keine Taten hervorgehen, ist er tot. (Jakobus 2,17 GNB)

Es gibt keine *Erlösung vom Tun* des Willens Gottes. Das würde ja heißen, dass Gott uns der Zerrissenheit, Zerfallenheit und inneren Gespaltenheit unseres alten Menschseins überlässt! Er würde dann zusehen, wie wir die tiefste Berufung unseres Lebens, nämlich sein Ebenbild zu werden, verfehlen. Es gibt nur eine Erlösung, nämlich die *zum Tun* des Willens Gottes!

Entweder ihr wählt die Sünde; dann werdet ihr sterben. Oder ihr wählt den Gehorsam; dann werdet ihr vor dem Gericht Gottes bestehen können. Gott sei gedankt! ... Ihr seid vom Sklavendienst der Sünde befreit und als Sklaven in den Dienst der Gerechtigkeit gestellt, das heißt in den Dienst des Guten, das Gott will. (Römer 6,16-18 GNB)

Diese Erlösung von der Sklaverei unter die Sünde befreit uns zum wahren Menschsein. Wenn wir den Willen Gottes tun, bringt uns das in Einklang mit unserer echten Bestimmung. Wir werden frei für ein Leben in Gemeinschaft mit Gott, der tiefsten und einzigen Quelle allen Lebens. Und wir werden frei für heile, erfüllende Beziehungen.

Diese Befreiung ist unmöglich aus eigener Kraft zu erreichen. Sie geschieht nur durch die Veränderung, die der Heilige Geist in uns wirkt. Sie ist ein reines Geschenk – weder unsere eigene Leistung noch unser Verdienst. Es liegt aber auch allein an uns, ob wir den Heiligen Geist an und in uns wirken lassen. Wir müssen die Veränderung wollen – und sie suchen. Diese Veränderung geschieht vor allem da, wo wir von der „Ver-Wirklichung" unseres alten Menschen umkehren, Gott konkret um Vergebung bitten und uns diese Vergebung dann aneignen. Auf dem Weg dieser Umwandlung, die unser ganzes irdisches Leben beansprucht, werden wir zwar immer wieder ins Straucheln kommen und unser wahres Selbst verfehlen. Aber wir können dann auch jederzeit zu dem Geschenk der Erlösung und Erneuerung zurückkehren.

Wenn wir sagen, dass wir keine Sünde haben, führen wir uns selbst in die Irre und die Wahrheit ist nicht in uns. Wenn wir unsere Sünden bekennen, ist er treu und gerecht; er vergibt uns die Sünden und reinigt uns von allem Unrecht. (1.Johannes 1,8-9)

Wir müssen die Sünde in unserem Leben ernst nehmen. Wir dürfen sie nicht verharmlosen. Vergebung gibt es nur für konkrete *Schuld*, nicht für: „Das war doch nicht so schlimm!", „Das ist leider dumm gelaufen!", „Schwamm drüber!", „Das machen doch alle!", „Nobody is perfect" oder „Das darf man nicht so eng sehen"!

Schuld kann uns von Gott vergeben werden, selbst die allergrößte. Oft versuchen wir aber lieber, abzuwiegeln oder uns selbst zu vergeben, als die Sache vor Gott zu bringen und damit als Schuld anzuerkennen. Dann bleiben wir allerdings in der Selbsttäuschung stecken; das aber führt niemals zu der großartigen Freiheit der Erlösung und Vergebung Gottes. Die Reformatoren erkannten:

Nun ist wahre, rechte Buße eigentlich nichts anderes als Reue und Leid oder das Erschrecken über die Sünde und doch zugleich der Glaube an das Evangelium und die Absolution, nämlich dass die Sünde vergeben und durch Christus Gnade erworben ist. Dieser Glaube tröstet wiederum das Herz und macht es zufrieden. Danach soll auch die Besserung folgen und dass man von Sünden lasse; denn dies sollen die Früchte der Buße sein – wie Johannes sagt: „Tut rechtschaffene Frucht der Buße!" (Mt 3, 8).[11]

Ich (U) erlebe selbst immer wieder, wenn ich im Erschrecken über meine Sünde zu Gott komme, wie erlösend, befreiend und unendlich liebevoll seine Gnade ist. Welche Erleichterung, wenn ich ihm die Scherben geben darf, die ich nicht mehr zusammenflicken kann. Ich habe aber auch das andere schon erlebt:

In einer Situation stand ich vor der Entscheidung, wie ich mich nun verhalten sollte: Wollte ich meinem Egoismus folgen oder dem, was ich klar als Gottes Willen erkannt hatte? Im Vertrauen auf die Gnade Gottes, der mir alle Sünde vergeben würde, entschied ich mich für den Egoismus. Das Ergebnis erfolgte prompt: Mein Leben kam unter eine graue Wolke. Ich fühlte mich innerlich zerrissen und von den anderen durch Verletzungen getrennt, die ich ihnen zugefügt hatte. Aber war es nicht mein Recht gewesen, die von Paulus so vielgerühmte Freiheit vom Gesetz, dass ich Gottes Geboten nicht mehr gehorchen musste? Warum sollte Gott mich nicht annehmen und segnen, obwohl ich gesündigt hatte? Als ich jetzt zu Gott kam, um seine Gnade zu empfangen, war da nur Leere. Er antwortete nicht. – Er schwieg solange, bis ich anerkannte, dass zur Vergebung ein echtes Erschrecken und Bedauern über die Sünde gehört und ebenso der aufrichtige Wunsch, das eigene Verhalten zu ändern. Erst jetzt konnte ich tief beschämt mein Verhalten wirklich Sünde nennen und als solche vor Gott bekennen. Sofort empfing ich nun Vergebung. Meine vorigen Selbstrechtfertigungen im Vertrauen auf Gnade waren dagegen nur Selbstbetrug gewesen – ein Versuch, Gott auszutricksen.

NACHFOLGE

Wir leben in der Zwischenzeit, in der wir schon erlöst, aber noch nicht vollendet sind. Das Leben im Geist ist deshalb auch ein Ringen um ein Leben in der Nachfolge. Nachfolge strebt danach, Jesus immer ähnlicher zu werden. Wenn wir dabei scheitern, erbitten wir seine Vergebung und nehmen sie an; wir empfangen durch den Heiligen Geist die Veränderung und das Wachstum des neuen Menschen. Das lässt in uns einen bewährten Charakter heranreifen, einen Lebensstil, in dem die Früchte des Geistes sichtbar werden:

Dagegen bringt der Geist Gottes in unserem Leben nur Gutes hervor: Liebe, Freude und Frieden; Geduld, Freundlichkeit und Güte; Treue, Nachsicht und Selbstbeherrschung. Wer zu Jesus Christus gehört, der hat sein selbstsüchtiges Wesen mit allen Leidenschaften und Begierden ans Kreuz geschlagen. Durch Gottes Geist haben wir neues Leben, darum wollen wir uns jetzt ganz von ihm bestimmen lassen! (Galater 5,22-25, rev. HfA)

Charakter

Das griechische Wort „Charakter" bedeutet ursprünglich Prägestempel. Es geht darum, dass uns das Bild Christi eingeprägt wird. Für die Bibel ist das von zentraler Bedeutung. Alles Handeln, das wertvoll in den Augen Gottes ist, wurzelt in einem vom Heiligen Geist veränderten Charakter. Charakter lässt sich als tiefste innere Motivation unseres Handelns verstehen. Unsere inneren Motive und das daraus entspringende Handeln sind deswegen letztlich wichtiger als Geistesgaben, Erfolge oder große Taten. Paulus bringt es auf den Punkt:

Und wenn ich prophetisch reden könnte und alle Geheimnisse wüsste und alle Erkenntnis hätte; wenn ich alle Glaubenskraft besäße und Berge damit versetzen könnte, hätte aber die Liebe nicht, wäre ich nichts. Und wenn ich meine ganze Habe verschenkte und wenn ich meinen Leib dem Feuer übergäbe, hätte aber die Liebe nicht, nützte es mir nichts. (1.Korinther 13,2-3)

Nur das, was dem Charakter Christi entspricht, was also aus der Liebe geschieht, zählt in Gottes Reich. Außergewöhnliche Gaben, Wunder und Autorität bringen einen geistlichen Dienst oder eine Bewegung schnell in die christlichen Schlagzeilen. Menschen strömen dorthin und versuchen, etwas von dieser Kraft abzubekommen. Wenn aber nicht mit gleicher Intensität die Veränderung des Charakters und die tägliche Nachfolge betont werden, gehen diese Aufbrüche oft genauso schnell wieder ein, wie sie hochgeschossen sind.

So ist es in der Regel nicht ein Mangel an Gaben oder Autorität, wenn ein Mensch in seinem Glauben scheitert. Zu den größten Klippen, an denen unser geistliches Leben Schiffbruch erleiden kann, gehören dagegen

- nicht geheilte innere Wunden. Der verletzte alte Mensch bricht unerwartet aus dem Schrank in unserem Keller aus.
- ein nicht geheiligter Charakter. Stolz, Machtstreben, Egoismus und andere Formen der Selbstsucht kommen in geistlicher Verkleidung daher. Wir lassen es aber nicht zu, dass sie durch die Botschaft vom Kreuz und vom Sterben des alten Menschen wirklich in Frage gestellt werden.

Wieder und wieder haben wir beobachtet, dass viele Christen tiefe Krisen in ihrem Leben durchmachen. Diejenigen, deren Charakter fest ist oder in der Krise fester wird, machen die Erfahrung, dass Verlust, Scheitern oder Zerbruch letztlich zu einem Wachstum des inneren Menschen führte. Gleichzeitig wächst dabei auch ihre Liebe zu Gott. Andere aber leben in der Krise aus ihrem alten Menschen heraus, wollen Recht behalten und sich durchsetzen, erheben Ansprüche gegen Gott und Menschen, halten es für angemessen, Böses mit Bösem zu vergelten oder wehren jegliche Kritik ab, statt sie zu prüfen. Auch wenn sie den Konflikt als Sieger beenden: Ihr geistliches Leben stagniert und entwickelt sich vielleicht sogar zurück. So richten sie sich schließlich in einer Nische ein.

Integrität

Ein Leben nach den Maßstäben des alten Menschen verschafft uns vielleicht kurzfristig Erfolg. Langfristig wohnt der Segen Gottes aber bei denen, deren Charakter mehr und mehr durch das Bild Jesu geprägt wird. Man kann vermutlich die Bedeutung des Charakters für das geistliche Wachstum gar nicht überschätzen. Dr. Robert Clinton, ein Professor mit dem Forschungsschwerpunkt auf den Entwicklungsprozessen geistlicher Leiter, hält deswegen Integrität für eines der Grundprinzipien geistlicher Leiterschaft. Er hat ein Wachstumsmodell entwickelt, bei dem er insgesamt fünf große Phasen im Dienst eines Leiters identifiziert. In den ersten drei Phasen liegt der Fokus Gottes auf der Charakterentwicklung.

Das Erstaunliche dabei ist, dass Gott in Phase I, II und III hauptsächlich innerlich am Leiter selbst arbeitet (nicht durch ihn oder sie), obschon es ein fruchtbringender Dienst sein kann. Die meisten angehenden Leiter wissen das nicht. Sie bewerten ihre Produktivität, Aktivitäten, Erfolge etc. … Gott geht es mehr um unser Sein als unser Tun. … Es gibt viele Lektionen im Werdegang eines Leiters. Keine sind jedoch so entscheidend … wie die frühen Lektionen, die der Charakterbildung dienen.[12]

Es ist eine der wichtigsten Aufgaben im Glaubenswachstum, dass wir Gott an unserer Persönlichkeit und damit an unserem Charakter arbeiten lassen. Die Integrität des neuen Menschen wird in den vielen kleinen und großen Entscheidungen des Alltags geformt. Mit der Zeit graben sich diese Entscheidungen ein immer tieferes und sichereres Flussbett in uns: Der neue Mensch wächst in uns.

Was ich dir jetzt rate, ist wichtiger als alles andere: Achte auf deine Gedanken, denn sie beeinflussen dein ganzes Leben! Verbreite keine Lügen, vermeide jede Art von falschem Gerede! Halte dir immer vor Augen, was gut und richtig ist, und geh geradlinig darauf zu. Wähle sorgsam deine Schritte und weiche nicht vom rechten Weg ab! Schau weder nach rechts noch nach links, und halte dich vom Bösen fern. (Sprüche 4,23-27, rev. HfA)

HERRSCHAFTSWECHSEL

Jesus sagt sehr deutlich, dass es nicht reicht, zu hören, was er sagt; man muss es auch tun.

„Wer diese meine Worte hört und danach handelt, ist wie ein kluger Mann, der sein Haus auf Fels baute … Wer aber meine Worte hört und nicht danach handelt, ist wie ein unvernünftiger Mann, der sein Haus auf Sand baute." (Matthäus 7,24.26)

Das Ringen mit Gott aufgeben

Der Glaube der Bibel ist nicht ein warmes Gefühl für den „lieben Gott", sondern zuallererst ein Herrschaftswechsel – der Auszug aus dem Reich der Finsternis und die Einbürgerung in das Reich des Lichts (Kolosser 1,13), ein Wechsel von der Knechtschaft der Sünde zum Gehorsam gegen Gott (Römer 6,16).

Zu diesem Herrschaftswechsel gehört es, dass wir nach und nach alle Türen unseres Lebens für ihn öffnen und uns ihm immer mehr vorbehaltlos hingeben: „Sei Du mein Herr in jedem Bereich meines Lebens!" Viele von uns machen hier einen großen ersten Schritt, wenn sie ihre erste tiefe Begegnung mit

Gott haben. Aber das Ziel erreicht man nur, wenn auf den ersten Schritt viele weitere folgen. Beispielsweise dann, wenn wir Angst haben vor dem, was Gott vielleicht von uns will; wenn wir unsicher sind, was die Zukunft bringt; wenn er an eine Tür im Keller unseres Herzens klopft, die wir lange erfolgreich verschlossen gehalten haben; wenn wir keine Lust haben, seinen Maßstäben gehorsam zu sein. Dann stehen wir wieder neu vor der Herausforderung, den Widerstand gegen Gott aufzugeben und unser Leben in seine Hand zu legen.

Oft schrecken wir vor dieser erneuten Kapitulation – nichts weniger ist es ja – zurück und wollen lieber Gott dazu bringen, das zu tun, was *wir* wollen. In einem endlosen Ringen versuchen wir, Gottes Arm zu verbiegen. Wir konzentrieren uns auf geistliche Techniken, mit denen wir zu erreichen hoffen, dass unser Wille in Erfüllung geht. Manche Menschen nennen dieses Ringen mit Gott „Glaubenskampf" oder „die Verheißungen in Anspruch nehmen"; manchmal wird es auch als „geistlicher Kampf" gegen feindliche Mächte deklariert. Wir merken nicht, dass es nichts anderes als Widerstand gegen Gott ist. Wenn es uns dann nicht gelingt, unsern Willen zu bekommen, werden wir bitter gegen Gott oder wir resignieren: Die Sache mit der Gebetserhörung und Gottes Verheißungen scheint also doch nicht so zu stimmen.

Eine ungebundene Geschäftsfrau suchte nach einer neuen beruflichen Herausforderung. Sie betonte, wie wichtig es ihr sei, Gottes Willen zu erkennen und zu tun. Sie wollte unbedingt wissen, wo ihr neuer Platz sein sollte. „Aber" fügte sie hinzu „es muss in meiner Stadt sein. Ich würde nicht wegziehen, selbst wenn Gott es sagen würde."

Mit einer anderen begabten Frau unterhielt ich mich über das Thema Leitung im geistlichen Dienst und die Schwierigkeiten, die damit verbunden sind. Sie trug zwar einiges an Verantwortung, hatte aber bisher keine Leitungsaufgabe wahrgenommen. Ihre Aussage lautete: „Wenn Jesus mir Leitungsverantwortung geben wollte, ich würde das nicht übernehmen. Unter gar keinen Umständen!"

Ein bisschen Willen Gottes in unserem Leben, damit sind wir gern einverstanden. Wir möchten ja den damit verbundenen Segen, die innere Erfüllung und den Erfolg. Aber ihm unser Leben ganz geben? Was, wenn er genau das von uns will, was wir auf keinen Fall sehen können?

VERTRAUEN AUF GOTT

Immer wieder versuchen wir, Gott nachzufolgen ohne ihm wirklich zu vertrauen. Aber das klappt nicht. Denn wir sind uns nicht sicher, ob er es wirklich gut mit uns meint. „Weiß er denn nicht, dass ich das einfach nicht kann? Dafür bin ich nicht begabt!" Oder wir zweifeln, ob er wirklich die Macht hat, das gelingen zu lassen, was wir in seinem Auftrag tun.

Dahinter steht oft eine *tiefe Lebensangst*. Für diese Lebensangst müssen wir *Buße tun* – von ihr umkehren.[13] Wie das? Ist Angst denn nicht ein unwillkürlicher Impuls, ein Gefühl, das uns vielleicht sogar gegen unseren Willen ergreift und für das wir letztlich nichts können? Zunächst gilt es zu beachten: Es geht bei dieser Lebensangst um etwas anderes als um Ängste, die durch traumatische Erlebnisse oder psychische Störungen hervorgerufen werden. Solche Ängste brauchen Heilung durch Seelsorge oder Therapie.

Lebensangst ist etwas anderes, Tieferes: eine Grundangst, ein Grundmisstrauen, dass Gott es im Letzten doch nicht gut meint. Ist er wirklich vertrauenswürdig? Ist er wirklich stark genug, uns trotz aller Widerstände aus der Not zu retten? Und wenn ja, will er es denn auch? Wir fürchten um unsere Liebsten, unsere Gesundheit, unseren Wohlstand. Wir haben Angst davor, dass unser Leben sinnlos sein könnte. Und im Letzten fürchten wir uns vor dem Tod. Wie sollen wir da Gott vertrauen?

Vertrauen auf Gott – also Glauben! – heißt nicht, dass wir überzeugt sind, dass nichts Schlimmes passieren wird. Dieses Vertrauen meint die Zuversicht, dass das Schlimme nicht das letzte Wort haben wird.

Ich bin überzeugt, dass die Leiden der gegenwärtigen Zeit nichts bedeuten im Vergleich zu der Herrlichkeit, die an uns offenbar werden soll … Wir wissen, dass Gott bei denen, die ihn lieben, alles zum Guten führt. (Römer 8,18.28)

Glauben beinhaltet einerseits, dass wir ein Stück von Gottes Herrlichkeit schon hier in dieser Welt erleben dürfen. Glauben, Vertrauen auf Gott, heißt aber auch andererseits, daran festzuhalten, dass alles Leid, alles, was uns an Schlimmem begegnet, spätestens in der neuen Welt Gottes aufgehoben und erlöst sein wird. Denn es ist Gott selbst, der unser Leben in seinem tiefsten Sinn zur Entfaltung und zur Erfüllung bringt – in Zeit und Ewigkeit. Deshalb ist sein Weg mit uns besser als alles, was wir aus unserer begrenzten Perspektive wählen können. Er liebt uns mehr als wir uns selbst.

Gott muss seine Vertrauenswürdigkeit nicht erst unter Beweis stellen. Er hat das unübersehbar durch Jesus schon getan. Dafür hat er Leid und Tod auf sich genommen. Und genau deshalb sind Misstrauen und Angst Sünde: weil sie bezweifeln, dass das Kreuz Jesu stark genug ist, die Welt zu erlösen. Sie ziehen die Liebe des Vaters in Zweifel, der seinen einzigen Sohn für uns hingegeben hat. Wir müssen uns von dieser Angst abkehren – das meint der Begriff „Buße tun". Und dann entscheiden wir uns mit Gottes Hilfe für das Vertrauen. Es kann sein, dass die Angstgefühle nicht gleich oder nicht ganz verschwinden – aber sie können unseren Weg mit Gott nicht mehr bestimmen. So sagt Jesus:

„In der Welt habt ihr Angst; aber seid getrost, ich habe die Welt überwunden." (Johannes 16,33 LUT)

3. REIFER GLAUBE

Unser Glaube muss also reif werden. Ein reifer Glaube hält die beiden Weisen, wie Gott uns begegnet, zusammen und löst sie nicht nach einer Seite hin auf.

GOTT – VATER UND HERR

Gott liebt uns und trägt uns wie ein Vater sein kleines Kind.

Aber er befähigt uns auch zur Mitarbeit an seinem Reich und sucht unsere Initiative und Eigenverantwortung in den Bereichen, in denen er uns begabt und berufen hat.

Er ist „unser Vater", aber eben der „in den Himmeln": Er ist so unfassbar groß, dass die einzige angemessene Haltung auf unserer Seite Demut ist. Er ist unser Schöpfer, dem wir unser Leben verdanken. Daher ist es nicht an uns, von ihm zu fordern. Seine Forderungen an uns sind es, die zählen. Seine Gebote sind gerecht und gut. Er ist der Herr.

JESUS – BRUDER UND KÖNIG

Jesus ist auf diese Erde gekommen als ein Mensch wie wir, um unser Bruder zu werden. In ihm ist Gott uns ganz nahe gekommen. Er ist menschlich, irdisch, anfassbar geworden. Er versteht uns zutiefst, mit unseren Gefühlen, unseren Stärken und Schwächen.

Er ist aber auch der König auf dem Thron Gottes, dem absoluter Gehorsam gebührt. Vor ihm werden sich einst alle Knie beugen. Er fordert uns heraus, mit ihm zu sterben, um mit ihm auferstehen zu können. Uns bleibt anzuerkennen, dass sein Wille geschehen soll – in dieser Welt und in unserem Leben.

DER GEIST – TRÖSTER UND HEILIGER

Gott lebt im Heiligen Geist in uns. Er versöhnt uns, heilt uns und erneuert uns. Er gibt uns Gaben, tut Wunder für uns und durch uns an anderen. Er schenkt Trost, Heilung und Vollmacht. Er ist die Gegenwart Gottes in uns.

Aber er ist auch der Heilige. Seine Heiligkeit wird durch Sünde abgestoßen, wie zwei gleichpolige Magneten einander abstoßen. Deshalb ist es keine Option, ob wir in unserem Leben uns nach Heiligung ausstrecken wollen oder nicht. „Heiligkeit" – von Gott ganz in Beschlag genommen zu werden – ist die einzig angemessene Antwort auf das verzehrende Feuer seiner Liebe. Heiligkeit heißt Kapitulation vor dieser Liebe. Heiligkeit und Liebe sind eins.

EIGENE GEDANKEN UND GEBET

1. Welche Seite Gottes kenne ich besser?

Wie kann ich die anderen entdecken, die ich noch nicht so gut kenne?

2. Welche Rolle spielt die Ehrfurcht vor Gott in meinem Glauben?

3. Wie verstehe ich persönlich Heiligung und die Einheit von Glauben und Tun?

4. Wie gehe ich mit Sünde in meinem Leben um?

5. Kann ich Situationen in meinem Leben erkennen, in denen Gott an meinem Charakter arbeitet?

6. Vertraue ich Gott?

NOTIZEN

SEGEN FÜR ERWACHSENE SÖHNE UND TÖCHTER

NN, der Herr segne dich mit einem immer tieferen Verständnis für das Wesen Gottes.

Empfange den Mut, die Gaben, die Gott Dir gegeben hat, in Verantwortung und Initiative einzusetzen!

Spüre seine Liebe und erkenne in Ehrfurcht seine Heiligkeit. Der Herr helfe dir, *NN*, mit seiner gnädigen Hand über die Schwelle der Kapitulation vor ihm.

NN, der Heilige Geist wohnt in dir und formt in dir den neuen Menschen. Er segne die Früchte des Geistes, die in dir wachsen, dass sie immer weiter reifen und strahlen, Jesus Ehre machen und sein Bild in dir zum Leuchten bringen. Und wenn du über die Abgründe deines Herzens erschrickst, rufe die Gegenwart Jesu an, der im Heiligen Geist in dir lebt und dich verändert.

STILLE

Versuchen Sie auf Gott zu hören, was er zu Ihnen spricht.

Anmerkungen

1 Im Sprachgebrauch der Bibel werden gemischte Gruppen von Männern und Frauen mit „Brüder" angeredet. Nur wo es ausschließlich um Frauen geht, wird die weibliche Form „Schwestern" verwendet (1.Timotheus 5,2).

2 Wolfgang J. Bittner, *Biografie*, S.8; Download des PDFs auf der Webseite des Autors http://bit.ly/1pykAIs; abgerufen am 23.2.2016.

3 Richten" bedeutet im biblischen Sprachgebrauch sehr häufig „(an-)leiten". So vermutlich auch hier.

4 Erik H. Erikson, *Der vollständige Lebenszyklus*, Frankfurt/M., 8. Auflage 2012, S. 86.

5 Evelyn E. und James D. Whitehead, *Christian Life Patterns, The Psychological Challenges and Religious Invitations of Adult Life*, CrossRoad New York, 1995, S.121, eigene Übersetzung.

6 Groeschel, *Spiritual Passages*, S. 66-69.

7 Groeschel, *Spiritual Passages*, S. 70, eigene Übersetzung.

8 Dies ist eine der zentralen Aussagen in den Narnia-Chroniken von C.S. Lewis. In ihnen wird Jesus im Bild des Löwen Aslan dargestellt. C. S. Lewis, *Die Chroniken von Narnia*, verschiedene Ausgaben.

9 Dietrich Bonhoeffer, *Ethik*, München 1981, 9. Auflage, S. 47 (geschrieben 1942).

10 z.B. 5.Mose 28; Jesaja 1,27f; Matthäus 25,42ff; Markus 3,35; 1.Korinther 6,10; Epheser 5,1-8; 1.Johannes 2,3ff; Offenbarung 22,15 und öfter.

11 *Augsburger Bekenntnis*, Artikel 12, zu finden im Evangelischen Gesangbuch, im Internet: http://bit.ly/1SxxWw5.

12 Dr. J. Robert Clinton, *Der Werdegang eines Leiters,* profibooks 2006, S.25 und 46.

13 Groeschel, *Spiritual Passages*, S. 129.

8. OFFLINE: WENN GOTT NICHT HÖRT

1. STANDHAFT BLEIBEN

Glücklich zu preisen ist der, der standhaft bleibt, wenn sein Glaube auf die Probe gestellt wird. Denn nachdem er sich bewährt hat, wird er als Siegeskranz das ewige Leben erhalten, wie der Herr es denen zugesagt hat, die ihn lieben. (Jakobus 1,12 NGÜ)

Fest werden

Zur zunehmenden Reife gehört auch die Fähigkeit, in Schwierigkeiten standhaft zu bleiben. Entwicklungspsychologen sagen uns, dass eine Verzögerung der Wunscherfüllung Reife bringt. Eltern, die ihr Kind vor jeder Enttäuschung zu bewahren versuchen, erziehen es zu einer narzisstischen, d. h. sehr selbstbezogenen Persönlichkeit, die im Sturm des Lebens nicht bestehen kann. So ein Mensch erwartet in jedem Moment eine Erfüllung seiner Bedürfnisse und Wünsche; dazu benutzt und manipuliert er andere Menschen.

Nur wer mit Frustrationen umgehen kann, ist in der Lage, ein weiter entferntes Ziel anzusteuern, ohne sofortige Belohnung zu erhalten. Die meisten Dinge im Leben, die sich wirklich lohnen, wie stabile Beziehungen oder berufliche Kompetenz, müssen mit Geduld über einen längeren Zeitraum hin erworben werden oder sogar gegen Widerstände errungen werden. Nur wer nicht vom momentanen Lustgewinn oder dem schnellen Erfolg abhängig ist, kann sich an Werten orientieren, kann moralisch oder sozial handeln und nach dem Willen Gottes fragen. Auch geistliche Reife, eine tiefe tragfähige Spiritualität und Liebe zu Gott wächst nur während längerer Zeitspannen unseres Lebens. Sie wächst durch Krisen hindurch.

Wir rühmen uns ebenso unserer Bedrängnis; denn wir wissen: Bedrängnis bewirkt Geduld, Geduld aber Bewährung. (Römer 5,3-4)

Immer wieder wird unser Glaube in schwierigen Situationen auf die Probe gestellt werden. Gott fordert uns in diesen Prüfungen heraus, an dem Vertrauen zu ihm festzuhalten und zu glauben, dass er es gut mit uns meint. Oft genug ist das dann ein Glaube gegen die eigenen Gefühle, ein „Dennoch"-Glaube, ein Glaube in der Bewährung. Er kann trotz ungeklärter Fragen Gott vertrauen, ohne die Schwierigkeiten zu leugnen. Er kann unerfüllte Wünsche aushalten und dennoch zu einem erfüllten Leben finden.

Ich kann Not leiden, ich kann im Wohlstand leben; mit jeder Lage bin ich vertraut. Ich kenne Satt-sein und Hungern, ich kenne Mangel und Überfluss. Allem bin ich gewachsen durch den, der mich stark macht. (Philipper 4,12 GNB)

Klärung des Herzens

Schwierigkeiten können uns näher zu Gott bringen. Wir hören immer wieder Berichte, dass es gerade die Probleme oder Nöte waren, die einen Menschen nach Gott fragen ließen. In solchen Zeiten kommen wir Gott näher und öffnen ihm dann bewusst unser Herz. Vielleicht ist es aber sowieso schon durch die Nöte unseres Lebens aufgebrochen und verwundbar geworden. So werden solche Zeiten zu Gelegenheiten, dass Gottes Licht und Gottes Liebe die Regungen unseres Herzens klären können. Unbewusste Motive werden uns bewusst, manche falsche Haltung wird nun ihrer frommen Verkleidung beraubt. Wir sehen uns selbst klarer und können uns Gott vorbehaltloser bringen: Wir öffnen uns für seine Vergebung und seine Veränderung.

Du hast, o Gott, uns geprüft und uns geläutert, wie man Silber läutert. Du brachtest uns in schwere Bedrängnis und legtest uns eine drückende Last auf die Schulter. Du ließest Menschen über unsere Köpfe schreiten. Wir gingen durch Feuer und Wasser. Doch du hast uns in die Freiheit hinausgeführt. (Psalm 66,10-12)

E. und J. Whitehead beobachten, dass Krisen in unserem Erwachsenenleben uns oft eine Passivität aufzwingen, die unserer sonstigen Kompetenz entgegensteht.[1] Es sind Situationen,
in denen uns das Heft des Handelns aus der Hand genommen
wird. Vielleicht sind wir abhängig vom Handeln anderer (z.B.
des Arbeitgebers), oder uns bleibt nichts, als abzuwarten, dass
eine medizinische Behandlung ihre Wirkung tut. Auch innere
Prozesse der Umgewöhnung oder der Trauer über einen tiefgrei-
fenden Verlust können wir selten beschleunigen. Darin lernen
wir aber eine neue Haltung des Empfangens. Sie ergänzt unsere
Sicherheit, mit der wir sonst die Zügel unseres Lebens in den
Händen halten, und führt zu einer größeren Reife.

2. LEID VERSTEHEN?

DIE GROSSE FRAGE

Schwierigkeiten und Probleme dienen dazu, dass wir standfester
werden und in unserem Glauben reifen. Meist sind wir ja auch
bereit, Widerstände und Misserfolge unter dieser Perspektive zu
akzeptieren und in ihnen Bewährung zu suchen. Aber wie ist
es, wenn es um echtes, herzzerreißendes Leid geht? Klingt dann
nicht das Reden von der Bewährung des Glaubens nur noch
nach reinem Hohn?

Der Titel dieses Kapitels ist an einen Buchtitel von Pete Greig
angelehnt „Offline: Warum antwortest Du nicht, Gott?"[2]. Pete
Greig, der Begründer der weltweiten 24/7-Prayer Bewegung, in
der viele Menschen Wunder und Gebetserhörungen erleben,
beschreibt, wie bei seiner jungen Frau ein aggressiver Gehirn-
tumor entdeckt wird. Gott tut ein Wunder und sie überlebt die
äußerst schwierige Operation. Seither aber hat sie viele schwere epileptische Anfälle, in denen Gott noch fast nie durch ein
Wunder eingegriffen hat. Pete Greig setzt sich sehr existentiell
mit der Frage auseinander, wie man als Christ, der an die Liebe
und Macht Gottes nicht nur glaubt, sondern sie oft selbst erlebt
hat, das Leid verstehen soll. – Die Frage nach unverdientem und

sinnlosem Leid bleibt die größte ungelöste Frage aller Zeiten. Sie bleibt es letztlich auch für die christliche Theologie, sofern man nach einer vernünftigen Antwort sucht und nicht nur nach einer „frommen".

Auch wir denken nicht, dass wir diese Frage lösen können. Wir können nur versuchen, ein paar kleine Lichtstrahlen von verschiedenen Seiten auf dieses abgründige Thema zu werfen.

LEIDERFAHRUNGEN

Wie oft sind wir oder unsere Freunde in einer Situation gewesen, wo wir uns verzweifelt gefragt haben, warum Gott denn nicht zu hören scheint.

Ähnlich ging es dem Hiob der Bibel[3]: Er lebt als gerechter und gottesfürchtiger, reicher Clan-Chef im Alten Orient. Fast über Nacht bricht seine Firma komplett zusammen. Dann ereilt ihn ein heftiges Unglück, bei dem alle seine Kinder umkommen. Und als ob das nicht schon genug wäre, erkrankt er selbst schwer.

Zuerst erträgt er alle diese Schicksalsschläge mit bewundernswerter Geduld und Glaubensstärke. Seine Freunde aber sehen das anders. Sie wissen, dass Gott gerecht ist; deshalb muss es Hiobs eigene Schuld sein. Andernfalls hätte Gott das nicht zugelassen. Hiob protestiert heftig gegen ihre Sicht und versteift sich in den langen Auseinandersetzungen immer mehr darauf, dass Gott ihm gegenüber ungerecht ist. Er würde ihn am liebsten vor Gericht zitieren!

Hiob erlebt, was keiner von uns erleben möchte. Natürlich hätten wir es gerne, dass denjenigen, der Gott von ganzem Herzen liebt und ihm vertraut, kein Leid trifft. Haben wir denn nicht auch genau diese Zusage von Gott? Müssen wir sie vielleicht einfach nur ernst nehmen?

Denn er befiehlt seinen Engeln, dich zu behüten auf all deinen Wegen. Sie tragen dich auf ihren Händen, damit dein Fuß nicht an einen Stein stößt. (Psalm 91,11-12)

Der Herr ist mein Hirte, nichts wird mir fehlen. (Psalm 23,1)

Er lässt es den Aufrichtigen gelingen und beschirmt die Frommen.
(Sprüche 2,7 LUT)

Aber wir machen eben auch andere Erfahrungen in unserem Leben. Wir selbst kommen in Not, auch unsere Familienangehörigen und Freunde werden nicht verschont, und das Leid der Welt lastet schwer auf empfindsamen Menschen.

Mit verschiedenen Strategien versuchen wir, diesem Leid zu begegnen. Wir beten und bitten andere um Gebet. Wenn das allein nichts hilft, suchen wir vollmächtige Männer oder Frauen Gottes auf, denen der Ruf eines Wundertäters vorausgeht. Und es stimmt: Viele werden durch unsere Gebete, durch die Fürbitte von Freunden oder durch besonders von Gott begabte Menschen tatsächlich geheilt und erfahren eine Lösung für ihre Not. Aber nicht alle.

In einem Heilungsseminar betet der Sprecher für alle Kranken unter persönlicher Handauflegung. Wie einige andere auch erfährt ein Mensch wunderbar Heilung von Krankheit. Ein anderes Mitglied seiner Familie aber bleibt ungeheilt; dessen Krankheit ist zudem weitaus schwerer.

Ein Ehepaar bekommt ein schwer körperbehindertes Kind. Eltern, Freunde und die ganze Gemeinde beten oft und ausdauernd um Heilung. Immerhin: Die vielen nötigen Operationen gelingen alle, wenn auch mit langen Heilungszeiträumen und manchmal unter Tränen für Eltern und Kind. Aber die Behinderung bleibt, trotz aller Hoffnungen und trotz der Teilnahme an vielen Heilungsveranstaltungen bis hin zu einer Konferenz eines der weltweit bekanntesten Heilungspredigers. Er verkündet, dass Gott immer heilt, wenn man nur daran glaubt.

Manches Leid geht auf unsere eigene Schuld zurück: Die Wahrscheinlichkeit für Lungenkrebs steigt durch starkes Rauchen rapide an. Wenn eine Beziehung zerbricht, haben meist beide Partner ihren Anteil daran. Ein Angestellter, der häufig grundlos „krankfeiert", muss sich nicht wundern, wenn er bei einer Krise als einer der ersten entlassen wird.

Anderes Leid aber bleibt ohne Erklärung, wie unverschuldete Krankheit und tragische Unfälle. Am schlimmsten ist es, wenn das Leid aus der Schuld anderer entsteht: Missbrauch, Gewalt und Krieg, Betrug und Machtgier.

Wie kann Gott das zulassen? Wo bleibt seine Liebe? Ist er zu schwach, um zu helfen? Oder zu desinteressiert? Ist das nicht ungerecht?

DER THEOLOGISCHE BLICK

Werfen wir noch einmal einen Blick auf die Zwischenzeit, in der wir leben.[4] Die Bibel schildert, dass Gott diese Welt ursprünglich heil und fehlerlos erschaffen hat, ohne Leid, Vergänglichkeit und Tod. Das bringt das wunderbare Bild des Paradiesgartens zum Ausdruck. Der Mensch, gekennzeichnet als „Adam" („der aus der Erde", der „Mensch") und „Eva" („Leben"), erhält hier von Gott den Auftrag, diese Welt zu verwalten und seine Autorität in lebensfördernder Weise auszuüben. Trotzdem wendet er sich von Gott ab und missbraucht so die Freiheit, die Gott ihm als seinem Ebenbild verliehen hat. Diese grundlegende Entscheidung gegen Gott aber führt nicht nur zum Zerbruch seiner Gottesbeziehung, sondern zum Zerfall aller seiner Lebensbezüge. Die gesamte Schöpfung, über die ihn Gott als Verwalter eingesetzt hatte, wird in diesen Zerfall mit hineingerissen. Losgelöst von der Quelle des Heils und des Lebens bestimmt seither die Vergänglichkeit alle Aspekte der Existenz dieser Welt: Gottferne, Not, Leid und Krankheit, Naturkatastrophen, Feindschaft, Kampf, Sünde und als letzte Konsequenz Tod und Vergänglichkeit. Das ist die Situation, in der wir uns alle immer schon vorfinden. Krankheit, Unfälle oder Naturkatastrophen sind Ausdruck dieser gefallenen Schöpfung, oft ohne dass man Schuld einem konkreten Menschen zuordnen könnte. Es ist die Schuld der Menschheit insgesamt und damit aller ihrer Glieder. Sie hat sich immer schon von Gott abgewandt und damit die Vollkommenheit der Schöpfung zerbrochen. Sie trägt die Konsequenzen dafür.

Denn alles Geschaffene ist der Sinnlosigkeit ausgeliefert, versklavt an die Vergänglichkeit, und das nicht durch eigene Schuld. (Römer 8,20 GNB)

Gott aber hat es dabei nicht bewenden lassen. Er hat diese durch den Menschen entstellte Welt und die abgefallene Menschheit auch nicht einfach ausgerottet. Sondern er kam selbst in diese gefallene Welt hinein, nahm die Konsequenzen der menschlichen Schuld auf sich und eröffnete den Weg zur Erlösung für die Menschen und den Kosmos. Diese Erlösung hat mit dem Kreuz und der Auferstehung Jesu begonnen; wir können sie in vielerlei Hinsicht jetzt schon erleben. Dennoch steht die volle Entfaltung dieser Erlösung noch aus.

Auch sie, die Schöpfung, wird von der Last der Vergänglichkeit befreit werden und an der Freiheit teilhaben, die den Kindern Gottes mit der künftigen Herrlichkeit geschenkt wird. Wir wissen allerdings, dass die gesamte Schöpfung jetzt noch unter ihrem Zustand seufzt, als würde sie in Geburtswehen liegen. Und sogar wir, denen Gott doch bereits seinen Geist gegeben hat, den ersten Teil des künftigen Erbes, sogar wir seufzen innerlich noch, weil die volle Verwirklichung dessen noch aussteht, wozu wir als Gottes Söhne und Töchter bestimmt sind: Wir warten darauf, dass auch unser Körper erlöst wird. (Römer 8,21-13 NGÜ)

Erst wenn Jesus wiederkommt, wenn er uns alle verwandelt (1.Korinther 15,51) und einen neuen Himmel und eine neue Erde schafft, erst dann „wird Gott alle Tränen von ihren Augen abwischen: Der Tod wird nicht mehr sein, keine Trauer, keine Klage, keine Mühsal. Denn was früher war, ist vergangen" (Offenbarung 21,3-4).

Bis dahin aber leben wir in einer gefallenen und vergänglichen Welt, die von Not und Leid bestimmt ist. Erst wenn alles vollkommen wiederhergestellt ist, kann die erlöste Menschheit wieder ihre Herrschaft über diese Erde im ursprünglichen Sinn ausüben. Dann ist die Schöpfung befreit. Dann, erst dann, sind Not, Leid, Krankheit und Tod völlig überwunden.

Diese tiefen geistlich-theologischen Zusammenhänge sind für uns Menschen nur bedingt verstehbar. Deshalb werden sie uns auch in bildhaften Erzählungen vor Augen geführt. Sie geben uns einen grundlegenden Verstehensrahmen zum Handeln Gottes mit dieser Welt und mit uns Menschen. Sie machen deutlich: Gott ist nicht schuld am Bösen! Weder hat er es geschaffen, noch will er es. Die biblischen Erzählungen schenken uns aber darüber hinaus eine große Hoffnung: Es geht auf eine neue vollkommene Welt zu. Es gibt ein letztes, endgültiges Ende für alles Leid! Gott selbst wird das herbeiführen.

Allerdings: Wenn man selbst aktuell schweres Leid durchmachen muss, verblassen diese großen Perspektiven meist schnell. Wir leiden nur noch an einer unverständlichen Welt und einem rätselhaften Gott.

DER SEELSORGERLICHE BLICK

Und trotzdem gilt: Gott ist unserem Leiden gegenüber weder desinteressiert noch gleichgültig. Er ist uns auch nicht fern. Er hat nicht dadurch das Ende alles Leidens eingeleitet, indem er einfach die Rahmenbedingungen der Welt ignoriert oder sie willkürlich geändert hätte. Denn das hätte bedeutet, dem Menschen Freiheit und die Autorität zu nehmen. Hätte der Mensch keine Freiheit, so könnte er sich nicht von Gott abwenden. Er wäre eine Marionette. Hätte er keine Autorität, so wäre die Schöpfung zwar von seiner Abwendung von Gott nicht betroffen; er könnte dann aber auch nichts mehr bewirken.

Gott ließ jedoch dem Menschen seine Freiheit und seine Berufung als Herr über die Schöpfung. Er wählte einen anderen Weg: Er kam selbst in der Person Jesu in diese Welt hinein, um das durch den Menschen verursachte Leid auf sich zu nehmen. Er selbst litt an dieser Welt und in dieser Welt tiefer als je ein Mensch leiden könnte. Am Kreuz durchlebte Jesus alle Schmerzen und alles Leid der Geschichte dieser Welt bis hin zum Tod. Das ist das eigentlich Unfassbare an Karfreitag. So entsetzlich der Foltertod am Kreuz war, manche Menschen müssen Ähnliches erleben. Aber kein Mensch kann je fassen, was Jesus auf sich nahm: das Leid der gesamten Menschheit. Er starb in völliger Gottverlassenheit.

Das Mitleiden Jesu mit uns

Daher kennt er zutiefst jedes Leid und jeden Schmerz. Er war selbst schon dort. Er hat es selbst durchlitten.

Denn wir haben nicht einen Hohenpriester, der nicht könnte mit leiden mit unserer Schwachheit. (Hebräer 4,15 LUT)

Wir sind im Leid nicht allein, so unverständlich uns Gott in solchen Zeiten auch erscheinen mag. Er ist trotzdem da, ganz nahe. Er leidet mit uns, weint mit uns, verzweifelt mit uns.

Ich (U) hatte eine schwere Zeit erlebt. Mir war Schlimmes geschehen, das mich sehr verwundet hatte. Immer wieder überspülten mich die Schmerzen. Immer wieder klagte ich Gott heftig an: „Warum hast du das nicht verhindert? Wo warst Du? War dir denn ganz egal, was mit mir geschah?" Während ich ihn so anschrie, sah ich plötzlich innerlich ein Bild vor Augen: Jesus lag am Boden und krümmte sich vor Schmerzen. Ich wusste sofort, dass es meine Schmerzen waren, die er empfand. Ich erschrak vor der Heftigkeit seines Leidens. „Jesus, so schlimm war das für dich? Du hast ja noch mehr darunter gelitten als ich!" In den folgenden Wochen kam ich innerlich immer wieder zu diesem Bild zurück. Von diesem Mit-Leiden Jesu strömte eine tiefe, unerklärliche Heilung in meine Seele.

Schon viele Glaubende haben so seine Nähe im Leid erlebt. Das ist keine Erklärung für das Warum. Aber es ist ein Trost, der tiefer geht als unser Verstehen. Nicht immer bekommen wir die Hilfe Gottes so, dass er uns *aus* dem Leid heraushilft. Aber wir dürfen vertrauen, dass er uns *im* Leid hilft: dass er uns tröstet und uns nahe ist.

Pater Groeschel hat nach dem 11. September 2001 ein Buch geschrieben, „Das Kreuz am Ground Zero"[5]. Darin nimmt er den Fund eines kreuzförmigen Stahlträgers aus einem der eingestürzten Türme als Symbol dafür, dass das Kreuz Jesu im Zentrum allen Leids der Geschichte steht. Jesus ist nicht gekommen, um jetzt schon alles Leiden zu verhindern oder wegzunehmen. Er ist gekommen, um es durch seine Gegenwart zu heiligen und zu erlösen. Er war auf Ground Zero im World Trade Center. Er wird bei uns an unserem eigenen Ground Zero sein. Sei es der Tod eines geliebten Angehörigen, eine niederschmetternde medizinische Diagnose oder unser endgültiger Ground Zero, der Tod.

Unser Mitleiden mit Jesus

Im Leiden nimmt nicht nur Jesus an unserem Leben Anteil, sondern auch wir an seinem. Paulus schreibt von der „Gemeinschaft der Leiden Christi" (Philipper 3,10). Immer wieder hören wir mit Erstaunen Berichte von Märtyrern, die sich freuen, dass sie für Jesus leiden dürfen. Das bezieht sich natürlich zunächst auf ein Leiden durch eine Verfolgung *um Jesu Willen*. Aber vielleicht lässt sich das auch auf Leid durch Krankheit oder Unglück übertragen. Jedenfalls sind schon oft Menschen, die ihr eigenes Leid in einem tiefen Vertrauen zu Gott getragen haben, für andere zum Trost geworden und häufig auch zur Ursache, sich ihrerseits auf diesen Gott einzulassen.

Auf alle Fälle nehmen wir aber in Krankheit und Unglück an dem Leiden Gottes an dieser gebrochenen Welt teil. Noch hält er die Gebrochenheit der Welt aus und leidet an der Gefallenheit der Menschen und der Welt, die Not und Leid zum Teil des Leben auf der Erde machen. Leid und Schmerz sind Gott nicht egal, noch findet er sie gut. Sie zerreißen sein Herz. Deswegen war er bereit, sein eigenes Leben hinzugeben, damit das Leid nicht Sieger bleibt. Der Sieg über alle Not hat am Kreuz begonnen. Aber noch ist er nicht endgültig verwirklicht. Wann setzt Gott endlich der Gebrochenheit dieser Welt ein Ende? Darüber gibt uns die Bibel keine Auskunft. Aber eins macht sie ganz deutlich: Die vollständige Erlösung der Welt und der Menschheit ist im Kommen. Bis es soweit ist, hält Gott das Leid aus, so notvoll, zerrissen und sinnlos es ist. Und er mutet uns zu, mit ihm in diesem Leiden zu stehen und die Gefallenheit der Welt auszuhalten. Auch in unserem eigenen Leben. An seiner Seite. Mit ihm an unserer Seite.

Das ist kein Plädoyer für eine Leidensmystik, die Leid an sich für wertvoll und nötig hält, vielleicht gar für die Erlösung. Leid ist in sich immer schrecklich und sinnlos. Dadurch, dass wir mit Gott in seinem Leiden stehen und er mit uns, wird das Leid nicht gut. Aber es wird erlöst. Gott wird es verwandeln, wie er Schuld und Zerbrochenheit verwandeln wird. Das Leid wird zuletzt Frucht bringen, so wie der Tod Jesu Frucht gebracht hat.

DER EXISTENTIELLE BLICK

Einen ganz anderen Blick auf die Frage nach dem Leid finden wir im Buch Hiob. Wir erinnern uns: Hiob wird als der perfekte Fromme geschildert. Er ist gottesfürchtig, barmherzig und in jeder Hinsicht ohne Fehl und Tadel. Dann trifft ihn unermessliches Leid. Gott hat es zugelassen. Seine Freunde, die lange Zeit mit ihm trauern, legen ihm nahe, dass er irgendwo Schuld auf sich geladen haben müsse. Auch wenn er sich dessen nicht bewusst wäre: Er solle umkehren und Gott würde alles wieder in Ordnung bringen. Aber Hiob bleibt ehrlich. Und nirgends wird ihm ein konkretes Versagen zur Last gelegt, geschweige denn eine Schuld. Auch Gott tut das nicht. Und so kämpft Hiob gegen das Leid – und um seine Ehre und um die Wahrheit. Es kommt zu endlosen, zunehmend erbitterten Diskussionen mit seinen Freunden über die von ihnen unterstellten Ursachen seines Leids. Er klagt Gott an: der Richter der Welt ist selbst ungerecht.

Liest man das Buch durch, dann ist es einfach nur ermüdend. Wie das Leid selbst. Endlos. Alles dreht sich im Kreis. Kaum jemand hat das Buch deshalb jemals ganz gelesen. Es ist keine erbauliche Lektüre. Alle theologischen Antworten, alle psychologischen Antworten und alle frommen greifen nicht mehr. Sie kommen zur Sprache, aber sie sind blutleer. Werden hinweggefegt von dem bodenlosen Leid. Und am bedrückendsten: Hiob ist völlig isoliert. Keiner kann ihn mehr verstehen. Selbst Hiobs Frau drängt ihn, diesem Gott alles vor die Füße zu werfen und ihm abzuschwören: Denn Gott ist fern, herzlos und grausam.

Ihn kümmert Hiob nicht. Aber Hiob kann einfach nicht aufhören zu protestieren und zu schreien.

Am Schluss passiert endlich etwas. Gott selbst spricht zu Hiob. Aber anders als erwartet. Er gibt ihm nicht recht. Er überführt ihn auch nicht des Unrechts. Er heilt ihn nicht, rettet ihn nicht, tröstet ihn nicht. Noch nicht. Er spricht nur von seiner unergründlichen Majestät und von der Unfähigkeit Hiobs, sie zu verstehen.

Dann geschieht etwas, was Hiob nur mit wenigen tastenden Worten andeutet:

In meinem Unverstand hab ich geredet von Dingen, die mein Denken übersteigen ... Ich kannte dich ja nur vom Hörensagen; jetzt aber hat mein Auge dich geschaut. (Hiob 42,3+5)

Hiob hat Gott geschaut. Er ist ihm begegnet, mitten im Leid. Gott selbst. Keiner Theologie und keiner Therapie. Keiner Erklärung des Leids. Er hat keine Antworten auf seine Fragen bekommen. Aber er ist Gott begegnet. Hiob ist ein anderer geworden. Das Thema des Leids taucht nicht mehr auf. Obwohl Hiob immer noch krank ist und sein Leben immer noch in Schutt und Asche liegt.

Allerdings nimmt er seine Fragen und seinen Protest zurück. Er schämt sich ihrer sogar. Von außen gesehen ist das unbegreiflich, nicht nachvollziehbar. Aber sein Fragen und Schreien ist „erlöst". Hiob muss nichts mehr fragen. Nicht mehr protestieren. Nicht mehr anklagen. Die Begegnung mit Gott ist so tief gegangen, dass es genug ist. Es ist genug, dass Gott Gott ist und Hiob ihm begegnet. Diese Begegnung hat ihm zwar nicht die Lösung seiner Probleme gebracht, aber den Frieden. Er ist Gott begegnet, der ewigen, unzerstörbaren Liebe. Daran ist seine eigene Liebe entflammt worden. Eine Liebe, die tiefer geht als jedes Verstehen. Tiefer als der Schmerz. Tiefer als der Tod.

In einer Art Nachtrag wird erzählt, wie Hiob alles wieder zurückbekommt. Wie er von Gott voll und ganz gerechtfertigt wird, selbst in den Augen der Kritiker und Gottesverteidiger.

Aber letztlich bleibt er ein Gezeichneter. Gezeichnet vom durchlittenen Leid, vom Verlust. Gezeichnet aber auch von der ewigen Liebe. Darin ist er seinem Erlöser gleich: Auch er, der die Liebe selbst ist, bleibt gezeichnet von dem Leid, das er durchlitten hat. Selbst als Auferstandener: An seinen Wundmalen wird er erkannt.

3. GOTT LIEBEN

Das einzige, was uns in Zeiten des Leides und der Not im Letzten durchträgt, ist die Liebe zu Gott. Eine Liebe, die aus einer Begegnung mit ihm erwächst. Diese Liebe kann auch ohne Verstehen weiter lieben und weiter leben. Liebe wendet sich in ihrer Not an den himmlischen Vater und bittet um Hilfe. Liebe akzeptiert aber auch die Antwort. Sie vertraut darauf, dass Gott hört und dass er sich kümmert. Aber sie schreibt Gott nicht vor, wie seine Antwort aussehen soll.

Liebe lässt Ansprüche los

Wie oft haben wir versucht, mit Gott einen Handel abzuschließen: „Ich glaube an dich, dafür segnest du mich!" Wir halten Gott vor, dass wir ein Recht auf Wohlergehen hätten. Es gibt Christen, die verwechseln Glauben mit einem Wunschzettel und werden dann wütend auf Gott, wenn es nicht klappt. Sie sind in einer kindlichen Form der Spiritualität stecken geblieben, die vor allem sich selbst liebt. Echte Liebe lässt Ansprüche an den Geliebten los.

Ein ältere Dame erzählte in einem sehr intimen Gespräch über Gott: „Ich habe mich so in ihn verliebt!" Und: „Es tut mir so weh, zu sehen, welch anspruchsvolle Haltung manche Christen gegenüber Gott haben!"

Liebst du mich immer noch?

Ein reife Liebe liebt bedingungslos – in guten wie in schlechten Tagen. In dieser Liebe haben wir uns an eine Person, an Gott, gebunden. Nicht an das, was er für uns tun soll.

Als unser Sohn sechs Jahre als war, wurde er sehr schwer krank. Nach einem Blinddarmdurchbruch ging alles schief, was medizinisch schiefgehen konnte. Er bekam eine schwere Bauchfellentzündung mit einer folgenden Blutvergiftung. Fünf Wochen lang lag er auf der Intensivstation, teilweise im künstlichen Koma. Eine Zeitlang wussten die Ärzte nicht, ob er überleben würde. Alle zwei oder drei Tage kam er wieder in den OP-Saal; stückweise mussten immer weitere Teile seines Darmes entfernt werden, weil das Gewebe unter der heftigen Entzündung abgestorben war. Eines Tages saß ich (U) während so einer OP im Garten der Klinik und wartete darauf, dass ich wieder zu unserem Sohn konnte. Ich konnte weder fühlen noch denken noch beten. Dennoch hörte ich da auf der Bank plötzlich die leise Stimme Gottes in mir fragen: „Wenn ich euren Sohn jetzt zu mir nehme, liebst du mich immer noch?" Wie sollte ich so eine Frage beantworten können! Schluchzend warf ich Gott unzusammenhängende Gedankenbrocken hin: „Herr, es ist mir völlig unvorstellbar, den Tod eines Kindes seelisch überleben zu können ... Und doch weiß ich, dass andere Eltern das tun müssen ... Ja, es ist wahr, dass unser Sohn noch mehr dein Kind ist als unseres und dass du ihn mehr liebst, als wir ihn je lieben könnten ... Ich weiß aber auch, wenn du unseren Sohn sterben lässt, brauche ich dich, um das zu überstehen! ... Ja, ich würde dich immer noch lieben."

Das war in dem Moment überhaupt kein glaubendes Bekenntnis, sondern ein tiefer Verzweiflungsschrei, mit dem ich mich an Gott festklammerte. Zum Glück hat Gott mein Liebesbekenntnis damals nicht getestet, sondern ließ unseren Sohn gesund werden, so dass er heute keinerlei Nachwirkungen mehr spürt.

Manchmal fragt Gott uns mitten im Leid: „Liebst du mich immer noch? – Auch wenn deine Wünsche und tiefsten Sehnsüchte sich nicht erfüllen? Liebst du MICH? Liebst du mich mehr als alles, was ich für dich tun könnte?"

Wenn ich auf einem Seminar die Geschichte von unserem Sohn erzähle, habe ich immer wieder erlebt, dass hinterher Mütter zu mir kommen, denen Gott in schwerer Krankheit eines Kindes oder nach einer Fehlgeburt die gleiche Frage gestellt hat:

„Liebst du mich immer noch? Liebst du mich genug, um deine Bitterkeit gegen mich loszulassen?" Wie Abraham stehen wir vor der Herausforderung, Gott mehr zu lieben als den verheißenen Sohn, mehr als den erhofften Segen. Auch uns bittet Gott um das Vertrauen und die Liebe des Abraham.

Hier entscheidet sich, ob unser Glaube ein Schönwetter-Glaube oder ein Allwetter-Glaube ist, ob er weiter wächst oder in Bitterkeit und Vorwürfen gegen Gott steckenbleibt. Es gibt Zeiten, da sprechen wir unser Liebesbekenntnis nur unter Tränen und nur mit dem Willen aus. Und wir schreien verzweifelt zu Gott um Hilfe, damit er selbst unsere Liebe zu ihm bewahrt. Wir fühlen dabei keinen Mut, keine Zuversicht und keinen Glauben. Und dennoch ist genau das der Glaube, der durch ein ganzes Leben durchträgt. Das ist eine Gottesliebe, die die Welt verändert.

4. HOFFEN KÖNNEN

Man kann aber auch auf der anderen Seite vom Pferd fallen und Gott so klein machen, dass er in diese irdische Welt hineinpasst. Dann sehen wir nur noch die gefallene Schöpfung mit ihrem Leid und ihrer Not. Wir verlieren aus den Augen, dass Jesus schon gekommen ist, um die Erlösung dieser Welt einzuleiten. Wir vergessen, dass wir den Heiligen Geist schon als Angeld auf die vollkommene neue Welt bekommen haben und dass dieser Geist uns immer wieder zeichenhaft die Kräfte der kommenden Welt erleben lässt.

Nachuntersuchungen bei unserem Sohn in den folgenden Jahren brachten mehrmals unerwartete Ergebnisse: Ein Arzt war sehr erstaunt, dass alle Blutwerte in bester Ordnung waren, wo doch das Fehlen von Teilen des Darmes etwas ganz anderes erwarten lassen würde. Einen anderen der damals involvierten Chirurgen traf ich nach Jahren wieder und er erkundigte sich nach unserem Sohn. Ich erzählte, dass er gesund und glücklich und ein begeisterter Sportler sei. Der Chirurg wollte es kaum glauben, dass seine Bauchdecke nach 16 Operationen stabil genug sein könnte, dass er ohne Beschwerden

Sport machen könnte. Aber alle Schmerzen und Beschwerden hatten im Verlauf von drei Jahren völlig aufgehört.

Gott auch im Leid weiter zu lieben, bedeutet nicht, dass wir uns resignativ mit dem Leid bei uns und bei anderen abfinden. Resignation wäre ein Leugnen der Liebe Gottes zu uns.

GOTT KONKRET HÖREN

Wie aber finden wir nun den richtigen Weg zwischen einem liebenden Glauben, der fest auf ein Eingreifen Gottes vertraut, und einem Glauben, der Gott weiterhin liebt, auch wenn sein Eingreifen nicht so aussieht, wie wir es wünschen? Nur im Hören auf Gott können wir verstehen, welche Form von Liebe und Glaube Gott in jedem Moment bei uns sucht: Will er hier ein Wunder für uns tun und uns aus der Not befreien? Können wir uns hier auf seine Verheißung berufen und daran festhalten, bis wir ihre Erfüllung sehen? Oder will er hier mit uns durch das Leid gehen? Sucht er hier eine Liebe bei uns, die größer ist als alle Sehnsucht nach Segen?

So kann es weise sein, das folgende bekannte Gebet zu beten[6]:

Gott, schenke mir die Gelassenheit,
Dinge hinzunehmen, die ich nicht ändern kann,
den Mut, Dinge zu ändern, die in meiner Macht stehen, –
und wir fügen hinzu: den Glauben, dass du ein Gott bist, der Wunder tut und dir nichts unmöglich ist –
und die Weisheit, das eine vom anderen zu unterscheiden.

EIGENE GEDANKEN UND GEBET

1. Wie habe ich Gott in meinen Not-Zeiten erlebt?

2. Kann ich ihn mehr lieben als das, was er tut?

3. Wie finde ich den Weg von einem Glauben an Wunder zu einem Glauben an Gott als Person, die Wunder tut, mich aber auch in der Zerbrochenheit der Welt begleitet, ohne sie jetzt schon immer aufzulösen?

4. Habe ich manchmal die Hoffnung aufgegeben, dass Gott eingreifen könnte?

NOTIZEN

SEGEN

NN, der Herr segne dich mit der Entschlossenheit und der Kraft, an ihm festzuhalten, egal, was geschieht. Er gebe dir Geduld, die in Schwierigkeiten standhält; und das Vertrauen, dass er dennoch gut ist und alles für dich tun kann.

NN, der Herr segne dich mit einer tiefen Berührung durch das Mitleiden und das Erbarmen Jesu. Er segne dich mit einer tiefen Begegnung mit ihm gerade in den schmerzvollsten Zeiten. Er segne dich mit einer Liebe zu ihm, die bedingungslos liebt und alle Ansprüche loslässt.

Und er segne dich, *NN*, mit dem Glauben, dass er Wunder tut und Himmel und Erde in Bewegung setzt, um dich aus deiner Not zu retten.

Anmerkungen

1 E. u. J. Whitehead, S. 55.

2 Pete Greig, *Offline: Warum antwortest Du nicht, Gott?*, Brunnen Verlag 2009.

3 Siehe das Buch Hiob im Alten Testament.

4 Siehe dazu Kapitel 5.

5 Benedict J. Groeschel, *The Cross at Ground Zero,* Our Sunday Visitor, 2002.

6 In der Formulierung von Reinhold Niebuhr (deutsch-amerikanischer Theologe), ca. 1940.

9. URTEILSFÄHIGKEIT GEWINNEN

1. URTEILSFÄHIGKEIT GEWINNEN

OFFENE FRAGEN AUSHALTEN

Verunsicherung

Für junge Menschen scheint die Welt oft klar zu sein: Es gibt Gut und Böse, Richtig und Falsch, Schwarz und Weiß. Und es ist eindeutig erkennbar, was es jeweils ist. Mit zunehmender Reife lernen wir es aber, Zwischentöne und Farbschattierungen wahrzunehmen. Wir stehen auf einmal in Situationen, in denen das, was wir eindeutig für gut gehalten haben, nicht passt und sich sogar als falsch erweisen könnte. Wir bemerken, dass das Richtige zum falschen Zeitpunkt überhaupt nicht hilfreich sein kann. Wir stehen vor komplexen Situationen, die es zwar früher auch schon gegeben hat, die wir aber bisher nur sehr holzschnittartig wahrgenommen haben. Jetzt fangen wir an, die Differenzierungen, die unterschiedlichen Facetten und Details, die verschiedensten Zusammenhänge und Auswirkungen zu bemerken. Und auf einmal sind wir gar nicht mehr sicher, wie diese Situation angemessen zu beurteilen ist – und was dementsprechend die richtige Antwort wäre.

Er erfährt, wie kompliziert die Dinge sind, wie wenig man mit einfachen Normen durchkommt, es vielmehr immerfort heißt: einerseits – andererseits … Er merkt, wie irreal oft die absoluten Prinzipien sind; dass daher immer wieder vollzogen werden muss, was zu vollziehen der junge Mensch sich so schwer entschließen kann, nämlich Kompromisse, in denen die Möglichkeit der Verwirklichung mit Abstrichen an die Absolutheit der Forderung erkauft wird.[1]

Auch wenn sich das wie eine Verunsicherung anfühlt, eine Aufweichung oder wie falsche Kompromisse, so ist es doch ein notwendiger Reifeschritt – auch im Glauben. Unsere Wahrnehmung der Welt und der Wirklichkeit des Glaubens verliert an holzschnittartiger Eindeutigkeit. Aber sie gewinnt Differenziertheit, Vielfalt, Realitätsbezug und damit Echtheit.

Wir können uns gegen die Verunsicherung verschließen, die dieser Reifeschritt auslöst. Die einen halten an ihren bisherigen Schwarz-Weiß-Schemata fest und werden zu Prinzipienreitern oder zu Idealisten, die ihren Illusionen von Wirklichkeit nachhängen. Im schlimmsten Fall werden solche Menschen zu Fanatikern. Andere geben mit der Eindeutigkeit der Jugend auch die Integrität ihres Herzens auf. Sie leisten dem Zeitgeist keinen Widerstand mehr, halten alles für relativ, wollen keine gültige Wahrheit mehr anerkennen und landen in einer Gleich-Gültigkeit, die in dieser Welt nichts mehr bewirkt.

Tiefer gehen

Aber letztlich wird die Hingabe an Gott durch den Schritt der Differenzierung nur noch tiefer. Denn es geht nun nicht mehr um Ideale und Prinzipien Gottes – so sehr es diese gibt! – sondern darum, ihn selbst mehr und mehr als Person zu lieben, auch in Punkten, in denen er uns unverständlich ist. Dabei vertieft sich zugleich die Integrität unseres Charakters, unsere Nachfolge und unsere Verwandlung in das Bild Christi. Wir schauen genauer hin. Und entdecken dabei zum Beispiel, dass unsere liebevolle Haltung in Wirklichkeit eher ein Davonlaufen vor Konflikten war. Oder dass die moralischen Forderungen, auf denen wir so energisch bestanden haben, tatsächlich ein Ausdruck unserer eigenen Angst und unseres schlechten Gewissens waren, dass wir selbst diesen Forderungen nicht ausreichend entsprechen.

Wir sind an den Punkt gekommen, genauer hinzuschauen, ehrlicher zu werden, tiefer zu graben. Das kann auch bedeuten, aushalten zu müssen, dass es für eine ganze Reihe von Fragen keine Lösungen oder Antworten gibt.

DIE ANSPRUCHSVOLLE BOTSCHAFT DER BIBEL

Wir entdecken, dass die Botschaft der Bibel doch sehr viel herausfordernder ist, als wir bisher gedacht haben. Sie ist kein einfaches Lehrbuch zu den Grundfragen der Welt und des Lebens. Ihre Sichtweise ist vielmehr vielfältig und oft komplex. Sie schaut von unterschiedlichen Blickwinkeln auf ein Thema und scheint deshalb manchmal geradezu widersprüchlich. So haben wir gleich zu Beginn der Bibel zwei – unterschiedliche! – Schöpfungserzählungen hintereinander, in 1.Mose 1 und 2. Wir haben vier Evangelien statt nur eines, die manches unterschiedlich erzählen und bewerten. Schon die ersten Christen taten sich mit dieser Vielfalt schwer. Etwa in Korinth: Die einen hielten es mit der Sichtweise des Paulus, der die Gemeinde gegründet hatte. Andere entschieden sich lieber für die des Apollos, der sie weiterentwickelt und zur Blüte geführt hatte. Er sah offensichtlich manches anders als Paulus – ob wegen veränderter Umstände oder grundsätzlich, wissen wir nicht. Wieder andere hielten sich lieber an das, was Petrus betonte. Und die ganz Frommen wollten nur an Christus glauben – natürlich so, wie sie ihn verstanden. Paulus widerspricht ihnen allen![2]

Auch in unserem Zusammenhang betrifft das einige Themen:

- Die schon beschriebene Spannung zwischen dem Schon-Jetzt des Heils und dem Noch-Nicht der Vollendung lässt sich in vielen Fällen eben nicht wirklich auflösen.
- Zugleich alter und neuer Mensch? Was heißt das für unser Leben? Unsere Wünsche und Verhaltensweisen sind ja nicht eindeutig beschriftet: „Das ist der neue Mensch". Vieles bleibt für die Interpretation offen: Ist das nun echte Liebe, oder ist es eher Egoismus in frommer Verkleidung? Oder vielleicht von beidem etwas? Haben wir vielleicht gemischte Motive – und das trotz und in unserer Radikalität? Kann es sein, dass unser Kampf für die Ehre Gottes von eigener Rechthaberei durchzogen ist? Dass sich in unsere glühende Jesusliebe Intoleranz gemischt hat? Dass unsere Hingabe an die Ausbreitung des Reiches Gottes sich mit sehr irdischem

Erfolgsdenken verbindet? Dass unsere Formel also heißt: „Jesus plus Ich"?

- Wie hängt die unverdiente Gnade Gottes mit unseren eigenen Entscheidungen und Handlungen zusammen? Ist es egal, was wir tun, weil die Gnade Gottes ja doch immer größer ist? So wie Paulus es im Römerbrief diskutiert: „Heißt das nun, dass wir sündigen dürfen, weil wir nicht unter dem Gesetz stehen, sondern unter der Gnade? Keineswegs!" (Römer 6,15) Wie bringe ich diese Gnade Gottes und die Aufforderung zum Halten der Gebote Gottes zusammen?
- Die Erklärung für das Leid, die das Buch der Sprüche zeigt („Dem Gottesfürchtigen wird es gut ergehen! Leid erlebt nur der Ungerechte."), erfährt im Buch Hiob nicht nur Widerspruch, sondern wird dramatisch korrigiert.

Zur Reife gehört die Fähigkeit, nicht auf alles eine Antwort haben zu müssen. Als wir jung waren, dachten wir, wir hätten alles Wesentliche verstanden und müssten es nur noch mit großer Entschiedenheit umsetzen. Einfach radikal leben! Oder wir müssten nur noch ein paar Spezialgebiete meistern, dann hätten wir alles im Griff. Je älter wir werden, desto mehr erkennen wir, wieviel wir nicht verstehen und auf dieser Erde wohl auch nie verstehen werden. Das liegt zum einen an unserer eigenen Begrenztheit. Und zum andern an der unendlichen Vielfalt und Fülle Gottes, die sich wenigstens in Ansätzen in seiner Schöpfung widerspiegelt.

Für viele Fragen, die uns heute beschäftigen, gibt uns die Bibel keine direkten Antworten, weil diese Fragen in der biblischen Zeit überhaupt nicht gestellt wurden. Um Antworten für unsere heutige Situation zu finden, müssen wir dann mehrere Faktoren sorgfältig untersuchen und abwägen: Wie haben andere Menschen zu anderen Zeiten der Geschichte des Volkes Gottes diese Fragen für sich beantwortet? Wie hängt das mit der gesamten biblischen Botschaft zusammen? Wie hat sich diese Botschaft durch das Kommen Jesu in der „Fülle der Zeit" verändert? Und dann noch eine tiefere und anspruchsvollere

Ebene: Was sind die Grundzüge des Wesens Gottes, wie Jesus es offenbart hat? Verschiedene Christen kommen da bei manchen Fragen zu verschiedenen Schlussfolgerungen. Nennen wir nur ein paar Beispiele:

- Die Taufe: Das Neue Testament macht keine Aussage, wie mit Kindern gläubiger Eltern verfahren werden soll. Alle biblischen Taufberichte betreffen Gläubige der ersten Generation. Von der zweiten Generation wird nichts berichtet – weder eine Säuglingstaufe noch eine Erwachsenentaufe. Wie wollen wir das als Gemeinde handhaben?
- Das Wirtschaftssystem: Die überwiegend agrarischen Gesellschaften der Antike und der Bibel kannten kein modernes Bankensystem, keine internationalen Konzerne und keine globalisierte Wirtschaft. Welche Position sollen wir als Christen hier heute einnehmen?
- Die Naturwissenschaften: Was kann und was darf die moderne naturwissenschaftliche und medizinische Forschung? Wo stellt sie sich Gott entgegen? Wo handelt sie im Auftrag Gottes?

Solche Fragen lassen sich nicht leicht lösen. Um da Klärungen zu finden, kommen wir nicht umhin, die Bibel wirklich zu studieren und einen differenzierten und intelligenten Umgang mit ihr zu lernen. Natürlich müssen wir auch die betreffenden Fakten der Wirtschaft, der Wissenschaft oder der Kirchengeschichte genau anschauen. Nicht jedem liegt das. Es hat auch nicht jeder die Zeit dazu, sich gründlich mit der Bibel und aktuellen Themen zu beschäftigen. Selbst wenn man zu alledem in der Lage wäre: Bei manchen Fragen lässt sich keine abschließende Antwort finden. Auch das ist ein Stück Reife: zuzugeben, dass man zu einem bestimmten Thema von der Bibel her keine definitiven Aussagen machen kann, weil man zu wenig weiß. Anders ausgedrückt: Reife heißt, Fragen offenlassen zu können. Reife heißt, den Wert unterschiedlicher Positionen zu erkennen und zu schätzen. Reife heißt, immer weiter zu lernen und das Alte im

Licht neuer Erkenntnisse zu überprüfen, zu modifizieren oder zu korrigieren, wo das erforderlich ist.

2. GEISTLICHE FRAGEN PRÜFEN

Prüft alles und behaltet das Gute! (1.Thessalonicher 5,21)

Bei vielen Themen des gelebten Glaubens kommen wir aber nicht daran vorbei, uns eine Meinung dazu bilden zu müssen: Was ist eine christliche Lebensführung? Wie kann ich Beziehungen nach dem Willen Gottes gestalten? Was bedeutet Dienst für Gott im Alltag und in der Gemeinde? Wie verstehe ich die Erlösung und Sündenvergebung? Und diese Beispiele sind nur ein kleiner Ausschnitt.

EIN EIGENES URTEIL ENTWICKELN

Die geistlichen Grundwahrheiten des Lebens als Christ haben wir von unseren Eltern, in unserer Gemeinde oder von unseren geistlichen Lehrern vermittelt bekommen. So beginnt jedes Lernen: am Modell, in der Nachahmung bewunderter Vorbilder. Mit zunehmender Reife aber beginnen wir eigene geistliche Überzeugungen zu entwickeln. Es reicht uns nicht mehr, dass andere es so sagen und leben. Wir müssen für uns selbst finden, wie der Glaube in unserem eigenen Leben praktisch werden soll. Es ist immer hilfreich, wenn man weise, reifere Christen nach ihrem Rat und ihren Erfahrungen fragen kann. Aber wir müssen es doch lernen, diese Ratschläge für uns selbst zu überprüfen und sie für unsere Situation, unsere Persönlichkeit und Berufung anzupassen.

Ein geistliches Werk mit Niederlassungen in mehreren Ländern hatte jahrelang in einem Land einen regionalen Leiter, der zunehmend in die Esoterik abglitt. Schließlich wurde die internationale Leiterschaft darauf aufmerksam und setzte nach genauerer Untersuchung diesen Leiter ab. Sie fragten die Mitarbeiter dieser Niederlassung: „Warum habt ihr denn nicht früher etwas gesagt?" Die antworteten darauf: „Wir sind ja keine Theologen. Wir können das nicht beurteilen."

Auch normale Gemeindeglieder sollen reif werden, um die Haltung, Lehre und Lebensführung eines Menschen in einer konstruktiven Weise an biblischen Maßstäben messen zu können. Dafür braucht es kein Theologiestudium, sondern eine eigene Verwurzelung in Christus, gesunden Menschenverstand und solides, reflektiertes Bibelwissen.

Paulus ermutigt jeden Christen dazu, selbst zu prüfen, was er hört, liest oder in einem prophetischen Wort zugesprochen bekommt.

Lasst euch nicht so schnell aus der Fassung bringen und in Schrecken jagen, wenn in einem prophetischen Wort oder einer Rede oder in einem Brief, der angeblich von uns stammt, behauptet wird, der Tag des Herrn sei schon da. (2.Thessalonicher 2,2)

Dieses Prüfen ist die Verantwortung jedes mündigen Christen. Es bezieht sich auf alles, was den Anspruch erhebt, geistlich zu sein. Natürlich müssen wir nicht über andere Gemeinden oder Bewegungen urteilen, wenn wir mit ihnen gar nichts zu tun haben. Aber alles, was an uns herangetragen wird, was in unserer Gemeinde gelehrt und gesagt wird, was uns mit einem Anspruch auf geistliche Wahrheit entgegentritt, fällt in unseren Verantwortungsbereich. Für all das haben wir die Aufgabe, eine eigene vor Gott verantwortete Position zu finden. Das gilt für Predigten genauso wie für Bücher, Vorträge, Zeugnisse, Prophetien, Eindrücke und motivierende Visionen für die Gemeinde. Und erst recht für persönliche Ratschläge an mich.

In manchen Gemeinden wird dieses Prüfen nicht gerne gesehen. Die einzigen, die dort prüfen dürfen, sind der Pastor und vielleicht noch die Ältesten. Die Gemeindeglieder aber sollen deren Urteil vertrauen und es nicht hinterfragen. Das wäre sonst Rebellion. Paulus dagegen fordert alle zum eigenen Prüfen auf und hat den mündigen Gläubigen vor Augen, wenn er schreibt:

Wir sind dann nicht mehr wie unmündige Kinder, die kein festes Ur-
teil haben und auf dem Meer der Meinungen umhergetrieben werden
wie ein Schiff von den Winden. Wir fallen nicht auf das falsche Spiel
herein, mit dem betrügerische Menschen andere zum Irrtum verfüh-
ren. (Epheser 4,14 GNB)

In unreifen Gemeinden stoßen Gläubige, die in ihrem Glauben
reifer werden, oft auf wachsenden Widerstand. Wenn das eigene
Denken unerwünscht ist, werden die Mündigen die Gemeinde
über kurz oder lang verlassen. Zu Recht!

KRITERIEN DER PRÜFUNG

Bestätigung durch Wunder?

Manchmal erscheint vielleicht der geistliche Anspruch einer
Predigt oder einer Lehre ganz offensichtlich berechtigt: Gott bestätigt das Wort dieses Mannes oder dieser Frau mit begleitenden
Wundern und Zeichen. Müssen wir da noch prüfen? Ist nicht
der Segen offensichtlich? Auch Paulus hat ja Wunder angeführt
als Beweis für seinen Anspruch, ein Apostel zu sein (2.Korinther
12,12). Kann man nicht an den Auswirkungen eines Dienstes
ablesen, dass dieser Mensch ein geistliches, heiliges Leben führt
und daher recht hat in dem, was er lehrt, auch wenn wir selbst
das bisher nicht so gesehen haben? Durch uns tut Gott aber ja
auch keine Wunder. Wie sollten wir dann geeignet sein, diesen
Menschen zu hinterfragen?

Dennoch haben wir in der Geschichte Gottes mit seiner Gemeinde lernen müssen, dass das tatsächlich zweierlei ist: die
Vollmacht, Wunder oder Heilungen zu vollbringen einerseits,
und die geistliche Befähigung und Beauftragung zum Lehren
andererseits. Beides sind ganz unterschiedliche Geistesgaben,
wie schon Paulus immer wieder feststellt.[3] Eine dritte Ebene ist
ein Lebensstil der Integrität und Heiligkeit. Das eine lässt nicht
darauf schließen, dass das andere in gleichem Maß oder in gleicher Vollmacht im Leben eines Menschen vorhanden ist. Einige der großen Heilungsevangelisten des letzten Jahrhunderts

erlebten unglaubliche Heilungen in ihren Veranstaltungen. Dennoch war manches, was sie lehrten, schlichtweg falsch[4]. Andere so offensichtlich von Gott begabte Prediger verfielen der Sucht oder in unmoralisches Verhalten. Ihre moralischen (und gelegentlich auch juristischen) Verfehlungen dauerten im Geheimen oft jahrelang an. Dennoch wurden sie in dieser Zeit von Gott gebraucht, um Menschen zum Glauben zu führen, zutreffende prophetische Worte weiterzugeben und Wunder zu wirken. Manche der aktuellen Sekten in Deutschland begannen mit einem Heilungsevangelisten, der sich die Lehrgabe anmaßte. Inzwischen richten die Bewegungen nur noch Chaos und Zerstörung im Leib Christi an und verführen viele zum Abfall. International sehen wir an vielen Stellen ähnliche Dynamiken. Schon Jesus hat gewarnt:

„Am Tag des Gerichts werden viele zu mir sagen: ‚Herr, Herr! In deinem Namen haben wir prophetische Weisungen verkündet, in deinem Namen haben wir böse Geister ausgetrieben und viele Wunder getan.' Und trotzdem werde ich das Urteil sprechen: ‚Ich habe euch nie gekannt. Ihr habt versäumt, nach Gottes Willen zu leben; geht mir aus den Augen!'" (Matthäus 7,22-23 GNB)

Warum tut Gott auf das Gebet von irrenden und unheiligen Menschen hin so große Wunder? Vermutlich, weil er unendlich gnädig ist und auch durch uns trotz Sündhaftigkeit und trotz unseres Unverständnisses handelt.

Daraus lernen wir: Wunder bestätigen nicht unbedingt, dass die Lehre oder das Leben eines Menschen den biblischen Maßstäben entspricht.

Denn es wird mancher falsche Messias und mancher falsche Prophet auftreten und sie werden große Zeichen und Wunder tun. (Matthäus 24,24)

Lehre aufgrund prophetischer Offenbarung?
Genauso wenig beweist eine prophetische Begabung, dass ein Mensch in allen Punkten die Absichten Gottes versteht. Die

Vineyard-Bewegung hat nach Problemen mit den großen Männern der Prophetenbewegung in den 90er Jahren gelernt, den Propheten immer einen Lehrer zur Seite zu stellen. Der musste den Propheten korrigieren, sobald der nicht in seiner Gabe der Offenbarung wirkte, sondern anfing zu lehren.

Selbst die zutreffendsten prophetischen Worte sind in der Regel situationsbezogen und oft nur für einzelne Personen bestimmt und daher nicht unbedingt auf andere Menschen und andere Situationen übertragbar. Eine echte biblische Lehre muss aber eine größere Allgemeingültigkeit besitzen. Sie muss dem Anspruch genügen, grundsätzlicher, personen- und zeitübergreifend das Wirken Gottes zu deuten.

Ein Prediger erzählte, wie Gott ihn in einem inneren Bild einen Lagerraum im Himmel sehen ließ, in dem menschliche Organe aufbewahrt waren. Dieses Bild gab ihm den Mut, bei dem Mann, für den er gerade um Heilung betete, an ein schöpferisches Wunder zu glauben. Er wagte es deshalb, zu erwarten, dass Gott eine Drüse im Körper dieses Mannes erschaffen würde, die ihm von Geburt an fehlte. Und Gott tat dieses Wunder. Nach dem Gottesdienst kam eine Bekannte ganz aufgeregt auf uns zu: „Wusstet ihr, dass es im Himmel einen solchen Lagerraum gibt?" – Nein, einen solchen Lagerraum „gibt" es nicht. Der Gott der Bibel erschafft Menschen, aber nicht Teile von Menschen auf Vorrat. Dieses Bild zeigte nicht eine himmlische Realität, sondern war eine bildhafte Inspiration zum mutigen Glauben.

Prophetische Visionen sind selten Abbildungen einer Realität. Viel öfter vermitteln sie symbolische Botschaften, ermutigen und inspirieren. Ähnliches trifft auf Nahtod-Erfahrungen oder Berichte von Himmelsreisen zu. Im besten Fall beschreiben sie eine symbolische Erfahrung, die ein Einzelner mit Gott gemacht hat. Aber sie können und wollen keine faktischen Aussagen über den Himmel (oder die Hölle) machen.

Mehrere bewegende Bücher von Kindern mit Nahtod-Erfahrungen kamen in den letzten Jahren auf die christlichen Büchertische. Eines dieser Kinder berichtete, wie es im Himmel den Kampf der Engel und Gläubigen gegen die bösen Mächte beobachten konnte. Eine Frau, die dieses Buch gelesen hatte, fragte ganz erschrocken, ob denn nicht im Himmel die Kämpfe endlich vorbei seien. – Ja natürlich ist in der neuen Welt Gottes der endgültige Sieg errungen, und böse Mächte haben dort keinen Zugang!

Dieses Kind hatte im Rahmen seiner kindlichen Bildwelt offensichtlich eine sehr bewegende Begegnung mit Gott gehabt. Mit seinem kindlichen Verstand deutete es diese Erfahrungen. Aber aus seinem persönlichen Erleben lassen sich keine generellen Lehren über den Himmel ableiten. Wie soll ein Mensch, zudem ein Kind, diese alles Verstehen übersteigende Realität der neuen Welt Gottes begreifen können? Selbst Paulus berichtet, dass er dort „unaussprechliche Worte" hörte. Keine weitere Beschreibung bekommen wir von diesem Apostel, auf dessen Wort doch die Gemeinde gebaut ist (Epheser 2,20).

Die katholische Kirche hat seit vielen Jahrhunderten Erfahrungen von Mystikern und deren Visionen und Offenbarungen zum Teil systematisch analysiert und ausgewertet. Daraus hat sie eine weise Richtlinie entwickelt: Sie lehrt, dass solche „Privatoffenbarungen", also Offenbarungen, die an Einzelpersonen ergehen, nicht Gegenstand des Glaubens sind. Sie können uns zwar in unserem Weg mit Gott inspirieren und ermutigen, aber sie geben keine objektive Realität wieder, die Inhalt geistlicher Lehre sein könnte.

Manchmal liegen den Zeugnissen, die im Gottesdienst erzählt werden, oder den prophetischen Offenbarungen zwar persönliche Erfahrungen zugrunde. Aber ob es tatsächlich immer Erfahrungen mit Gott waren? Manches klingt doch eher nach einer Begegnung mit dem alten Menschen oder der eigenen Lieblingsidee als nach einer echten Gottesbegegnung. Seelische Visionen und Offenbarungen sind unserer Erfahrung nach gar nicht so selten.

An der Schrift prüfen

Anhand welcher Kriterien werden dann die Gültigkeit von Predigten, Prophetien oder Lehren geprüft? Sie werden an den Aussagen der Bibel, insbesondere denen des Neuen Testaments, geprüft. Dabei geht es nicht um einzelne aus dem Zusammenhang genommene Aussagen oder Verse, sondern um das gesamte Zeugnis der Schrift zu einem Thema und um den Geist der Schrift und das grundlegende Wesen Gottes. Dazu braucht es eine gründliche Kenntnis der Bibel in der Breite ihres Zeugnisses und in ihrer geschichtlichen Entfaltung. Einzelne Verse reichen nicht aus, um eine Sicht zu begründen; sie bilden eine zu schmale Basis.

Auch Kenntnisse der Kirchengeschichte sind hilfreich. Denn wir sind nicht die ersten, die versuchen, den Glauben zu gestalten. Weniges, was heute geschieht, ist wirklich neu und originell. Vieles war schon einmal da. Erfahrungen der Vergangenheit können zeigen, welche Folgen eine bestimmte Auslegung, Lehre oder Praxis auf längere Sicht haben kann.

3. GLAUBE UND GEFÜHLE

Welche Rolle spielen nun unsere Gefühle beim Prüfen und Urteilen, oder überhaupt in unserem geistlichen Leben? Traditionell gibt es in manchen Frömmigkeitsrichtungen eine Abwertung von Gefühlen als unwichtig oder sogar trügerisch. „Schwärmer" oder „Ekstatiker" sind dann als negative Etiketten schnell bei der Hand, wenn andere nicht der eigenen „Nüchternheit" entsprechen. Andere Formen von Spiritualität konzentrieren sich dagegen auf das Gefühl: „Es ist nur das echt im Glauben, was mich emotional bewegt." Glaube ohne Gefühle ist für diese Menschen eine tote Angelegenheit.

GOTT ERLEBEN

Ich selbst (U) hatte nach einer Kindheit, in der ich bewusst im Glauben gelebt hatte, als 17-jähriger Teenager den Kontakt zu Gott verloren. Jahrelang hatte ich trotz meiner etwas eingefrorenen Gefühlswelt in einem ruhigen Bewusstsein seiner Liebe und Nähe gelebt. Plötzlich kam mir dieses Bewusstsein ohne jeden äußeren Anlass abhanden. Gott verschwand im Nebel. Meine inneren Augen konnten ihn nicht mehr sehen, meine Gefühle erreichten ihn nicht mehr. Meine Gebete verhallten im leeren Raum. – Das waren meine Empfindungen.

Ein Jugendleiter meinte, dass ich wohl eine große Sünde begangen haben müsse. Zum Glück musste ich diese Vermutung nicht lange prüfen. Ich wusste um viele alltägliche Sünden in meinem Leben, aber ich fand keine große Sünde. Meine alltäglichen Sünden waren nichts Neues; mit ihnen rang ich schon lange. Sie hatten all die Jahre die Nähe Gottes nicht verhindert. Das konnte also nicht das Problem sein. Nach einigen Wochen vergeblichen Suchens nach Veränderung wandte ich mich schließlich enttäuscht von Gott ab. Er hatte mich verlassen; nicht ich war von ihm weggegangen. Wie ungerecht! Dann würde ich eben in Zukunft ohne ihn leben.

Ich spürte jedoch, dass es einen innersten Ort in meinem Leben gab, den nur Gott füllen konnte. Also suchte ich erneut verzweifelt danach, seine Nähe wiederzufinden. Ich wusste viel über die Bibel, den Glauben und über Gott. Aber Wissen war nicht das, was ich suchte. Ich suchte Leben. Ich hatte den lebendigen Gott früher schon erfahren. Ich wusste, wie seine Gegenwart „schmeckte". Auf meiner Suche nach ihm fand ich viele verschiedene Theorien über ihn. Ich fand einen ethischen Gott, einen moralischen Gott, einen politischen Gott, einen sozialen Gott, einen theologischen Gott, einen Selbstentfaltungs-Wellness-Gott. Alles, bloß kein Leben. All das war eine hohle Fassade. Es war nichts, worauf ich mich existentiell einlassen konnte. Es hätte nicht getragen. Es waren nichts weiter als bloße Gedanken über Gott, wenn auch teilweise ganz interessant. Aber es blieb im Kopf stecken und bot keine Realität für mein Leben.

„Gott, wo bist DU? Warum kann ich dich nicht finden?" – Eine geistliche Begleiterin riet mir: „Suchen Sie nicht zu sehr. Die Antwort ist ja schon da." Aber für mich schien das nicht zu stimmen. Gott blieb verborgen und unerreichbar.

Als ich schließlich nach fünf Jahren mitten im Theologiestudium die Suche nach Gott und damit auch dieses Studium endgültig aufgeben wollte, hörte ich zum ersten Mal seit Jahren in meinem Her-

zen wieder seine Stimme: „Deine Beziehung zu mir ist mein Problem, nicht deines. Du aber machst mit diesem Studium weiter!" Diese Stimme hatte eine solche Autorität, dass es nichts zu diskutieren gab. Ein halbes Jahr später traf ich Menschen, die mir vom Heiligen Geist erzählten. Was ich nicht mehr zu hoffen gewagt hatte, geschah, als ich mich für den Heiligen Geist öffnete: Mein Herz wurde mit Leben gefüllt, Gott wurde wieder zu einem realen Gegenüber, zu einer Person, mit der ich reden konnte, die erfahrbar war. Mein ganzes Sein empfing ihn und antwortete auf ihn. Was für ein Fest!

In den folgenden Jahren erlebte ich vieles von dem, was wir im 3. Kapitel beschrieben haben: Begeisterung, Radikalität für Gott, Mut zu Neuem – und auch die dazugehörige Unreife.

Eine echte Beziehung zu Gott umfasst alle unsere menschlichen Dimensionen: Leib, Seele, Geist, Wille, Gefühle, Verstand. Wir begegnen als ganze Person einem Gott, der viel tiefer und wahrer Person ist als wir. Natürlich beginnt die Erlösung und das Leben mit Gott oft damit, dass zunächst nur Teile unserer Persönlichkeit erfasst sind. Wir haben eine große Hochachtung vor Menschen, die durch einen Willensakt aufgrund verstandesmäßiger Erkenntnisse oder moralischer Impulse ihr Leben Gott anvertrauen und ihm nachfolgen. Wirklich attraktiv und kraftvoll aber wird ein Glaube, wenn Gott selbst durch den Heiligen Geist immer mehr von uns Besitz ergreift und in uns lebt. Eine echte Begegnung mit Gott kommt nicht durch Glaubensgrundsätze, biblisches Wissen oder moralische Anstrengungen zustande. Sie ist allein ein Geschenk des Heiligen Geistes. Dadurch wird Gott für uns lebendig, erlebbar und real.

Gottes Geist allein macht lebendig; alle menschlichen Möglichkeiten richten nichts aus. (Johannes 6,63 GNB)

Oft beschreiben Glaubende ihre Begegnung mit dem Heiligen Geist mit den Worten: „Der Glaube ist vom Kopf ins Herz gerutscht." Dazu braucht es gar nicht einmal eine Lehre über den Heiligen Geist; es braucht aber sein Wirken. Er allein bewirkt das neue Leben in Menschen, ob wir es ihm explizit zuschreiben oder nicht. Aber der Unterschied zwischen einem *Leben aus dem Geist* und einem *Leben aus geistlichen Überzeugungen* ist doch auffallend sichtbar und spürbar: für den Betroffenen wie auch für seine Umwelt.

GEFÜHLE FÜR GOTT

Das Wirken des Heiligen Geistes, der Gegenwart Gottes in uns, ist zwar keineswegs mit Gefühlen identisch. Dennoch wird die Gegenwart Gottes in uns eine Resonanz in unseren Gefühlen hervorrufen, wenn wir ihm Raum lassen, unsere ganze Person zu ergreifen. Diese Resonanz nimmt zu unterschiedlichen Zeiten in unserem Leben unterschiedliche Formen an. Auch in einer Ehe äußert sich die Liebe füreinander im Lauf der Jahre sehr unterschiedlich. Von „Schmetterlingen" über eine tiefe Freundschaft bis zur Treue trotz gegensätzlicher Gefühle und zu Phasen einer neuen Verliebtheit umfasst eine Liebesbeziehung eine weite Spannbreite. Ebenso ist es mit unserer Liebe zu Gott.

Die Zeit des (Neu-)Aufbruches mit Gott ist der Jugendzeit ähnlich; sie wird von vielen Gefühlen und ihrem Auf und Ab geprägt. Die Psychologie hat beobachtet, dass sich beim Erwachsenen diese intensiven Emotionen verringern. Das bunte Gefühlsleben beruhigt sich. Diese größere Ausgeglichenheit der Gefühle ist Voraussetzung für Treue, Verlässlichkeit und Verantwortung. Hier liegen die neuen Herausforderungen. Ähnlich steht es mit den Gefühlen für Gott; auch sie verblassen nach der Anfangszeit irgendwann wieder. Nun gibt es Zeiten, in denen wir Gottes Gegenwart nicht mehr so stark spüren wie bisher. Unsere Begeisterung ist nicht mehr so überschwänglich. Seine Liebe ist selbstverständlicher geworden, so dass wir nicht mehr so vom Staunen darüber gepackt sind.

Johannes vom Kreuz[5] erklärt, dass Gott uns zuerst verwöhnt, wie eine Mutter ihr neugeborenes Kind. Dann stellt Gott uns auf unsere Füße, wie es die Mutter mit ihrem Kind tut, damit es laufen lernt. Gott entzieht uns in gewisser Weise seine spürbare Nähe. Johannes vom Kreuz nennt das die „Nacht der Sinne".

Von der subjektiven zur objektiven Realität

Nun ist es Zeit für einen sehr wichtigen Wachstumsschritt: zu lernen, dass Gott nahe ist, auch wenn wir ihn nicht spüren. Das war der Schritt, der für mich damals als 17-Jähriger dran gewesen wäre, den aber keiner richtig einordnen konnte. Gottes Liebe und seine Nähe sind objektive Realitäten. Das bedeutet: Sie sind wahr, weil sie aus sich heraus real, fest, gültig sind. Sie sind nicht nur dann wahr, wenn wir sie spüren. Das schmeckt dem Subjektivismus unserer Zeit gar nicht, der glaubt, dass nur das gültig ist, was wir erleben und empfinden. Als wahr gilt in unserer Zeit nur das, was wir „wahrnehmen" wollen. Somit kann jeder seine eigene Wahrheit haben, die aber keine allgemeine Gültigkeit hat. Das ist natürlich eine unreife, geradezu kleinkindhafte Haltung. Gott gegenüber ist das unangemessen. Er ist wirklicher als irgendetwas in dieser Welt. Er ist auch realer als unsere Gefühle. Er liebt uns; durch den Tod Jesu hat er diese Liebe unmissverständlich gezeigt. Er ist nahe, weil er Gott ist. Wie könnte er seinen Geschöpfen nicht nahe sein? Er ist uns nahe, weil er unser Vater ist. Wie könnte er seine Kinder im Stich lassen? Er hat es uns in der Bibel zugesagt. Das gilt! Immer! Gerade auch dann, wenn unsere Gefühle uns etwas ganz anderes sagen.

Gabe oder Geber?

Manche Christen reisen von einer Konferenz zur anderen, von einem Gottesdienst zum nächsten, von Seminar zu Seminar. Sie sind auf der Suche nach der Gegenwart Gottes; tatsächlich aber suchen sie nach geistlichen Gefühlen. Dahinter steht die Annahme: „Je mehr ich spüre, umso näher ist Gott." Irgendwann wird diese Aussage zur Falle. Denn irgendwann verhindert diese Suche, Gott zu *spüren*, eine tatsächliche Begegnung mit Gott. Wir suchen das Prickeln, das Aufregende, das Herzklopfen, wir suchen die Stillung unserer tiefsten Sehnsucht in einem *Fühlen* der Gegenwart Gottes – und damit die Begleiterscheinung statt der Ursache; wir nehmen die Reaktion unserer Gefühle schon für die echte Gegenwart Gottes. Auch wenn Gott auf dieser oder jener Veranstaltung gegenwärtig ist und wirkt: Vielleicht begegnen wir im Letzten nicht mehr ihm, sondern unseren Gefühlen, die durch die Dynamik der Veranstaltung ausgelöst werden? Weil unser Blick vom Geber auf die Gabe verschoben ist. Das behindert unser Wachstum im Glauben, verhindert es sogar zunehmend. Wenn wir die Gabe mehr als den Geber suchen, blockiert das die Begegnung mit Gott. Damit finden wir irgendwann nur noch uns selbst, nicht mehr Gott. Das ist moderner Götzendienst. Und wir verkrümmen uns auf uns selbst hin und verschließen uns damit in uns selbst, ohne dass wir es richtig merken.

Die Rolle der Gefühle

Damit ist nun nicht gesagt, dass Gefühle im Glauben nichts verloren haben. Sie müssen aber den richtigen Platz einnehmen. Gefühle für Gott, Gefühle der Ehrfurcht, Ergriffenheit, Liebe oder Begeisterung kommentieren, begleiten und vertiefen, was in der Begegnung mit Gott in uns geschieht. Sie können ein Zeichen unserer Liebe und Hingabe an ihn sein.

Heilung von seelischen Verletzungen geschieht oft, wenn auch bei weitem nicht immer, durch eine emotional erfahrbare Berührung durch die Liebe Gottes. Gefühle können die Antwort unserer Seele auf seine Berührung sein.

Gefühle weisen uns auch darauf hin, was in unserem Inneren vorgeht, wo wir Heilung brauchen, was wir Gott hinhalten müssen. Angst, Zweifel, Trauer oder Zorn sind wertvolle Hinweise auf Punkte in uns, die wir vor Gott und mit Gott ins Gespräch bringen sollen. Wenn wir diese Gefühle verdrängen und verleugnen, dann versuchen wir, ungeheilte Bereiche unseres Herzens vor uns selbst und damit vor Gott zu verstecken. Das kann nicht gut gehen.

Martin Schleske hat es so formuliert:

Wir sollen lernen, unseren Gefühlen die Wahrheit zu sagen. Darin zeigt sich die Reife eines Menschen, dass er spürt, wie es ihm geht, und dass er sich doch von seinen Gefühlen nicht treiben lässt. Darum soll die Wahrheit die Gefühle berühren, die uns ein starker Antrieb

und eine wirksame Kraft sind, aus der wir leben. Dort soll die Wahr-
heit uns stützen, stärken und lehren! Im streitsüchtigen, religiösen
Denken hat die Wahrheit ihren falschen Ort. Unsere Gedanken sollen
fühlen lernen, und unsere Gefühle sollen hören lernen; sie sollen ler-
nen, auf die Wahrheit zu hören. Dann werde ich nicht glauben, was
ich fühle, sondern werde mich in das hineinfühlen, was ich glaube.
Solch ein Mensch ist nicht nur reif, er ist auch stark![6]

Es kann also in keinem Fall darum gehen, Gefühle als etwas Ver-
dächtiges zu betrachten, das im Glauben keinen Platz hätte. Wir
würden dann einen Teil unseres Menschseins von der Beziehung
mit Gott ausschließen. Wenn ein Glaubender nie emotional auf
das Handeln Gott reagiert, dann liegt die Vermutung nahe, dass
er zutiefst bedürftig ist und Heilung braucht.

So ist es wichtig, dass wir die Rolle der Gefühle für unseren
Glauben verstehen. Gefühle können unseren Glauben begleiten
und vertiefen. Aber sie können ihn nicht definieren. Gott ist
größer als unsere Gefühle. Und geistliches Geschehen, Gottes
Handeln an uns und seine Heilung, ist oft tiefer oder umfassen-
der, als dass unsere Gefühle es immer erfassen könnten. Seelsorger wissen vielmehr, dass zu schnelle, intensive emotionale
Reaktionen einen Menschen sogar gelegentlich gegen das tiefere
Handeln Gott abschirmen können.

Eines Abend betete ich (U) für unsere kleinen Kinder, als ich sie ins
Bett brachte. Mit intensivem Flehen legte ich sie Gott hin und bat um
seinen Segen. Meine Gefühle im Gebet waren tief, leidenschaftlich,
heftig. – Bis ich Gottes Stimme in meinem Herzen hörte: „Du stehst
mir mit deinen Gefühlen im Weg. Tritt beiseite, damit ich deine Kin-
der segnen kann.“

Gefühle folgen – manchmal – der Erfahrung der Nähe Gottes.
Aber sie sind nicht Selbstzweck, nicht das Wesen des Glaubens,
nicht das Ziel unserer Suche. Sie sind im Gebet kein Druckmittel
gegenüber Gott, um erhört zu werden. Sie sind auch nicht identisch mit der Vollmacht Gottes. Es ist ein kostbares Geschenk

Gottes, wenn sich seine Gegenwart in unseren Gefühlen widerspiegelt. Aber der Umkehrschluss ist falsch: dass Gott nicht da ist, wenn ich ihn nicht spüre.

C.S. Lewis schreibt in einem Brief an eine Frau, die eine intensive Erfahrung mit dem Heiligen Geist gemacht hat:

Akzeptieren Sie diese Sinneseindrücke mit Dankbarkeit wie Geburtstagskarten von Gott, aber vergessen Sie nicht, dass sie nur Grüße sind, nicht das richtige Geschenk. Ich meine, dass nicht die Sinneseindrücke das Eigentliche sind. Das Eigentliche ist die Gabe des Heiligen Geistes, die normalerweise nicht – vielleicht niemals – als ein Sinneseindruck oder eine Emotion erlebt werden kann. Diese Sinneseindrücke sind nur die Reaktion Ihres Nervensystems. Verlassen Sie sich nicht auf sie. Sonst könnten Sie denken, wenn die Gefühle einmal gehen und Sie emotional wieder normal sind (wie Sie sicherlich recht bald sein werden), dass auch das Eigentliche Sie verlassen hätte. Aber es wird Sie nicht verlassen haben. Es wird da sein, wenn Sie es nicht spüren können. Vielleicht ist es sogar am aktivsten, wenn Sie es am wenigsten spüren können.[7]

Gott nahe sein

Es bedeutet eine große Befreiung, wenn wir verstehen, dass Gefühle die Gegenwart Gottes begleiten können, aber nicht müssen. Wenn ich bete, kann ich mich darauf verlassen, dass Jesus jetzt bei mir ist. Schließlich hat er zugesagt, bis ans Ende der Welt bei uns zu sein! Das gilt auch in den stillen Gebetsminuten am Morgen, mit einer Tasse Kaffee in der Hand, wenn meine Gefühle noch „schlafen". Und genauso in der hektischen Betriebsamkeit des Tages um mich herum. Es gilt in der Müdigkeit am Abend. Ich brauche keine Gefühle der Andacht in mir zu erzeugen. Er ist da, auch wenn ich überhaupt nichts spüre. Jesus ist sozusagen „schon vor mir" bei mir, da er selbst in mir lebt. Ich muss ihn nicht mit meinen Gefühlen suchen, ich weiß, dass er gegenwärtig ist.

Auf unserem Weg zur Reife im Glauben stehen wir also vor der Herausforderung, von einem subjektiven Glauben zu einem objektiven Glauben zu kommen, von einem Glauben, der auf Gefühlen beruht, zu einem Glauben, der auf der objektiven Realität Gottes gründet. So sind es oft gerade die Zeiten der Wüste, der emotionalen Trockenheit, in denen unser Glaube, das Vertrauen auf Gott, in besonderer Weise gefordert ist und in die Tiefe wächst.

DIE ERSTE LIEBE

An den Engel der Gemeinde in Ephesus schreibe: So spricht Er, der die sieben Sterne in seiner Rechten hält und mitten unter den sieben goldenen Leuchtern einhergeht: „Ich kenne deine Werke und deine Mühe und dein Ausharren; ich weiß: Du kannst die Bösen nicht ertragen, du hast die auf die Probe gestellt, die sich Apostel nennen und es nicht sind, und hast sie als Lügner erkannt. Du hast ausgeharrt und um meines Namens willen Schweres ertragen und bist nicht müde geworden.

Ich werfe dir aber vor, dass du deine erste Liebe verlassen hast. Bedenke, aus welcher Höhe du gefallen bist. Kehr zurück zu deinen ersten Werken! Wenn du nicht umkehrst, werde ich kommen und deinen Leuchter von seiner Stelle wegrücken." (Offenbarung 2,1-5)

Die Gemeinde in Ephesus scheint eine fast vorbildliche Glaubensreife erreicht zu haben: Sie haben „die Bösen nicht ertragen". Sie haben deren Charakter geprüft und dabei sicher auch ihren eigenen Charakter im Licht Gottes angesehen und sich mehr und mehr von Jesus in sein Bild verwandeln lassen. Sie haben die Fähigkeit erworben, zu beurteilen, was mit einem geistlichen Anspruch daher kommt, sogar die, „die sich Apostel nennen, es aber nicht sind"; (offenbar gab es also auch damals schon selbsternannte Apostel.) Sie haben in Geduld ihren Glauben in den Alltag umgesetzt und dabei auch in Anfechtung und Leid an Gott festgehalten. Sie haben wirklich eine bewundernswerte „Höhe" im Glauben erworben. Und doch mahnt Jesus sie, sie seien von dieser Höhe heruntergefallen, weil sie die „erste Liebe" verlassen haben.

Was heißt das? Meint das nicht, dass wir zurück zu der tiefen Bewegtheit der Anfangszeit kommen sollen? Damals, als der Glaube neu und Gott für uns überraschend war und wir von seiner Liebe überwältigt waren? Sollen wir tatsächlich versuchen, wieder den emotionalen Ausnahmezustand unserer ersten Erlebnisse mit Gott in uns zu erzeugen? Es stimmt: Wir haben diese Zeiten nicht nur genossen, sondern wir haben auch enorm davon profitiert; ohne diese Bewegtheit wäre unser Leben völlig anders verlaufen. Dennoch war das irgendwann vorbei. Unser Glaube war nicht mehr so aufregend wie am Anfang. Sollen wir also dorthin zurück? Wer schon einmal versucht hat, vergangene Begeisterung in sich wieder wachzurufen, weiß, was für ein fruchtloses Unterfangen das ist. Das wirkt leicht aufgesetzt, unecht, gespielt.

Wenn wir uns andere Stellen in der Bibel ansehen, wo von der ersten Liebe die Rede ist, wird klar, was Jesus der Gemeinde von Ephesus sagen wollte. Die Propheten Hosea und Jeremia sprechen davon, dass Israel seine erste Liebe, den Bräutigam der Jugendzeit, nämlich seinen Gott, verlassen hat, um anderen Göttern nachzufolgen.[8] Die „erste" Liebe ist die Liebe, die Gott an die „erste Stelle" setzt, ihn als den ersten in unserem Leben liebt – vor allem anderen. Es ist eine Liebe, die Prioritäten setzt: Gott zuerst! So ist offensichtlich auch in Ephesus nicht eine zeitliche Bestimmung der Liebe gemeint („wie damals"), sondern eine qualitative („als ersten"): eine Liebe, die sich Gott konkurrenzlos hingibt. Die „erste Liebe" ist keine Frage der Emotionen der Anfangszeit, sondern der Prioritäten von heute.

Im übrigen muss man sich klar machen, dass der Begriff „Liebe" in der Bibel anders gefüllt ist als bei uns heute. Die Emotionen sind dabei am wenigsten im Blick. Liebe ist vielmehr ein Verhalten, genauer: ein Handeln. Liebe zu Gott zeigt sich im Gehorsam gegen ihn. Liebe zum Mitmenschen besteht in Taten der Liebe. Nicht umsonst ist die lateinische Übersetzung der neutestamentlichen *agape*-Liebe, nämlich *caritas*, zur Bezeichnung für den praktischen Dienst am Nächsten geworden! Und so erläutert Jesus auch selbst, was die Forderung an die Gemeinde in Ephesus bedeutet: sie soll zur ersten Liebe zurückkehren, heißt: „Kehre um und setze *mich* in all deinem Handeln wieder an die erste Stelle!"

Jesus fordert uns also nicht dazu auf, die Gefühle der Anfangszeit wieder zu beleben. Sondern er will den ersten Platz in unserem Leben einnehmen – zu jedem Zeitpunkt unseres Lebens; egal, wie wir uns fühlen. Den ersten Platz – noch vor unserem Wunsch, seine Gegenwart zu spüren. Das soll sich in unserem gesamten Leben zeigen.

4. SEHNSUCHT NACH GOTT

„Mehr von Gott!", „Ich will nicht zufrieden sein!", „Näher zu Dir, mein Gott!". Rufe der Sehnsucht, gesprochen und gesungen in Anbetungszeiten, als Titel von Konferenzen, als Gebet unseres Herzens. Tatsächlich kann nur die Nähe Gottes unsere tiefsten Nöte heilen, unseren Hunger nach Leben stillen, unsere Bedürfnisse beantworten. Es gibt keinen besseren Ort, um das zu suchen, was wir wirklich brauchen. Und wir haben von Gott schon so viel bekommen!

Dennoch bleibt eine Sehnsucht. Gerade bei geistlichen Menschen, die schon viel Nähe Gottes erfahren haben, bleibt ein Wunsch nach einer tieferen Einheit mit ihm, nach einer vollkommenen Welt, nach einer Zeit, in der kein Tod mehr sein wird. Wir „seufzen sehnsüchtig und warten auf die Erlösung" (Römer 8,23). Fast schmerzhaft kann dieses Sehnen werden, so dass es sogar Zeiten geben kann, wo wir es schwer ertragen können.

Diese Sehnsucht gehört zum Leben hier auf der Erde dazu. Sie wird nur punktuell gestillt. Aber solange wir hier leben, bleibt sie letztlich unerfüllt. Das ist nicht „ungeistlich"; es liegt nicht daran, dass wir noch nicht genug Hingabe an Gott gezeigt hätten; wir haben da kein seelsorgerliches Problem; es braucht keinen weiteren Durchbruch; wir haben keine geistliche oder seelische Blockade. Kein geistlicher Fortschritt auf dieser Erde wird uns von dieser Sehnsucht befreien. Im Gegenteil: Es scheint, als ob sie sogar nur noch stärker würde, je älter und reifer wir werden. Sie verstärkt sich, bis Gott den neuen Himmel und die neue Erde heraufführt. Bis dahin bleibt unser Leben, wie Augustinus sagte, „ein heiliges Heimweh"; oder wie Johann Amos Comenius[9] betet:

Ich danke meinem Gott,
der gewollt hat,
dass ich zeitlebens ein Mensch der Sehnsucht sein sollte.
Ich preise dich, mein Erretter,
dass du mir auf der Erde
kein Vaterland und keine Wohnung gegeben hast.
Du hast mich vor der Torheit bewahrt,
das Zufällige für das Wesentliche,
den Weg für das Ziel,
die Herberge für die Wohnung,
die Wanderschaft für das Vaterland zu halten.

EIGENE GEDANKEN UND GEBET

1. Wie geht es mir mit offenen Fragen im Glauben?
2. Wie kann ich meine Urteilsfähigkeit stärken?
3. Wo erlebe ich, dass Gefühle zu meinem Glauben dazugehören?
4. Welche Rolle spielen sie dann?
5. Was versucht, meiner Liebe zu Gott Konkurrenz zu machen und seinen ersten Platz einzunehmen?

NOTIZEN

SEGEN

NN, Der Herr segne dich mit Mut und Gelassenheit angesichts einer komplexen Welt. Du bist nicht darauf angewiesen, dass die Welt einfach ist, um an Ihn glauben zu können. Er segne dich mit dem Mut, unbeantwortbare Fragen zu stellen und ihre Offenheit auszuhalten.

NN, in dir lebt der Heilige Geist und will dich in alle Wahrheit leiten. Er wird dir helfen, geistliche Dinge immer besser zu beurteilen. Du wirst immer öfter erkennen, wo Gott selbst wirkt und wo menschliche oder andere Einflüsse am Werk sind. Er segne dich mit Weisheit. Er hat sie allen verheißen, die darum bitten.

NN, dein Vater will deinen Gefühlen einen angemessenen Platz in deinem Leben geben. Deine Gefühle sollen dein Leben bereichern, aber dich nicht vor sich hertreiben. Sorge dich nicht, ob du Gott fühlst oder nicht, sondern wisse: Er ist immer bei dir!

NN, der Herr segne dich mit Sehnsucht nach ihm, nach größerer Nähe, nach tieferer Hingabe. Er segne dich auch mit der Fähigkeit, es auszuhalten, dass diese Sehnsucht hier auf Erden nie ganz gestillt wird. Er segne dich mit einer brennenden Hoffnung auf die kommende neue Welt Gottes.

Anmerkungen

1 Guardini, *Lebensalter,* S. 40.

2 1.Korinther 1-4.

3 1.Korinther 12,4-11 und 12,28-30; Römer 12,6-8.

4 So nannte William Branham ein Datum für die Wiederkunft Christi, das sich als falsch erwiesen hat. Auch eine Reihe weiterer seiner Lehren und angeblicher Prophetien standen nicht auf biblischem Boden.

5 Johannes vom Kreuz, *Die dunkle Nacht,* Herder-Verlag, Freiburg i.B., 11. Auflage 2013, S. 33.

6 Martin Schleske, *Der Klang. Vom unerhörten Sinn des Lebens,* Kösel-Verlag, 6. Auflage 2012, S. 332.

7 W. H. Lewis Hrsg., *Letters of C.S. Lewis,* 15. Mai 1952; zitiert bei Leanne Payne, *Autobiographie,* Asaph-Verlag 2009, S.66.

8 Beispielsweise Hosea 2,9ff und Jeremia 2,1ff.

9 Johann Amos Comenius (1592-1670) war Bischof der böhmischen Brüdergemeinde und einer der größten Pädagogen seiner Zeit.

10. THOMAS: INTEGRITÄT

Thomas, einer der zwölf engsten Jünger Jesu, ist uns noch weniger bekannt als Maria von Magdala. Aber es gibt viele Parallelen zu ihr. Auch er ist ähnlich geheimnisumwittert. Auch an ihn haben sich negative Klischees geheftet. Das zäheste dieser Klischees verdichtet sich bis heute in seinem Beinamen: „der ungläubige Thomas". Im Deutschen ist diese Bezeichnung sprichwörtlich geworden. Es ist schon ein starkes Stück, einen der Zwölf Apostel, denen Jesus sein Werk anvertraut hat, als ungläubig abzustempeln. In England ist man etwas höflicher; dort spricht man nur vom „doubting Thomas", dem Zweifler Thomas. Beide Etiketten gehen auf die Erzählung zurück, die wir uns gleich noch näher ansehen werden.

Gleichzeitig hat sich an Thomas aber immer schon die geistliche Fantasie entzündet. Ähnlich wie Maria von Magdala galt er in den Kreisen eines frühen esoterischen Christentums als einer der Jünger, die die tiefste „geheime" Erkenntnis über Jesus hatten. Trotz der dürftigen Nachrichten im Neuen Testament wurden unter seinem Namen schon in den ersten Jahrhunderten esoterische Evangelien gefälscht, aber auch fromme Fantasyromane à la Harry Potter verfasst.

Wer ist nun dieser Thomas? Was wissen wir eigentlich von ihm? Aus dem Wenigen, das im Neuen Testament von ihm berichtet wird, ragt die Erzählung seiner Begegnung mit Jesus an Ostern heraus. Nach Maria von Magdala war Jesus am Abend desselben Tags noch den Jüngern in Jerusalem erschienen. Nun richtet das Johannesevangelium den Blick auf Thomas:

Thomas, auch „Didymus" (= „Zwilling") genannt, einer der Zwölf, war nicht dabei gewesen, als Jesus zu den Jüngern gekommen war.

Die anderen erzählten ihm: „Wir haben den Herrn gesehen!"

Er entgegnete ihnen: „Erst muss ich die Nägelmale an seinen Händen sehen; ich muss meinen Finger auf die durchbohrten Stellen und meine Hand in seine durchbohrte Seite legen. Vorher glaube ich es nicht!"

Acht Tage später waren die Jünger wieder beisammen; diesmal war auch Thomas dabei. Die Türen waren abgeschlossen. Jesus kam, trat in ihre Mitte und sprach: „Friede sei mit euch!"

Dann wandte er sich an Thomas und sprach: „Leg deinen Finger hierher und sieh dir meine Hände an! Streck deine Hand aus und lege sie in meine Seitenwunde! Sei nicht ungläubig, sondern gläubig!"

Thomas antwortete ihm und rief: „Mein Herr und mein Gott!"

Jesus sprach zu ihm: „Weil du mich gesehen hast, glaubst du. – Selig sind, die nicht sehen und doch glauben."[1]

DIE VERGANGENHEIT

Wie bei Maria von Magdala ist es auch bei Thomas das Johannesevangelium, das etwas von seiner Persönlichkeit und Bedeutung aufblitzen lässt. In den ersten drei Evangelien erscheint sein Name nur als Bestandteil der Liste der 12 Apostel, die Jesus sich ausgesucht hatte; sonst erfahren wir nichts über ihn. Bei Johannes tritt er zwar insgesamt auch nur dreimal auf, davon zweimal nur sehr kurz. Aber er ist ausgesprochen wichtig. Das macht das Evangelium dadurch klar, dass sein Name sieben Mal erwähnt wird. Das ist ein klassisches Stilmittel des Johannesevangeliums, um wichtige Dinge hervorzuheben: Siebenmal kommt der „Geliebte Jünger" vor, der Autor des Evangeliums. Sieben große „Zeichen" vollbringt Jesus. Mit sieben Bildworten beschreibt Jesus sich als das Lebensbrot, Lebenswasser, den Guten Hirten, die Auferstehung, den Weg usw. Sieben Mal spricht Jesus im Johannesevangelium das große „Ich Bin", eine Formulierung, die im Alten Testament Gott selbst verwendet, wenn er sich offenbart. Und siebenmal wird Thomas erwähnt. Wir müssen also auf ihn achten – es kommt ihm eine zentrale Rolle zu.

Allerdings erfahren wir nichts von seinem Hintergrund. Wir müssen ihn uns geradezu detektivisch erschließen.

Zunächst einmal: „Thomas" ist eigentlich kein Name. Im Aramäischen, der Umgangssprache der Jünger Jesu, bedeutet es einfach „Zwilling"; so wird das in unserem Text auch übersetzt. Im Judentum zur Zeit des Neuen Testaments war bei den Juden nur eine beschränkte Zahl von Vornamen in Verwendung. Die aber kamen sehr häufig vor. Einer der Lieblingsnamen war „Simon"; unter den zwölf Jüngern hießen gleich zwei so. Ein anderer verbreiteter Name war „Jakobus"; auch den gab es zweimal im Zwölferkreis. Nicht zu vergessen „Juda(s)" – den Namen trugen mindestens zwei, wenn nicht sogar drei der Jünger.[2]

Das war natürlich höchst verwirrend, denn es gab keine Nachnamen, anhand derer man die Leute hätte unterscheiden können. So behalf man sich, indem man den einzelnen Personen Beinamen gab: „Simon BarJona" („Sohn des Jochaná"; später nannte Jesus ihn stattdessen „Kephas/Petrus" = „Fels") und „Simon Kananaios/Zelotes" (d.h. „Eiferer"), „Jakobus, Sohn des Alphaios" und „Jakobus, Sohn des Zebedäus", „Judas Iskariot" und „Judas, Sohn des Jakobus" (anderer Beiname: „Taddäus"). „Thomas" ist nun ebenfalls ein Beiname. Sein Rufname war wahrscheinlich ebenfalls „Judas"; das berichten zumindest altkirchliche Quellen. Thomas wurde demnach „Judas Thomas"/ „Judas, der Zwilling" gerufen; schließlich ging man der Einfachheit halber zu „Thomas" über.

Damit wissen wir immerhin, dass Thomas einen Zwillingsbruder hatte, anhand dessen man ihn von anderen unterscheiden konnte. Und damit stellt sich die Frage: Was ist eigentlich mit dem Zwillingsbruder? Er wird nirgends erwähnt. Das ist deshalb interessant, weil Jesus offenbar Brüderpaare gemeinsam berief, und zwar auch in den Zwölferkreis. So treffen wir auf Simon (Petrus) mit seinem Bruder Andreas und Jakobus (Sohn des Zebedäus) mit seinem Bruder Johannes. Der Bruder des Thomas aber fehlt. Das kann eigentlich nur einen Grund haben: Sein Bruder hatte sich der Nachfolge Jesu verweigert. Gestorben war er nicht – denn sonst wäre die Bezeichnung

„Zwilling" als Unterscheidungsmerkmal bedeutungslos geworden. Wenn sich aber der Bruder des Thomas der Nachfolge Jesu verweigerte, dann ging ein Riss durch die Familie. Die Botschaft Jesu hatte zur Spaltung geführt: Der eine folgte Jesus nach, der andere nicht.

Thomas bezahlte für seine Nachfolge einen Preis, der für damalige Menschen viel höher war als für uns heute. Er bezahlte mit dem Zerbruch der Familie. Ähnlich wie in manchen Kulturen noch heute war die Familie damals das Ein und Alles; von ihr her definierte man sich, sie war nicht nur Zuhause, sondern die Grundlage der eigenen Identität. Nur von ihr her hatte man seine Existenzberechtigung. Ohne sie war man heimatlos, schutzlos und oft genug ehrlos (das Schlimmste, was einem widerfahren konnte). Es war genau diese Situation, in die hinein Jesus seine Herausforderung formulierte:

„Wer sich mir anschließen will, muss bereit sein, mit Vater und Mutter zu brechen, ebenso mit Frau und Kindern, mit Brüdern und Schwestern; er muss bereit sein, sogar das eigene Leben aufzugeben. Sonst kann er nicht mein Jünger sein." (Lukas 14,26).

Thomas hat diese Worte Jesu beherzigt. Er nimmt den Bruch in Kauf und folgt Jesus nach. Er ist konsequent. Von Zweifel und Schwanken sehen wir nichts.

Ins Rampenlicht tritt er eigentlich nur dadurch, dass Jesus ihn nach einer Nacht des Gebets auswählt, um Teil des „Zwölferkreises" zu werden. Der Zwölferkreis ist, wenn man so will, die „Elite" der Jünger, die Jesus ins Vertrauen zieht. Ihnen bringt er alles bei; sie sind Tag und Nacht um ihn. Sie sind es, denen er sein Werk anvertraut. Sie sind es, die es verantwortlich nach seinem Tod weiterführen sollen. Sie sind es, die er in Galiläa schon bevollmächtigt, dasselbe zu tun wie er selbst: die Botschaft von der anbrechenden Herrschaft Gottes in der Kraft Gottes zu verkünden. Ihnen verleiht er dazu die Vollmacht, „Zeichen und Wunder" zu tun, genau wie er selbst – Kranke zu heilen, Dämonisierte zu befreien und sogar Tote aufzuerwecken. Und ihnen verheißt er im gleichen Atemzug auch in besonderer Weise Anteil an seinem Leiden – auch das gehört zum Thema „Elite".

Aber mehr noch: Diese Zwölf sollen die „Stammväter" des neuen Volkes Gottes sein, das Jesus errichtet, nachdem Israel sich mehrheitlich von ihm abgewandt hat. Deshalb die Zahl „Zwölf": Sie nehmen die Rolle der alten Stammväter Israels ein, aus denen die zwölf Stämme entstanden waren. Aus diesem Zwölferkreis soll nun das Neue Israel entstehen, das später sogar die Nichtjuden mit einschließen wird.[3] Das sagt ihnen Jesus mehrfach zu, zuletzt noch beim Abendmahl, kurz vor seinem Tod. Diese Zwölf schaut das Buch der Offenbarung in einer großen Vision symbolisch als die Grundsteine des Neuen Jerusalems, des Neuen Volkes Gottes.[4]

Thomas ist einer der Zwölf. Eine zentrale Figur also. Für Jesus und für uns, seine Gemeinde.

DIE ZUKUNFT

Wie zentral er wirklich war, zeigte sich an seiner weiteren Lebensgeschichte. Er war die vierte große Figur des Urchristentums neben Petrus, Paulus und Jakobus. „Jakobus der Herrenbruder", ein Halbbruder Jesu, stand jahrzehntelang an der Spitze der Judenchristenheit. Petrus und Paulus prägten die nichtjüdische Christenheit des Römischen Reichs. Nur Thomas fiel in unseren Breiten der Vergessenheit anheim, denn er war buchstäblich von der Bildfläche verschwunden.

Die altkirchlichen Überlieferungen berichten, dass Thomas das Römische Weltreich hinter sich ließ, das von Großbritannien über Europa, Nordafrika bis nach Ägypten und die Osttürkei reichte, und nach Asien ging. Dort gilt er bis heute als Ursprung der alten Kirchen Asiens, die ein rasantes Wachstum erlebten und sich bereits im siebten Jahrhundert bis nach China ausbreiteten. Die altkirchlichen Überlieferungen zu Thomas sind zwar weitgehend von Legenden überwuchert, doch dürften sie einen harten Kern an echten Informationen bieten. Demnach reiste Thomas auf den indischen Subkontinent und evangelisierte im Punjab, das zum Großreich des Gondophares im heutigen Ostiran, Afghanistan und Pakistan gehörte. In späteren Jahren begab er sich nach Südindien, ins Gebiet der heutigen Bundesstaaten Kerala und Tamil Nadu, wo er schließlich den Märtyrertod starb. In Indien gibt es heute noch die in verschiedene Konfessionen aufgespaltenen Thomas-Christen, die lange eine enge Verbindung zur aramäisch-syrischen Christenheit hielten. Ihre Selbstbezeichnung „Nasrani" ist nichts anderes als der Begriff „Nazoräer" im Neuen Testament, ein alter Name für Judenchristen.[5]

Vielleicht hatte Thomas ursprünglich auch selbst im Südosten der Türkei und im Nordirak Missionsarbeit betrieben. Zumindest aber sandte er seinen Mitarbeiter Addai dorthin, vielleicht, um sein Werk fortzuführen. Jedenfalls stand Thomas in den Kirchen dieser Gebiete in hohem Ansehen. So wurden schließlich seine Gebeine aus Indien dorthin gebracht.

Thomas steht also an der Wiege der alten Kirchen Asiens. Bereits um das Jahr 200 n. Chr. gab es Gemeinden im Irak, in Iran, Afghanistan, Pakistan und Indien. Thomas hat sich von allen Aposteln des Zwölferkreises am weitesten hinausgewagt. Nicht nur was die Entfernungen anbelangt, sondern auch den Aufbruch in andere Welten. Er steht zu Recht auf einer Stufe mit Petrus und Paulus. Von Unglauben kein Spur.

THOMAS: DER REALIST

Zurück zum Neuen Testament: Thomas begegnet uns noch an zwei weiteren Stellen im Johannesevangelium, an denen etwas über seine Haltung und seine Persönlichkeit sichtbar wird. Das erste Mal tritt er in Johannes 11 in Erscheinung, und zwar in einer kritischen Situation.

Beim letzten Aufenthalt Jesu und seiner Jünger in Jerusalem war die Situation derartig eskaliert, dass man ihn steinigen wollte. Daraufhin war er mit seinen Jüngern nach Transjordanien ausgewichen, vermutlich in die Batanäa, das Gebiet nordöstlich des Sees Genezareth.[6] Dort erhält er dann die Nachricht, dass Lazarus, einer seiner Jünger und Freunde in Bethanien, schwer erkrankt sei. Jesus wartet noch zwei Tage und will dann nach Bethanien aufbrechen, also in die unmittelbare Umgebung Jerusalems. Als er das seinen Jüngern mitteilt, geraten sie in Panik: „Rabbi, kürzlich erst hätten dich die Leute dort beinahe gesteinigt. Und nun willst du zu ihnen zurückkehren?" Schließlich war das der Grund gewesen, warum sie überhaupt an diesen Ort ausgewichen waren, an dem sie sich jetzt befanden. Da schien es schlicht Wahnsinn, wieder in die Höhle des Löwen zurückkehren zu wollen. Jesus erklärt ihnen nun, dass Lazarus gestorben sei und er ihn auferwecken wolle! Und zwar auch um ihretwillen – damit sie glauben! Die andern Evangelien berichten eine ähnliche Situation: Als Jesus seinen Jüngern erklärt, das er in Jerusalem sterben wird, reagiert Petrus heftig: „Das soll Gott verhüten, Herr! Das darf nicht mit dir geschehen!"[7] Im Johannesevangelium scheint Jesus bei seiner Antwort überhaupt nicht auf den Einwand der Jünger einzugehen. Wie auch – er weiß ja, dass seine Rückkehr letztlich zur Kreuzigung führen wird. Stattdessen spricht er über die Auferweckung des Lazarus, was den Jüngern nicht unbedingt weiterhilft.

Hier kommt Thomas nun zum ersten Mal ins Blickfeld. Er wendet sich an seine Mitjünger und fordert sie auf: „Dann lasst uns mit ihm gehen, um mit ihm zu sterben!"[8] So knapp das Auftreten des Thomas geschildert wird, es gibt uns zwei wertvolle Hinweise.

Erstens erweist sich Thomas hier als ein nüchterner Realist. Bei den andern Jünger klingt die Panik durch, als sie Jesus von der Rückkehr in die Umgebung Jerusalems abhalten wollen. Man spürt es: sie wollen alles andere als das. Thomas sieht die Lage genau wie sie: Diesmal wird es nicht mehr gut ausgehen. Diesmal werden sie Jesus umbringen. Und dann sind natürlich sie selbst dran, seine Jünger, in erster Linie die Zwölf. Denn auf sie stützt sich Jesus; sie sind seine Bevollmächtigten. Aber Thomas zieht eine andere Schlussfolgerung als der Rest der Jünger: „Wenn Jesus diesen Weg gehen will, dann lasst uns ihm folgen! Er ist der Meister; wo er ist, da müssen auch wir sein. Und wenn er in den sicheren Tod gehen will, dann müssen wir mitgehen. Denn das ist unsere eigentliche Berufung, unsere Ehre, der Sinn unseres Lebens: ihm nachzufolgen!"

Thomas ist nicht begeistert, das spürt man. Er weiß die Situation nüchtern einzuschätzen. Er ist keiner der enthusiastischen Christen, die nur das Positive wahrnehmen wollen. Er vertraut nicht darauf, dass Jesus wieder ein großes Wunder tun und ungeschoren davonkommen wird, wie damals in Nazareth.[9] Er beansprucht auch nicht „im Glauben" die Verheißung „Gott hat seinen Engeln befohlen, dich zu beschützen, wohin du auch gehst."[10] Er ist Analytiker genug, um die Situation realistisch beurteilen zu können.

Aber genau in dieser Funktion wendet er sich an die andern Jünger und ruft ihnen das Wichtigste in Erinnerung: ihre Treue zu Jesus. Sein Appell stellt ihnen keine falschen Verheißungen vor Augen, malt kein „Glaubens-Szenario" aus. Eher das Gegenteil. Er ahnt – oder erkennt vielleicht sogar – darin den Willen Jesu: Der Weg nach Jerusalem bedeutet den Tod. Wenn das so sein sollte – dann soll es eben sein. Dann muss ein Jünger Jesus auch auf diesem Weg nachfolgen. Jetzt war der Moment gekommen, das Wort Jesu zu beherzigen:

„Wer mein Jünger sein will, der verleugne sich selbst, nehme sein Kreuz auf sich und folge mir nach. Denn wer sein Leben retten will, wird es verlieren; wer aber sein Leben um meinetwillen verliert, wird es gewinnen." (Matthäus 16,24)

Jesus hat Thomas bewusst in den Zwölferkreis berufen. Er wird gebraucht als Ausgleich und Gegengewicht gegen die dynamische Führungspersönlichkeit eines Petrus. Der stürzt sich noch in Getsemane sinnlos in den Kampf, nur um dann im Hof des Hohenpriesters jämmerlich zu versagen und Jesus zu verleugnen. Die anderen brauchen ihn auch als Gegengewicht zu einer möglichen Verweigerung der Nachfolge aus Feigheit. Die Gemeinde braucht Menschen wie Thomas für solche Krisenzeiten, in denen man die Situation nüchtern einschätzen und dann einen kühlen Kopf bewahren muss. Nur so können wir den Willen Jesu erkennen und tun.

Damit sind wir bei dem zweiten Merkmal des Thomas: seiner unbedingten Loyalität und Treue zu Jesus. Es ist letztlich Thomas zu verdanken, dass die Jünger mit Jesus mitgehen. Jetzt, in der Krise, als die Angst sich meldet und Panik auszubrechen droht, erweist Thomas sich als der Anker für den Zwölferkreis. Er verhindert die Auflösung. Mehr noch: Er bringt sie wieder auf Kurs. Und zwar nicht durch das Ignorieren der Realität oder das Schönreden der Gefahr. Erst recht nicht durch einen flammenden Appell an ihren Glauben oder die großen Verheißungen Gottes. Sondern indem er das Wort der „Kreuzesnachfolge" ernst nimmt und allen wieder in Erinnerung ruft. Nachfolge – das ist sein Thema: „Dann lasst uns mit ihm gehen …!"

THOMAS: (K)EIN KRITIKER

Noch ein zweites Mal rückt Thomas ins Scheinwerferlicht. Die Jünger waren mit Jesus nach Bethanien gegangen und dort Augenzeugen des größten Wunders Jesu geworden: der Auferweckung des bereits begrabenen Lazarus. Anschließend waren sie mit ihm im Triumph in Jerusalem eingezogen. Thomas, der Skeptiker, hatte offensichtlich zu schwarz gesehen; das hatten die andern übrigens schon immer an ihm auszusetzen gehabt. Stattdessen hatten sie sich jetzt alle am Jubel berauscht, mit dem Jesus in Jerusalem als Messias begrüßt worden war: „Hosanna! Gesegnet sei er, der kommt im Namen des Herrn, der König Israels!"[11]

Selbst die Gegner Jesu schienen zu resignieren: „Da seht ihr doch, dass wir so nicht weiterkommen! Alle Welt läuft ihm nach!"[12] Die Jünger hatten dann allerdings auch erlebt, wie Jesus im Tempel predigte und provozierte. Sie spürten, wie sich die Lage zuspitzte, die Stimmung brenzlich wurde. Zum Glück wurde das dann allmählich überlagert von den Vorbereitungen auf das große Passafest, von der Vorfreude, aber auch der Hektik in der total überfüllten Stadt.

Auch Jesus feiert mit seinen Jüngern das Passafest, wie er es bereits zweimal mit ihnen getan hat.[13] Diesmal aber ist alles anders. Als erstes bindet er sich ein Handtuch um, nimmt eine Waschschüssel und wäscht ihnen allen die Füße. Das ist ein

Moment der totalen Konfusion. Alle sind sie wie vor den Kopf geschlagen. Keiner weiß, was das soll. Ihr Meister – der Rabbi, der Prophet, der gerade als Messias, als König Israels bejubelt worden war – verrichtet einen Sklavendienst – an ihnen! Es ist einfach nur peinlich. Zutiefst beschämend! Petrus protestiert und diskutiert, wie üblich. Schließlich lassen sie es alle zu.

Beim Essen passiert der nächste Skandal: Jesus spricht darüber, dass einer von ihnen ihn verraten wird. Sie sind zutiefst erschüttert. Sie verstehen es auch nicht, als Judas weggeht.

Trotzdem, aber auch deswegen, ist es das eindrucksvollste Mahl, das sie je erlebt haben. Jesus erklärt ihnen eindringlich sein Vermächtnis. Er spricht von der Herrlichkeit Gottes, die jetzt an ihm offenbart werden wird. Er spricht von der neuen Tora, von dem einen neuen Gebot für seine Jünger: einander so zu lieben, wie er selbst sie liebt. Daran wird die ganze Welt erkennen, dass sie seine Schüler sind. Dann spricht er davon, dass er weggehen wird. Zum Vater, um ihnen im Haus Gottes eine Wohnung zu bereiten. Keiner weiß wirklich, was er meint. Aber sie sind ganz gebannt, gefangen von der Eindringlichkeit und Kraft seiner Worte. Petrus platzt zwar kurz dazwischen, er wolle mitkommen; wenn es sein müsse, würde er selbst sein Leben für Jesus geben. – Ob er das von Thomas gelernt hat? – Jesus weist ihn jedenfalls heftig zurecht und erzählt dann weiter. Wenn er beim Vater ist, wird er seine Jünger nachholen; den Weg wüssten sie ja.

Da wird er wieder unterbrochen. Diesmal ist es Thomas: „Herr, wir wissen nicht, wohin du gehst. Wie sollen wir dann den Weg kennen?"[14] Scheinbar unbeeindruckt von der ganzen Feierlichkeit des Augenblicks fragt er nach. Er ist ein ganz anderer Typ als Petrus: Er will nicht spontan loslegen – er will verstehen. Wie die andern spürt er, wie gewichtig das ist, was Jesus sagt. Er will es verstehen, es nachvollziehen können. Er will sich ein Bild machen, was das für ihn und die anderen heißen könnte. Nur so kann er es sich aneignen. Nur so kann er sich auf den Weg machen, innerlich wie äußerlich. Hier ist es wieder, sein Thema: „Lasst uns mit ihm gehen …!"

Deshalb unterbricht er die eindrückliche Rede Jesu mit seiner Frage. Und Jesus weist ihn nicht zurecht, anders als Petrus. Im Gegenteil. Die Rückfrage des Thomas veranlasst ihn dazu, seine Aussagen nochmal zu verdichten. So kommt es zu einer der zentralsten Selbstaussagen Jesu überhaupt: „Ich bin der Weg und die Wahrheit und das Leben; niemand kommt zum Vater außer durch mich."[15] Jesus fährt mit seinen Erklärungen fort. Durch das Beispiel des Thomas ermutigt fasst sich nun auch Philippus ein Herz und äußert eine Bitte: „Herr, zeige uns den Vater."

Halten wir hier inne und werfen einen Blick auf Thomas. Inmitten all der dramatischen Ereignisse der letzten Tage in Jerusalem und der Tiefe des Geschehens beim Mahl behält er einen klaren Kopf. Dazu braucht man eine gewisse innere Distanz zu der eigenen Lage, in der man sich gerade befindet. Thomas geht innerlich einen Schritt zurück und schaut sich an, was passiert, und was Jesus ihnen allen nahebringen will. Er kann sich nicht einfach mitreißen lassen von der Dynamik des Augenblicks, so bewegend dieser auch ist. Er spürt das ja genauso wie die anderen. Trotzdem kann er nicht anders: Er will, er muss es verstehen. Nur so kann er sich darauf einlassen. Nur so kann er seine Treue zu Jesus aufrecht erhalten. Nur so kann er ihm nachfolgen. Nur so bleibt er authentisch.

Ich habe mir überlegt, was die beste Überschrift für diesen Abschnitt wäre: „Thomas – ein Kritiker"? Oder aber: „Thomas – kein Kritiker"? „Kritik" ist ja in unserer Gesellschaft ein hohes Gut, geradezu eine Art heilige Kuh. Sie gilt als Synonym für Mündigkeit. Allerdings haben wir auch im Namen der Kritik so ziemlich alles in unserer Gesellschaft zerstört, was dem Leben Halt und Würde gibt. So verstanden ist sie zutiefst destruktiv.

In frommen Kreisen ist es deswegen genau umgekehrt: „Kritik" ist verpönt. Sie zersetzt angeblich den Glauben. Sie verhindert eine vertrauensvolle Beziehung zu Jesus. Und sie zerstört die „Einheit" in der Gemeinde – oft auch eine Art heilige Kuh, diesmal unter den Frommen. Sie hinterfragt Bestehendes und bringt Unruhe. Sie verhindert angeblich sogar ein kraftvolles Zeugnis für Jesus und blockiert seine Vollmacht …

Trotzdem möchte ich das Wort in unserem Zusammenhang verwenden. Denn ursprünglich meint es etwas ausgesprochen Konstruktives. Nämlich sich ein eigenes Urteil bilden zu können (und zu wollen!). Es geht nicht darum, „zu kritisieren" – Fehler zu finden, um bloßzustellen und niederzumachen. Beides, die gesellschaftliche wie die fromme Füllung des Begriffs, liegt daneben.

Thomas bildet sich ein Urteil. Das muss er; ein Mensch mit seiner Persönlichkeit kann gar nicht anders. Und es ist auch gut so – denn Gott hat ihn mit dieser Persönlichkeit erschaffen. Und Jesus beruft jemanden wie ihn in den Zwölferkreis. Er gehört zu den Personen, denen er sein Werk anvertraut. Daran können wir erkennen, wie wichtig solche Menschen sind.

Thomas *ist* ein Kritiker, wenn man so will. Einer, der sich eine Sache genau anschaut und seine Beobachtungen macht; der sie dann auswertet und zu verstehen sucht; der alles abwägt und so zu einem Urteil kommt. Anders ausgedrückt: Er erarbeitet sich eine eigene Überzeugung. Und das ist dringend notwendig. Sie lässt ihn standhalten, wenn andere zu flattern beginnen und davongeweht werden. Mitgerissen von der Begeisterung ihres Umfelds, geknickt durch den Gegenwind der Gesellschaft, zerrissen von den Stürmen unserer Zeit. Diese Fähigkeit zur differenzierten Urteilsbildung ist letztlich mehr als nur Persönlichkeitssache. Sie ist das Reifeziel aller Christen. Paulus beschreibt sie so:

Wir sind dann nicht mehr wie unmündige Kinder, die kein festes Urteil haben und auf dem Meer der Meinungen umhergetrieben werden wie ein Schiff von den Winden. (Epheser 4,14 GNB)

Deshalb ehrt Jesus ihn, indem er auf seinen Einwand eingeht. Mitten beim Abendmahl. Mitten in der Predigt.

Thomas ist *kein* Kritiker, wenn man darunter einen Menschen mit einer Blockadehaltung versteht. Oder wenn Kritik bedeutet, sich über den Willen Gottes zu stellen, die Fundamente des Glaubens zu zersetzen oder die Nachfolge zu verweigern.

Thomas – (k)ein Kritiker: Einer, der mitdenkt. Der nachfragt und verstehen will. Der sich nicht einfach mitreißen lässt. Um sich so auf den Weg Jesu einlassen zu können, mit allen Konsequenzen.

Thomas – ein nüchterner Realist: Einer, der nicht die Augen verschließt. Einer, der in Krisen die Treue hält. Der den Weg Jesu mitgeht. Bis zur letzten Konsequenz.

DIE SITUATION

Jetzt sind wir bei der Begebenheit von Johannes 20. Die Vorgeschichte dazu ist typisch für einen Menschen wie Thomas, den nüchternen Realisten. Wenn etwas Unglaubliches passiert, etwas noch nie Dagewesenes, dann schaffen es solche Leute anscheinend irgendwie, nicht dabei zu sein. Natürlich tun sie das nicht absichtlich. Aber häufig ist es einfach so. Da bricht zum Beispiel im Gottesdienst eine kleine Erweckung aus; dummerweise waren sie gerade im Urlaub. Oder im Hauskreis wird beim Gebet jemand auf geradezu dramatische Weise geheilt; leider waren sie an dem Abend selbst krank. Es gibt solche Leute. Und es macht die Sache für keinen der Beteiligten einfacher, wenn sie dann im Nachhinein auch noch alle möglichen Fragen stellen, statt sich einfach auf die Begeisterung der anderen einzulassen.

Nicht jeder, der ein Thomas ist, möchte auch so sein. Man sehnt sich ja genauso wie alle anderen nach dem Großen, das Gott tut. Man will es selbst erleben, selbst dabeisein. Vielleicht sollte man die eigenen Fragen doch einfach beiseitelegen und bei der allgemeinen Begeisterung mitmachen? Schließlich lernt man eine Fremdsprache nur, indem man sie spricht. Nun denn: Mitjubeln, wenn alle jubeln. Nachsagen, was alle sagen. Wenn man es glaubt, dann erfährt man es auch – sagen sie. Dann erfasst einen die Welle der Begeisterung, und man erlebt, was die andern alle erleben. Hoffentlich …

Zurück zu Thomas. Am Sonntagmorgen hat er vermutlich die Botschaft von Maria Magdalena gehört: „Jesus ist auferstanden!" Wie die andern Apostel hat auch er es für leeres Geschwätz gehalten: Frauen tendieren in einer derartigen Krise leichter dazu, die Nerven zu verlieren.[16] Vermutlich hält er es einfach nicht mehr aus. Er braucht Abstand, um nicht selbst durchzudrehen. Es ist alles zu viel, die Verzweiflung, die Depression und die Angst auf der einen Seite, die hysterische Begeisterung der Frauen auf der anderen. Dann schon lieber raus aus der Gruppe, an die frische Luft, um einen klaren Gedanken zu fassen! So ist er weggegangen.

Natürlich ist das riskant. Man hat Jesus verhaftet und hingerichtet. Wahrscheinlich sind seine Jünger auch bald dran. Vielleicht ist man schon auf der Suche nach ihnen. Natürlich hat er Angst, große Angst sogar. Der Mob, der gebrüllt hat „Kreuzige ihn!", ist ihm noch in lebhafter Erinnerung. Andererseits aber weiß keiner, was nun wirklich los ist. Der Sabbat ist vorbei, aber es ist bisher ruhig geblieben. Vielleicht wissen die Behörden nicht, wo sich die Jünger Jesu aufhalten? Man müsste versuchen, die Fakten in Erfahrung zu bringen. Dann könnte man weitersehen.

Ob das die Gedanken des Thomas sind, wissen wir nicht. Vielleicht will er auch nur schlicht einkaufen – alle anderen haben ja Panik und trauen sich nicht auf die Straße. Jedenfalls fehlt Thomas an dem Abend, als das Unvorstellbare passiert: Jesus erscheint trotz verriegelter Türen in dem Raum, in dem sich die Jünger aufhalten. Es war eine unglaubliche Begegnung: zunächst die Angst vor einem Gespenst, der Unglaube, dann die vertraute Stimme, der Friedensgruß und dann einfach nur noch Freude, Staunen, Jubel …

Als Thomas zurückkommt, hat er das Gefühl, in ein Tollhaus geraten zu sein. Alle sprudeln heraus „Wir haben den Herrn gesehen!" und sind außer sich vor Begeisterung. Er ist fassungslos. Was ist bloß los? Was ist nur mit den andern passiert?

Langsam dämmert es ihm: Es ist der totale psychische Kollaps. Eine Art Kollektivneurose. Oder ist es eine Psychose? Egal. Was immer es ist, verwunderlich ist es nicht.

Mehr als zwei Jahre waren sie unterwegs gewesen mit dem bemerkenswertesten Mann, den es je gab. Einem unglaublich wortgewaltigen Rabbi, mehr noch: einem echten Propheten Israels. So einen, wie es ihn nur in der Schrift gibt. Der das Herz zum Brennen brachte, wenn er den Mund aufmachte, ja, wenn er einen nur schon anblickte. Selbst bei einem wie ihm, Thomas. Sie hatten dabei Dinge erlebt, die noch kein Mensch je gesehen hatte. Die letzten Tage waren dann wie im Rausch verlaufen: Lazarus, der aus dem Grab herauswankte; Jesus, den man als König bejubelte; Jesus, der im Tempel predigte, dem Zentrum Israels. Die scharfen Auseinandersetzungen, aber auch die riesige Zustimmung. Die Spannung, die in der Luft lag. Und dann erst das letzte Mahl!

Danach ist es plötzlich Schlag auf Schlag gegangen: Der Schock der Verhaftung, mitten in der Nacht. Der Prozess. Das Toben der Menge. Die Brutalität der Kreuzigung. Und dann der stundenlange, qualvolle Todeskampf. Der Zusammenbruch aller eigenen Lebensperspektiven. Das Ende jeder Hoffnung. Nur noch die totale Verzweiflung ist übrig geblieben, und die Angst. Alle sind sie hier nun auf engstem Raum zusammengepfercht, Männer wie Frauen, Tag und Nacht. Der Mangel an Sauerstoff tut vermutlich ein Übriges. Und jetzt hat die Hysterie der Frauen, die am Grab gewesen sind, alles zum Kippen gebracht.

Es kostet Thomas alle Kraft, sich nicht von der kollektiven Hysterie wegreißen zu lassen. Denn nichts anderes kann es sein. Jesus hatte zwar angedeutet, dass er leiden und sterben müsse und Gott ihn auferwecken würde. Auch das war nicht wirklich klar gewesen. Vermutlich hatte er die Auferweckung der Gerechten gemeint, am Ende der Tage. Etwas anderes konnte es nicht gewesen sein.

Thomas hat auch kein grundsätzliches Problem mit Totenauferweckungen. Zumindest nicht mehr, seit er es bei Lazarus beobachtet hat. Aber das war ja etwas völlig anderes gewesen, als was sie jetzt von Jesus behaupten. Denn Lazarus war ganz normal ins Leben zurückgekehrt, wie übrigens auch ein, zwei andere vorher, die Jesus ebenfalls auferweckt hatte. Sie waren nach ihrer Auferweckung genauso wie früher gewesen, ganz normale Menschen wie du und ich. Sie konnten nicht durch verschlossene Türen gehen. Sie konnten nicht erscheinen, wann sie wollten, und wieder verschwinden.

Wäre Jesus so wie Lazarus auferweckt worden, dann hätte sich, wenn man es realistisch betrachtet, im Grunde nicht viel verändert. Man müsste schleunigst Jerusalem verlassen, bevor sie ihn ein zweites Mal umbringen. – Wenn es sich aber tatsächlich so verhält, wie es die anderen alle behaupten …?

Thomas ist vermutlich der Einzige, der in Ansätzen ahnt, was das bedeuten würde. Wenn Jesus wirklich aus eigener Kraft auferstanden wäre, wenn er leibhaftig erscheinen und verschwinden könnte, wie er wollte – und bei alledem ganz normal mit einem essen, als ob er immer noch Mensch wäre! – Dann wäre die Welt aus den Angeln gehoben! Dann wäre etwas Unvorstellbares passiert! Das hätte unabsehbare Konsequenzen. Es würde ihn verrückt machen, das auch nur ansatzweise zu durchdenken.

Angesichts dieser unfassbaren Behauptung darf er sich nicht einfach mitreißen lassen. Wenn es keine Psychose ist, kann es eigentlich nur ein okkultes Phänomen sein, ein Totengeist. Etwas zutiefst Unheiliges. Die Schrift berichtet ja von solchen Dingen. Wie soll er denn an so etwas „glauben"? Glauben ist ja viel mehr, als ein einfaches Fürwahr-Halten. Es bedeutet absolutes Vertrauen. Es heißt, sein ganzes Leben darauf aufzubauen. Das ist angesichts der Faktenlage nicht zu rechtfertigen. Es ist verrückt.

Außer wenn es tatsächlich wahr ist. Verifizierbar. Greifbar. Keine Hysterie, kein Geist.

Letztlich handelt Thomas zutiefst verantwortlich, wenn er dem Überschuss der Emotionen bei den anderen die klare Aussage entgegensetzt: „Wenn das stimmt, was ihr behauptet, dann reicht es nicht aus, einfach mitzulaufen. Wenn die Welt anders geworden ist, dann muss ich das selbst erfahren. Das muss ich für mich selbst ‚begreifen'. Und es muss klar sein, dass es sich wirklich um Jesus selbst handelt. Es reicht nicht, ihn einfach nur zu sehen – ich muss ihn anfassen können. Am besten seine Wunden. Erst dann ist es real und eindeutig. Dann ist Er es, nicht eine Illusion oder ein Geist. Sonst spielt mir unter Umständen meine Psyche einen Streich. Meine Sehnsucht lässt mich dann vielleicht etwas sehen, was nicht da ist …"

So ist Thomas. Sperrig. Stur. Selbstkritisch. Er kann nicht einfach den anderen glauben, nicht einfach so mitmachen. Wenigstens nicht in einer derartigen Krise. Sehen wir es positiv (wie Jesus es sicherlich tat): Thomas läuft nicht der Masse nach. Er muss nicht sein wie alle anderen. Auch nicht wie die großen geistlichen Vorbilder, etwa Petrus, der Fels, der Motivator und Beweger. Oder Johannes, der so tief in der Liebe Jesu lebte, dass einem das Herz wehtat. Der hat doch tatsächlich behauptet, er habe schon geglaubt, als er nur einen kurzen Blick in das leere Grab geworfen hatte. Dabei hatte er nichts gesehen, außer ein paar zusammengelegten Grabkleidern. Er sieht eben mit dem Herzen ... die Frage ist nur: was?

Thomas ist anders. Auch wenn er manchmal gerne so wäre wie Johannes. Oder Petrus.

Er ist kein Opportunist. Er lässt sich nicht beirren, wenn alle anderen zu Mitläufern werden. Selbst wenn es seine Vorbilder sind, oder seine besten Freunde. Er versucht, einigermaßen den Überblick zu behalten, weiterzudenken und verantwortlich zu handeln. Nicht nur für sich, sondern vor allem für die anderen. Für seine Freunde, mit denen er so viel erlebt hat.

Es ist wichtig, dass Thomas sich so verhält. Nur so bewahrt er seine Integrität. Nur so bleibt er authentisch. Nur so wird er zu dem Menschen, zu dem ihn Gott erschaffen hat. Nur so wird er wirklich zu einem der Zwölf: einem der Fundamente der Gemeinde Jesu.

DER AUFBRUCH

Eine Woche vergeht. Es ist die Festwoche nach dem Passafest; die ganze Stadt ist immer noch im Feierzustand. Den Jüngern ist nichts passiert. Sicherheitshalber bleiben aber die Türen immer noch verschlossen.

Diese Woche ist alles andere als leicht für Thomas. Er ist zum Außenseiter geworden, ist nicht mehr Teil der Gruppe. Er kommt einfach nicht mehr mit. Die andern lassen sich nicht von ihrer Begeisterung abbringen. Sie singen in einem fort Lobpreislieder, immer wieder beten sie. Es ist eine unglaublich bewegende

Stimmung. Sie ist keineswegs oberflächlich, das muss er zugeben. Das alles berührt ihn tief. Angeblich haben sie den Heiligen Geist von Jesus bekommen. Thomas hat sich das immer ganz anders vorgestellt. Aber so genau weiß er es auch nicht. Wenn das eine Psychose ist, dann kann man offenbar gut damit leben.

Hier lernen wir etwas Entscheidendes. Thomas weiß, er braucht die Gemeinschaft. Er darf sich nicht absondern, so schwer es auch für ihn ist. Dafür gibt es zwei Gründe.

Zum einen: Er braucht die anderen ebenso sehr, wie sie ihn brauchen. Denn die Gemeinschaft der Jünger ist der Ort der Ergänzung und der Korrektur. Thomas kann von seiner Persönlichkeit her eigentlich ganz gut allein leben. Sein Glaube ist fundiert und authentisch. Er ist vorausschauend, kommt mit Krisen gut zurecht, er ist stabil – und treu. Und trotzdem braucht er die anderen. Er braucht einen Johannes, einen Petrus, eine Maria. Seine Berufung ist mit der ihren verknüpft. Hält er sich von der Gemeinschaft fern, so verliert er sie irgendwann. Dann wird er zum Einzelgänger und schließlich zum wirklichen Außenseiter. Natürlich gehört er selbst dann noch zu Jesus. Aber er bleibt ohne Frucht – und wäre ungehorsam. Dann stirbt er irgendwann vielleicht sogar ab, wie ein Glied, das vom Leib abgeschnitten wird.

Der zweite Grund ist: Die Gemeinschaft der Jünger ist der Ort der Offenbarung. Jesus hat es so gewollt. Gott hat das auch von jeher so gehalten. Schon am Sinai hat er sich dem ganzen Volk geoffenbart. Dann offenbarte er sich im „Zelt der Begegnung", der Stiftshütte; sie stand in der Mitte des Volks. Ihr Nachfolger, der Tempel, war in der Hauptstadt Jerusalem. Gott lebt unter seinem Volk. Dort offenbart er sich.

Und dann passiert es: Plötzlich ist Jesus da, macht zwei, drei Schritte, steht unter ihnen. Er spricht den altbekannten Friedensgruß. Es ist unverkennbar er, seine Augen, seine Stimme. Thomas weiß nicht, wie ihm geschieht. Aber er hat keine Zeit zum Nachdenken. Jesus tritt auf ihn zu, sieht ihn an und spricht ihn an: „Leg deinen Finger hierher und sieh dir meine Hände an! Streck deine Hand aus und lege sie in meine Seitenwunde! Sei nicht ungläubig, sondern gläubig!"

Was für eine Begegnung! Jesus kommt ein zweites Mal zu seinen Jüngern. Wie beim ersten Mal sind die Türen verschlossen. Wie beim ersten Mal kommt er trotzdem. Begrüßt sie. Und dann wendet er sich dem Thomas zu. Nicht den anderen, die voll Glauben auf ihn warten. Sondern Thomas, dem Sperrigen, dem nüchternen Realisten, dem Treuen. Jesus kommt nur für ihn. Das ist ein unglaubliches Vorrecht. Nur wenigen in der Urgemeinde wird so etwas zuteil: Maria, Petrus, Jakobus, später noch Paulus. Und Thomas!

Jesus ehrt den Thomas, würdigt seine Haltung. Und deshalb wendet er sich ihm exklusiv zu. Jesus geht auf die ganz persönliche Wahrnehmung und die Fragen des Thomas ein. Denn Thomas hat Recht: Die Auferstehung Jesu ist der Hebel, der die Welt aus den Angeln hebt. Aber nur, wenn sie leibhaftig ist, „real", wenn sie mehr ist als eine ekstatische Vision. Und so spricht Jesus die unfassbaren Worte: „Hier bin ich. Fass mich an, Thomas. Schau: meine Wunden – ich bin es wirklich. Berühre sie, damit du glaubst!"

Die Reaktion des Thomas ist der Höhepunkt des Johannesevangeliums. Das ganze Evangelium ist nämlich in einen atemberaubenden Rahmen eingespannt – wie in eine Art Klammer. Die vordere Klammer bildet das große Anbetungslied, mit dem das Evangelium beginnt. Es besingt, wie das Wort Gottes „Fleisch" wurde.

Dann erzählt das Evangelium die Geschichte und die Botschaft Jesu. Immer wieder erkennen Menschen etwas von der Größe und Berufung Jesu. Sie erkennen ihn als Rabbi, den wahren Lehrer Israels. Als vollmächtigen Propheten, größer noch als Elia. Als Gesandten Gottes, größer als Abraham, größer sogar als Mose. Als den verheißenen Messias, den endzeitlichen König Israels und Sohn Gottes, wie es schon David war. Als „Menschensohn", wie ihn schon Daniel visionär geschaut hat, der zu Gott hin entrückt wird und von ihm alle Macht und Gewalt übertragen bekommt.

Aber erst mit der Schlussklammer ist das Ziel erreicht. Jetzt erst leuchtet der Inhalt des Anbetungslieds in seiner ganzen

Fülle auf: Thomas ist der erste, der diese Offenbarung hat. Und so ruft er: *„Mein Herr und mein Gott!"* Auch wenn das in unseren christlichen Ohren normal klingen mag – es ist eine unfassbare Behauptung. Besonders für einen Juden wie Thomas. Oder die anderen Jünger. Was noch kein Jude je gedacht hat, was sich kein Mensch auch nur im Entferntesten hätte vorstellen können – Thomas spricht es aus, bekennt es, betet es an: *„Mein Herr und mein Gott!"* Jesus, der Auferstandene, ist nicht mehr mit den normalen Kategorien der Schrift zu fassen. Er ist … Gott!

Das Geheimnis Gottes lüftet sich. Der ewig Eine Gott Israels, der Schöpfer und Herr der Welt, ist in diesem Menschen gegenwärtig, voll und ganz präsent. Dieser Mensch ist das Antlitz Gottes selbst, sein Bild, seine Ausstrahlung, seine Herrlichkeit. Er, der mit ihnen gegessen und getrunken hat! Er, der für sie am Kreuz verendet ist! Er, der anfassbar vor ihm steht. Er!

Ausgerechnet Thomas erkennt es! Es war keiner der drei Jünger, die mit Jesus auf dem Berg der Verklärung gewesen waren und gesehen hatten, wie ihn dort die Herrlichkeit Gottes durchleuchtete. Nicht Johannes, dessen Augen durch die Liebe zu Jesus geschärft waren. Nicht Petrus, der Fels, der ihn als Messias erkannt hatte. Sondern Thomas, der nüchterne Realist, der nachdenkt und versucht, die Konsequenzen zu erfassen. Genau deshalb erkennt er es. Nicht aus sich heraus natürlich, nicht aufgrund seiner eigenen scharfsinnigen Analysen. Denn diese Offenbarung sprengt jedes Denken. Es ist ein intuitives Erkennen, eine innere Schau, vom Heiligen Geist selbst gewirkt und geschenkt. Intuitiv ist diese Erkenntnis, aber sie ist vorbereitet durch Jahre des Beobachtens, Auswertens und Nachdenkens. Intuitiv ist sie, aber deshalb nicht weniger wahr. Intuitiv ergreift sie das Unfassliche. Es wird noch Jahrhunderte brauchen, bis die Jünger Jesu das einigermaßen auf einen „Begriff" bringen können. Aber selbst dieser Begriff sprengt wieder alles Denken und Begreifen: „Gott der Dreieine!"

Es ist Thomas, der diese Erkenntnis als erster hat: In Jesus begegnet uns Gott selbst. Er ergreift sie, auch für sich persönlich:

„*Mein* Herr und *mein* Gott!" Mit dieser Erkenntnis wird er zum Fundament der Gemeinde Jesu.

Was von allem Anfang an da war, was wir gehört haben, was wir mit eigenen Augen gesehen haben, was wir angeschaut haben und betastet haben mit unseren Händen, nämlich das Wort, das Leben bringt – davon reden wir. (1.Johannes 1,1 GNB)

Wenn es so um Thomas steht, dann erscheint der bekannteste Satz dieser Geschichte, der dem Thomas seinen Beinamen „der Ungläubige" eingebracht hat, in einem ganz anderen Licht. Jesus sagt damit nichts anderes als: „Ja, Thomas, du glaubst! Du hast dich überzeugen wollen und bist überwältigt worden. Du hast erkannt, dass „Ich Bin". Denn ich bin zu euch gekommen, meinen Jüngern und Freunden. Durch euch werde ich jetzt Israel, ja alle Menschen zu mir rufen. Aber besonders Israel wird sich schwer tun, zu erkennen, dass ich Das Wort bin, das Mensch geworden ist. Es wird stolpern und zu Fall kommen, wenn sie nicht glauben, was ich ihnen gesagt habe: Ich und der Vater sind Eins.[17] Deshalb: Selig sind, die nicht sehen und doch glauben!"

Und so preist diese Verheißung alle selig, die den Auferstandenen nicht selbst gesehen haben und doch glauben. Auch uns.

NOTIZEN

Anmerkungen

1 Johannes 20,24-29; eigene Wiedergabe anhand von GNB und NGÜ.

2 Zudem hießen drei der vier Halbbrüder Jesu „Jakobus", „Judas" und „Simon"! Von den ersten beiden findet sich je ein Brief im Neuen Testament. Bei den Frauen war es ähnlich. So gibt es zahlreiche Marias: Neben der „Maria von Magdala", eine „Maria aus Bethanien", eine „Maria, die Mutter von Jakobus dem Kleinen und von Joses" und, nicht zu vergessen, „Maria die Mutter Jesu".

3 Lukas 22,29-30.

4 Offenbarung 21,14.

5 Apostelgeschichte 24,5.

6 Johannes 10,31.39.

7 Matthäus 16,21-23.

8 Johannes 11,1-16.

9 Lukas 4,28-30.

10 Psalm 91,11. Vergleiche dazu das Zitat in Matthäus 4,6.

11 Johannes 12,13.

12 Johannes 12,19.

13 Johannes 13-16.

14 Johannes 14,5.

15 Johannes 14,6.

16 Vergleiche Lukas 24,11.

17 Johannes 10,30f.

11. VERHEISSUNG UND ERFÜLLUNG

1. DIE VERZÖGERUNG DER VERHEISSUNG

Hingehaltene Hoffnung macht das Herz krank, erfülltes Verlangen ist ein Lebensbaum. (Sprüche 13,12)

ENTTÄUSCHTE ERWARTUNGEN?

Die Erwartung einer kommenden großen weltweiten Erweckung ist geradezu eines der Glaubensdogmen der charismatischen Bewegung geworden. In ähnlicher Weise ist die Erwartung der baldigen Wiederkunft Jesu in vielen Jahrhunderten der Kirchengeschichte ein innerer Antrieb und eine konkrete Hoffnung vieler Glaubender gewesen.

Prophetische Worte verkünden nun, dass die erhoffte Erweckung vor der Tür stehe. Kleinere und größere regionale, nationale und manchmal sogar multinationale Aufbrüche scheinen ein Angeld auf die baldige volle Erfüllung zu sein. Wer aber seit 20, 30 oder gar 40 Jahren solche Prophetien gehört und mit dieser Hoffnung gelebt hat, fragt sich irgendwann, was denn nun daraus geworden ist. Wir begegnen vielen Christen, die wie in Sprüche 13 ein „krankes Herz" haben und gegen Enttäuschung und manchmal auch Bitterkeit ankämpfen müssen.

Dieses „kranke Herz" ist kein Problem der jungen Glaubenden in der Blüte ihrer Aufbruchszeit. Es betrifft auch eher selten Erwachsene in der Energie der ersten Lebenshälfte. Für sie sind alle Möglichkeiten offen, dass das Erwartete in den nächsten Jahrzehnten noch kommen kann, ja sicher kommen wird! Wenn aber die noch vor uns liegende Lebenszeit zunehmend kürzer wird, findet der Optimismus nicht mehr so viel Nahrung.

Gibt es Heilung für unser krankes Herz? Sollen wir nicht vielleicht lieber solche Prophetien und Verheißungen über Bord werfen und nur im Heute leben?

Die Bibel ist die große Geschichte der Verheißungen Gottes und ihrer Erfüllung. An ihr können wir verstehen lernen, wie prophetische Perspektiven Realität gewinnen.

ABRAHAM: VATER EINES GROSSEN VOLKES

Die Erfüllung der größten aller Verheißungen an Abraham, nämlich dass in ihm alle Völker der Erde gesegnet werden sollten, erforderte über 2000 Jahre![1]. Obwohl er zunächst mit seiner Frau Sara bis ins hohe Alter kinderlos blieb, bekamen sie schließlich doch noch einen Sohn. Ohne den hätte es keine Nachkommen, geschweige denn ein großes Volk geben können. In der Urenkel-Generation wurde aus dieser Kernfamilie schließlich eine Sippe: Josef und seine elf Brüder mit ihren Familien. Abraham erlebte schon diese Erfüllung nicht mehr. Es dauerte noch ein paar hundert Jahre, bis daraus ein „kleines" Volk wurde[2], das erst Jahrhunderte später die Blüte eines Großreiches unter David und Salomo erlebte. Doch dieses Großreich verging schnell wieder in den weltpolitischen Spannungen und Kriegen der Zeit. Übrig blieb ein „armes und geringes Volk"[3], das jüdische Volk, ohne politische Selbständigkeit und ohne Einfluss. War es das gewesen? Das Ende der Verheißung? Nach weiteren Jahrhunderten kommt, in einer unerwarteten Wendung der Geschichte, völlig überraschend, Gott selbst in Jesus. Nach menschlicher Abstammung war er ein Nachkomme Abrahams. Durch ihn schafft sich Gott ein neues Volk aus jesusgläubigen Juden und Nichtjuden, die Gott bisher nicht gekannt hatten. Von ihnen (den Nichtjuden) heißt es:

Früher hattet ihr keinerlei Beziehung zu Christus. Ihr hattet keinen Zugang zum israelitischen Bürgerrecht und wart ausgeschlossen von den Bündnissen, die Gott mit seinem Volk eingegangen war; seine Zusagen galten ihnen und nicht euch. Euer Leben in dieser Welt war ein Leben ohne Hoffnung, ein Leben ohne Gott. Doch das alles ist durch Jesus Christus Vergangenheit. Weil Christus sein Blut für euch vergossen hat, seid ihr jetzt nicht mehr fern von Gott, sondern habt das Vorrecht, in seiner Nähe zu sein. Ja, Christus selbst ist unser Frieden. Er hat die Zweiteilung überwunden und hat aus Juden und Nichtjuden eine Einheit gemacht. Er hat die Mauer niedergerissen, die zwischen ihnen stand, und hat ihre Feindschaft beendet. (Epheser 2,12-14 NGÜ)

Einst wart ihr nicht sein Volk, jetzt aber seid ihr Gottes Volk. (1.Petrus 2,10)

In Jesus erfüllt sich die Abrahamsverheißung des Segens für alle Völker. Er ist der Erlöser nicht nur der Nachkommen Abrahams, sondern der ganzen Welt. Er sammelt sich ein weltweites Volk von Glaubenden. Dieses Volk ist nicht mehr klein und ethnisch klar umschrieben, sondern es ist „eine große Menge Menschen, so viele, dass niemand sie zählen konnte. Es waren Menschen aus allen Nationen, Stämmen, Völkern und Sprachen." (Offenbarung 7,9)

DAVID: EIN EWIGES KÖNIGTUM

Schauen wir uns noch ein zweites Beispiel an: König David, dem etwa um 1000 v. Chr. prophetisch ein ewiges Königtum für seine Familie verheißen wurde:

Dein Königshaus und deine Königsherrschaft werden vor mir für immer Bestand haben; dein Thron wird für alle Zeiten feststehen. (2.Samuel 7,16 GNB)

Viele Generationen lang saßen auch tatsächlich immer Nachkommen Davids auf dem Thron in Jerusalem. Aus der Verheißung Gottes zogen sie in allen politischen Wirren die Zuversicht: „Uns kann nichts geschehen! Gott garantiert unsere Herrschaft über dieses Land!" Zwanzig Generationen lang, rund 400 Jahre, ging das tatsächlich gut. Dann aber ging dieses Königtum in Unrecht, Blut und Krieg unter. Nach der Rückkehr aus dem

Exil in Babylon entstand zwar wieder ein neuer Staat, der später sogar für 80 Jahre wieder unter eigenen Königen unabhängig war, doch sie stammten nicht von David ab. Aber den Großteil der rund 2.500 Jahre seit dem Ende des Exils unterstand Israel fremden Herrschern. Die Verheißung hatte sich also doch nicht erfüllt? So klagt schon Psalm 89:

Nun aber hast du deinen Gesalbten verstoßen, ihn verworfen und mit Zorn überschüttet, hast den Bund mit deinem Knecht zerbrochen, zu Boden getreten seine Krone. (Psalm 89,39-40)

Bereits die späteren Propheten des Volkes hatten angefangen zu ahnen, dass dieses verheißene ewige Königtum das herkömmliche menschliche, politisch-geografische Denken übersteigen würde. Sie begannen zu verstehen, dass es um weit mehr als um ein Land unter der Herrschaft eines menschlichen Königs ging: Vielmehr ging es um eine ganze Welt unter der Herrschaft Gottes selbst! Gott selber wird dann seine Königsherrschaft in einem ewigen Friedensreich ausüben, dem Reich Gottes. Und dafür würde er einen neuen David berufen.[4]

Jesus, der menschlichen Abstammung nach ein Nachkomme Davids, tritt auf und verkündet, dass dieses Gottesreich und dieser Friedenskönig nun in ihm gekommen sind. Die Volksmenge jubelt ihm zu:

Gesegnet sei das Reich unseres Vaters David, das nun kommt. Hosanna in der Höhe! (Markus 11,10)

Gleichzeitig macht Jesus deutlich, dass es ihm nicht um eine politische Herrschaft in einem geografischen Land geht:

Mein Königtum ist nicht von dieser Welt. (Johannes 18,36)

Aber ist die Verheißung denn wirklich in Erfüllung gegangen? Wo ist denn das Friedensreich, in dem alle Kriege ein Ende gefunden haben, die Menschen und Tiere friedlich miteinander leben, die Erde überall reichlich fruchtbar ist und jeder Gott erkennt und nach seinem Willen sein Leben gestaltet? Offensichtlich ist es doch nicht gekommen. Das ist im übrigen einer der gewichtigsten Einwände des Judentums gegen die Messianität Jesu.

Wir merken: Wieder stehen wir gleichzeitig im Schon-Jetzt und Noch-Nicht. Die Herrschaft Jesu hat schon begonnen, ist aber noch nicht völlig offenbart. Wir warten noch darauf, dass Jesus, der Davids- und Gottessohn, alles Böse endgültig besiegt.

Denn Christus muss so lange herrschen, bis er alle Feinde unter seinen Füßen hat. Als letzten Feind vernichtet er den Tod ... Wenn aber alles Christus unterworfen sein wird, dann unterwirft auch er selbst, der Sohn, sich dem Vater, der ihm alles unterworfen hat. Dann ist Gott allein der Herr – über alles und in allem. (1.Korinther 15,25-26.28 GNB)

Die Verheißung des ewigen Königtums eines Nachkommens Davids ist nun 3000 Jahre alt. Sie hat sich stufenweise immer tiefer erfüllt. Aber die endgültige Erfüllung steht noch aus.

2. PRINZIPIEN BIBLISCHER ERFÜLLUNG

An diesen biblischen Beispielen lernen wir, wie wir die heilsgeschichtlichen Verheißungen Gottes verstehen können. Es werden einige Prinzipien klar:

GOTTES ZIELE ENTFALTEN SICH IN MEHREREN SCHRITTEN

Gottes Ziel mit Abraham und der Welt war, sich ein großes Volk aus allen Nationen zu sammeln. Diese große Perspektive gab er Abraham als Verheißung: „In dir sollen alle Völker der Welt gesegnet sein!" Abraham selbst allerdings erlebte nur den winzigen Anfang davon: seinen Sohn Isaak. Dieser Sohn war der Beginn der Erfüllung der Verheißung und die Erfüllung jahrelanger Hoffnungen Abrahams. Und er war ein Wunder Gottes, ein unglaublicher Segen für Abraham und Sara. Er war alles andere als belanglos. Im Gegenteil: Isaak war ein entscheidender Faktor im Plan Gottes, ohne den das Zukünftige nicht hätte kommen können. Und das bedeutet: Auch wenn die große Vision (noch) nicht in Erfüllung gegangen ist: schon die vorläufige Erfüllung trägt die ganze Herrlichkeit im Keim in sich. Sie ist für sich genommen schon unendlich kostbar!

Immer wieder kommt es aber auch zu Rückschlägen und Gefährdungen der Verheißung, wie die weitere Geschichte von Abrahams Familie und dann des Volkes Israel zeigt. Unter Isaaks Söhnen kommt es zum Betrug beim Erstgeburtsrecht, das für die Verheißungslinie ausschlaggebend ist. Wird das die Verheißung blockieren? Dann die Gefährdung der gesamten Familie durch Hungersnöte. Das Heranwachsen der Sippe in Ägypten und ihre Versklavung dort, die in dem Ausrottungsbefehl für alle männlichen Nachkommen gipfelt.

Als Gott sein Volk durch eine Fülle von Wundern aus der Versklavung befreit und eine neue Existenz schenkt, verspielt eine ganze Generation die ihr geschenkte Verheißung des Landes durch ihren Ungehorsam. Beinahe hätten sie es sogar geschafft, dass Gott das Volk für immer auslöscht und noch einmal von vorne beginnt. So aber muss erst eine ganz neue Generation heranwachsen, bevor der Plan Gottes sich weiter entfalten kann.

Am schlimmsten aber war vielleicht die Erfahrung: Das, was Gott bereits geschenkt hat, kann auch wieder verloren gehen. Das verheißene Land, das den Nachkommen Abrahams für immer zugesagt war, wurde wegen des permanenten Ungehorsams Israels schließlich durch Feinde erobert und gründlich zerstört; die Bewohner wurden verschleppt. Das ebenfalls verheißene ewige Königtum Davids in Jerusalem zerfiel im gleichen Moment für immer zu Staub. Trotz alledem schenkt Gott immer wieder Neuanfänge. Sie geschehen allerdings meist auf ganz unerwartete Weise.

Aber mit jeder weiteren Station wird das letztendliche Ziel Gottes auch ein Stück klarer. Das allmähliche Scheitern des menschlichen davidischen Königtums führt zu der Erkenntnis, dass es einen völligen Neuanfang braucht, einen von Gott eingesetzten neuen König. Schließlich wird klar, dass nur Gott selbst dieser König sein kann.

Aber weil jedes neue Stadium schon den Keim der Vollendung in sich trägt, kann man leicht zu der Auffassung gelangen: Jetzt ist es soweit, jetzt kommt das Endgültige, jetzt sind wir am Ziel angelangt. Aber dann zeigt sich irgendwann: Tatsächlich, Gott ist einen neuen Schritt gegangen! Viel Gutes ist entstanden, Neues, das die Generation vorher sich nie hätte träumen lassen. Aber das Ziel ist noch nicht erreicht.

- Auch eine nur vorläufige Erfüllung lässt schon etwas von der Herrlichkeit des Ganzen spüren.
- Rückschläge, Gefährdungen, menschliche Sünde und Scheitern hindern Gott letztlich nicht daran, seine Pläne auszuführen. Es dauert aber unter Umständen etwas länger.
- Gott macht zunehmend deutlicher, was sein Ziel ist.
- Gott tut immer wieder überraschend Neues und Großes. Aber es stellt sich heraus: auch das ist nur ein Zwischenschritt, der nicht die letzte Erfüllung bringt.

DIE ERFÜLLUNG IST ÜBERRASCHEND ANDERS

Aus der Sicht des Alten Bundes Gottes mit Israel wäre niemand auf den Gedanken gekommen, dass Gott, der König des Alls, sich herablässt, Mensch zu werden. Mehr noch: dass er Mensch wird, um in Armut und Schwachheit zu sterben! Der Herrscher des Alls, der Schöpfer, der Ewige, der sich so sehr erniedrigt? Das sprengt alle Erwartungs- und Verheißungslinien. Es gibt ihnen eine völlig unerwartete Wendung. Etwa wenn es um die Davidsverheißung geht.

Oder wenn es das große Volk betrifft, das Abraham verheißen war. Auch das erhält eine neue, unerwartete Bedeutung. Wie hätte man ahnen können, dass damit alle gemeint sind, die Jesus als Messias anerkennen, egal, aus welcher Nation sie stammen? Wie sollte es vorstellbar sein, dass „Heiden" zu Gott kommen könnten, ohne zugleich Mitglieder Israels zu werden, indem sie „das Joch der Tora" auf sich nehmen mit Beschneidung, Speisegeboten, jüdischem Festkalender und allen sonstigen Weisungen, die für Israel verbindlich sind?

Im Nachhinein kann man erkennen, dass diese Linien im Alten Testament schon lange angedeutet sind, wenn auch nur mit feinen Pinselstrichen. Im Rückblick kann man in der Schrift Jesus als leidenden Gottesknecht erkennen und ebenso Gottes Sehnsucht auch nach den Heiden. Aber keine Schriftgelehrsamkeit konnte voraussagen, wie die nächste Station des Handelns Gottes aussehen würde. Kein Gläubiger des Alten Testaments hätte je zu denken gewagt, dass Gott selber Mensch werden würde. Für einen Juden ist das heute noch undenkbar.

In den Prophetien des Alten Testaments über das Kommen des Messias und seines verheißenen Friedensreiches ist auch nicht zu erkennen, dass das nicht auf einmal eintreten würde. Inzwischen ist klar: Es ist ein zweistufiger Prozess. Das erste Kommen geschieht in Niedrigkeit; es beginnt in einem Stall und endet am Kreuz. Das zweite Kommen wird in Herrlichkeit erfolgen als Herrscher auf den Wolken des Himmels. Darauf warten wir immer noch. Eins lässt sich mit Sicherheit sagen: Auch das wird so überraschend anders sein, dass es keiner vorhersehen wird. Es geht uns nicht anders als den Jüngern Jesu nach der Himmelfahrt und dem Kommen des Heiligen Geistes: Keiner von ihnen kam auch nur im Entferntesten auf die Idee, dass es noch mehr als 2.000 Jahre dauern würde, ehe Jesus sein Reich endgültig durchsetzt.

Das soll unsere Hoffnung und Erwartung nicht schwächen. Aber der erwartungsvolle Blick in die Zukunft muss auf die Vorhersage konkreter Einzelheiten verzichten. Gott lässt sich seinen Plan nicht aus der Hand nehmen – nicht einmal durch tief ergriffene, übereifrige Propheten!

So bleibt es auch offen, wie Gott die Verheißungen erfüllen wird, dass er sein Volk „ins Land zurückführen" wird. Zum einen sind diese Verheißungen längst schon in der Geschichte in Erfüllung gegangen, wie uns das Alte Testament berichtet. Nach der totalen Katastrophe von 586 v. Chr., der Zerstörung Jerusalems und des Tempels, dem Ende des Königtums Davids und der Verschleppung wesentlicher Teile des Volkes ins Exil nach Babylon, waren diese Verheißungen die große Hoffnung Israels. Ab 538 v. Chr. durften dann die Israeliten wieder zurückkehren; 70

Jahre nach der Zerstörung des ersten Tempels wurde der zweite in Jerusalem wieder geweiht (515 v. Chr.). Damit war auch die Verheißung von der Rückkehr Gottes zum Zion erfüllt.

Nun denken heute viele, diese Verheißungen wären in unserer Zeit noch einmal erfüllt worden, nämlich durch das Neuentstehen des Staates Israel 1948 und die Rückwanderung vieler Juden dorthin. Sollte diese moderne Staatsgründung und die heutige „Alija"[5] nicht die Erfüllung der Rückkehr-Verheißung sein? Damit hätte die letzte Phase der Endzeit begonnen, die in der Wiederkunft Jesu ihren Abschluss findet.

Auch hier müssen wir genauer hinschauen. Der alttestamentliche Begriff des „Zurückkehrens" *(schuv)* bedeutet zugleich auch „Umkehren". Ist mit dieser *Rückkehr/Umkehr* tatsächlich ein geografischer Ort gemeint? Könnte es nicht genauso gut sein, dass diese Verheißung, genau wie die Davidsverheißung, allein in Jesus erfüllt wird – dessen gesamte Botschaft darin bestand, *Israel zur Umkehr zu rufen?* „Die Zeit ist erfüllt, das Reich Gottes ist nahe. Kehrt um und glaubt an das Evangelium!"[6] Und außerdem: Liegt denn nicht in Jesus die Erfüllung *aller Verheißungen*, wie Paulus proklamiert?[7] Dann bedeutet seit Jesus die „Rückkehr" nichts anderes als die „Umkehr", zu der Jesus selbst Israel aufgerufen hatte: die Umkehr zu ihm und damit zu dem neuen Wirken Gottes selbst. Diese Umkehr steht bis heute noch aus. Dazu passt, dass das Neue Testament erstaunlicherweise zu dem Thema „Land" schweigt[8] – bis auf eine einzige Aussage. Und diese eine Aussage lautet: „Selig sind die Sanftmütigen, denn sie werden das Land erben!"[9] Jesus zitiert damit Psalm 37,11; das macht klar, dass in der Seligpreisung das Land der Verheißung gemeint ist. Eins ist sicher: Nicht die, die Macht einsetzen, werden das Land besitzen, sondern die, die auf Macht verzichten – das ist die Bedeutung von „sanftmütig"! Das wird an der Verheißung des sanftmütigen messianischen Königs in Sacharja 9,9-10 plastisch vor Augen geführt, die Jesus selbst für sich in Anspruch nimmt. Eine Erfüllung der geistlichen Verheißung mit den Mitteln politisch-militärischer Macht scheint damit ausgeschlossen zu sein.[10] Das spricht nicht gegen eine Anerkennung des heutigen Staates Israel als eines normales Staates wie andere auch; er ist nur nicht mit der Erfüllung der Verheißung gleichzusetzen. Ist bei dem „Land" der Seligpreisung aber noch von dem geografischen Gebiet des alten Israels die Rede? Oder wird die Landverheißung durch den Messias Jesus auf die ganze – erneuerte? – Erde ausgeweitet und allen seinen Jüngern zugesprochen, Juden wie Nichtjuden? Das muss für unseren Blick offen bleiben.[11] Unabhängig davon, wie man die Rückkehrverheißungen des Alten Testaments mit Jesus in Beziehung setzen will: In jedem Fall ist eine „Rückkehr" ohne „Umkehr" seit seinem Kommen undenkbar geworden. Schon der ersten Rückkehr aus dem babylonischen Exil ging eine Umkehr voraus.

In vielen Fällen werden wir die volle Erfüllung der Verheißungen vermutlich erst mit dem Anbruch der neuen Welt Gottes erleben und dann im Nachhinein verstehen, was gemeint war.

• Gottes Wege sind erst im Rückblick klar zu erkennen. Er gibt uns keine Karte in die Hand, auf der wir den Weg übersehen und die Etappen einteilen können. Es verhält sich eher wie bei den ersten Navigationsgeräten: Sie zeigten immer nur die nächste Abzweigung an.

GOTT HANDELT IN LANGEN ZEITRÄUMEN

Seit der Verheißung an Abraham bis zum Beginn ihrer weltweiten Erfüllung unter den Völkern sind zweitausend Jahre vergangen. Weitere zweitausend Jahre sind bis heute verstrichen. Und Gott ist noch nicht ans Ziel gekommen mit dem, was er Abraham am Anfang verheißen hatte. Wir sind schnell dabei, die Erfüllung der Verheißungen Gottes morgen zu erwarten, oder zumindest zu unserer Lebenszeit, oder allerhöchstens zur Zeit unserer Kinder.

Das hat schon der Autor des Hebräerbriefs beobachtet, wenn er schreibt: „Doch sie alle, die aufgrund des Glaubens (von Gott) besonders anerkannt wurden, haben das Verheißene nicht erlangt" (Hebräer 11,39). Und im Blick auf die sich hinziehende Erfüllung von Verheißungen greift Petrus auf eine Aussage in den Psalmen zurück:

Das eine aber, liebe Brüder, dürft ihr nicht übersehen: dass beim
Herrn ein Tag wie tausend Jahre und tausend Jahre wie
ein Tag sind. (2.Petrus 3,8 und Psalm 90,4)

Ist Gott mit der Welt tatsächlich schon so weit, dass er die letzte Runde einläutet? Schon oft im Lauf der biblischen Zeit und der Kirche sah es so aus, also ob der Zeitpunkt nahe gekommen wäre. Aber bis jetzt ist doch jedes Mal „nur" eine weitere Station, ein weiteres, größeres Angeld auf das Endgültige gekommen.

• Gott wirkt in längeren Zeiträumen, als wir es erwarten würden.

GOTTES HANDELN GESCHIEHT IN WELLEN

Immer wieder liegen zwischen den Zeiten, in denen Gott intensiv handelt, längere Phasen der scheinbaren Ruhe, der Stagnation oder sogar des Rückschritts. Das war schon zu biblischen Zeiten so: Nach der Landnahme Israels kommt eine langsame, zähe Etablierung des Volkes im Land. Auf die Glanzzeiten Davids und Salomos folgen die Spaltung in zwei Reiche und die problematischen Jahrhunderte der Königszeit. Schließlich bricht sogar die totale Katastrophe herein: Der Untergang beider Reiche und die Deportation nach Babylon. Nach der Aufbruchszeit der Rückkehr ins Land folgen fünf lange Jahrhunderte, in denen es nicht wirklich vorwärtsgeht. Dann kommt Jesus.

Immer neue Aufbrüche, Erweckungen und Erneuerungen bringen Gottes Reich in dieser Welt voran. Aber auf jeden Aufbruch folgt eine Phase der Ruhe, in der das Erreichte stabilisiert und etabliert werden soll. Auf die Phase der Expansion folgt notwendigerweise eine Phase der Aneignung und Vertiefung. Wenn diese Phase misslingt, kann es wieder abwärts gehen. So hat jeder Aufbruch in Gottes Entfaltungsplan seinen eigenen, notwendigen und kostbaren Platz. Seine Bedeutung wird nicht dadurch geschmälert, dass er nur eine begrenzte Zeit andauert.

Und Gott handelt auch nicht überall gleich. Im 6. Jahrhundert vor Christus geschah die Erneuerung des Glaubens Israels nicht unter der Bevölkerung, die nach den verheerenden Kriegen im Land verblieben war, sondern unter den Verschleppten in Babylon. Alle Aufbrüche der Kirchengeschichte hatten ihre speziellen geografischen Schwerpunkte. Was Zinzendorf oder Blumhardt erlebten, betraf kaum die USA. Die großen, flächendeckenden Erweckungen des Methodismus in England und der verschiedenen „Awakenings" in Nordamerika hatten nur schwache Auswirkungen auf Kontinentaleuropa. Die massiven geistlichen Aufbrüche, die seit Jahrzehnten in Asien stattfinden, etwa in Korea oder China, haben keine Parallele in Europa. Das enorme Wachstum des christlichen Glaubens in Lateinamerika geschieht zeitgleich mit einem massiven Glaubensverlust in der europäisch-nordamerikanischen Welt, die in ein nachchristliches Stadium eingetreten ist.

- Gottes Handeln ist kein kontinuierliches Wachstum, sondern verdichtet sich in bestimmten Zeiten. Es geschieht in Wellen.
- Auf Phasen des Aufbruchs folgen notwendigerweise Phasen der Aneignung und Vertiefung. Wird das übersehen oder gering geschätzt, kommt es zur Stagnation und zu Rückschritten.
- Gott ist ein Gott der Geschichte. Er handelt nicht zu allen Zeiten und an allen Orten gleich. Es gibt „Zeiten und Stunden" für Völker und Gesellschaften. Wann es soweit ist, bleibt Gottes Geheimnis.

3. PERSPEKTIVENWECHSEL

FOLGERUNGEN
- Die Erfüllung einer endzeitlichen Erweckung, des Wiederkommens Jesu, einer neuen Welt unter der Herrschaft Gottes ist keimhaft in jedem neuen Aufbruch enthalten. Denn in diesem Aufbruch wirkt derselbe Gott, der diese Welt auf ihr endgültiges Ziel hinführt. Der heutige Segen ist so ein Vorschuss auf die Fülle und Vollendung Gottes und damit selbst eine Verheißung. Das sollen wir dankbar annehmen.

- Trotz aller vorläufigen Erfüllung – oft auch gerade deswegen – bleibt in uns eine tiefe Sehnsucht, die auf die letzten Ziele Gottes mit dieser Welt hinweist. Sie blickt wie mit einem Fernglas auf die kommende Erneuerung von Himmel und Erde.
- Die Intensität dieser Sehnsucht ist aber kein prophetisches Zeichen, dass die endgültige Erfüllung kurz bevorsteht. Der Weg dorthin wird dadurch nicht kürzer, auch wenn es so auszusehen scheint.
- Gottes Handeln bleibt unverfügbar und letztlich auch unvorhersagbar. Das gilt zeitlich, räumlich und in seiner konkreten Gestalt.

GOTTES ZEIT

Gott denkt weit größer als wir. Uns geht es vielleicht um die Erweckung in unserer Generation, in unserem Land oder vielleicht auch nur in unserer Gemeinde. Gottes Pläne aber umfassen die ganze Zeit dieser gegenwärtigen und der zukünftigen Welt! Er hat einen Plan mit diesen langen Zeiträumen.

Das eine aber, liebe Brüder, dürft ihr nicht übersehen: dass beim Herrn ein Tag wie tausend Jahre und tausend Jahre wie ein Tag sind. Der Herr zögert nicht mit der Erfüllung der Verheißung, wie einige meinen, die von Verzögerung reden; er ist nur geduldig mit euch, weil er nicht will, dass jemand zugrunde geht, sondern dass alle sich bekehren. (2.Petrus 3,8-9)

Wir verstehen die Gründe nicht, warum Gott heute so handelt und nicht anders. Aber eines ist klar: Es führt zu einem Mehr an Segen, nicht zu weniger.

Zu allen Zeiten bekommt jede Generation ihre je eigenen Anzahlungen auf das endgültige Heil. Wir brauchen nicht zu resignieren, wenn der Aufbruch, den wir erlebt haben, nicht so weitergeht, wie wir es erwartet hatten. Wer resigniert oder die Zeit der Aneignung und Vertiefung überspringen will, verliert das, was im Aufbruch begonnen hat.

4. DIE ROLLE DES PROPHETISCHEN

Seit über 100 Jahren erleben wir weltweit ein neues Aufbrechen der prophetischen Gaben. Im Kern bedeutet prophetisches Reden zweierlei: Zum einen, dass Menschen den konkreten Willen Gottes für eine bestimmte Situation erkennen, und zwar nicht aus eigener Analyse oder Einsicht heraus, sondern durch ein Reden Gottes. Und zum andern bekommen sie von Gott den Auftrag, die Botschaft an bestimmte Personen weiterzugeben.[12] Manche Menschen bekommen so eine besondere Berufung, Worte Gottes für Einzelne, Gemeinden, Städte oder ganze Nationen weiterzusagen. Viele andere erleben das alltägliche Reden Gottes in ihren Herzen und dienen einander mit Worten Gottes in der Fürbitte und im Segensgebet.

Strebt aber auch nach den Geistesgaben, vor allem nach der prophetischen Rede! Wer aber prophetisch redet, redet zu Menschen: Er baut auf, ermutigt, spendet Trost. Ich wünschte, ihr alle würdet in Sprachen des Geistes reden, weit mehr aber, ihr würdet prophetisch reden. (1.Korinther 14,1.3.5)

KONKRETE HILFE AUF DEM WEG

Das prophetische Reden Gottes ist in der Kirchengeschichte nie ganz verloren gegangen, aber die Breite, in der es in den letzten hundert Jahren erlebt wird, ist etwas Besonderes. Und es ist ein kostbares Geschenk. Wer einmal erlebt hat, wie ihn prophetische Worte durch schwierige Zeiten des Lebens hindurch getragen haben, kann das bezeugen.

Als ich (U) erkannte, dass ich Heilung für meine Verlassenheitsängste suchen müsste, hatte ich Angst, es könnte meine seelische Stabilität gefährden. Ich hatte Angst davor, was mit mir passieren würde, wenn ich zuließ, dass bisher verleugnete Gefühle hochkamen. Denn das war ja ursprünglich der Grund gewesen, warum ich sie verdrängt hatte: Sie waren für mich nicht zu ertragen gewesen. In dieser Situation sprach Gott in mein Herz: „Der Damm wird nicht brechen!" Diese Zusage machte mir Mut, mich den verdrängten Schmerzen zu stellen. Und tatsächlich: Sie kamen im Verlauf von Monaten jeweils in kleineren Schüben hoch, die das Maß, das ich verkraften konnte, nicht überschritten.

Gottes konkretes Reden gibt uns Ermutigung, Trost, Wegweisung und Korrektur. Dem guten Hirten können wir umso leichter folgen, je besser wir als seine Schafe seine Stimme hören: konkret in den vielen alltäglichen und dann auch besonderen Situationen unseres Lebens.

DAS PRÜFEN DER QUELLEN
Verachtet prophetisches Reden nicht! Prüft alles und behaltet das Gute! (1.Thessalonicher 5,20-21)

So sehr Paulus prophetische Rede schätzt, so sehr ist ihm aber auch bewusst, dass sie geprüft werden muss. Längst nicht alles, was den Anspruch erhebt, prophetisches Reden zu sein, ist es auch. Prüfen heißt immer auch bewerten und gegebenenfalls aussortieren, wenn es sich aus anderen Quellen als dem Geist Gottes speist.[13] Das können menschlich-seelische Wunschvorstellungen sein, Ehrgeiz und Suche nach dem Spektakulären, aber auch fremdspirituelle Quellen.[14]

Wunschdenken
Eigene Wünsche und Sehnsüchte können leicht eine starke seelische Dynamik entwickeln. Diese Dynamik fühlt sich vor allem für Ungeübte ganz ähnlich wie ein prophetischer Impuls an. Deshalb häufen sich gerade in emotional aufgeladenen Situationen solche angeblichen Prophetien. Auch Loren Sandford schreibt in einem lesenswerten Artikel:

Menschliche Emotionen bilden eine Art Linse, die das prophetische Wort verzerrt, vergrößert oder Elemente hinzufügt, während es durch das Herz der prophetisch begabten Person geht. Emotionen betreffen den Hörer in gleicher Weise und formen das, was und wie wir hören.[15]

Wiederholt haben uns Menschen erzählt, wie sie und ihre Gemeinde für einen schwer Kranken aus ihrer Mitte gebetet haben. Es gab eine ganze Reihe prophetischer Worte, dass Gott den Betreffenden heilen würde. Trotzdem ist die Person dann gestorben. Neben der Trauer um den Verstorbenen kann das auch geistlich sehr verwirrend sein, wenn man nicht um die Dynamik tiefer Wünsche weiß, die leicht mit einem Reden Gottes verwechselt werden können. Nach einer solchen Erfahrung wäre es nötig, sich gründlich mit dem Erlebten auseinanderzusetzen. Es hilft niemandem, wenn man stattdessen zur Tagesordnung übergeht – und es beim nächsten Mal wieder so macht.

Selbst dann, wenn die eigenen Anliegen und Wünsche gar nicht betroffen sind, kann Wunschdenken im Spiel sein. Sensible Menschen spüren selbst unausgesprochene Sehnsüchte und Bestrebungen eines anderen. Weil sie aber diese intuitive Wahrnehmung als einen Impuls Gottes verstehen – schließlich wussten sie ja rein menschlich nichts davon – sprechen sie diesem Menschen die Erfüllung seiner Sehnsucht zu. Noch einmal Sandford:

Hat die sogenannte prophetisch begabte Person schlicht den Ehrgeiz in deinem Herz gelesen und ihn so zurückgespiegelt, als wäre es ein Wort von Gott?[16]

Manche Voraussagen für eine Person, dass sie einen besonderen Dienst bekommen oder einen Durchbruch oder Aufbruch erleben wird, sind im Prinzip solche intuitiven Wahrnehmungen ihrer Sehnsüchte. Wenn ein Prophet in einer durchschnittlichen Gemeinde 30 Prozent aller Gemeindeglieder unter Handauflegung einen zukünftigen apostolischen Dienst zuspricht, dann stimmt etwas nicht. Die Enttäuschung ist vorprogrammiert.

Ein älterer Herr, vielleicht Mitte 70, erzählte, dass er das prophetische Reden seit über 30 Jahren kenne. Damals habe ihm ein bekannter Prediger zugesagt, dass Gott eine große Berufung für die Auslandsmission für ihn habe. „Darauf warte ich immer noch."

Suche nach Anerkennung

Der Prophet spürt nun nicht nur die Wünsche und Sehnsüchte in seinen Hörern. Eine zweite Dynamik kommt hinzu: Je treffender er eine Person erfühlt und beschreibt, um ihr dann eine zukünftige Berufung vorauszusagen, umso mehr Staunen und Anerkennung erntet er selbst. Das steigert sich noch, je Größeres er voraussagt. Da die Erfüllung sich über Jahre hinstrecken kann, kann das niemand am Erfolg messen. So erzeugt der Prophet Dankbarkeit und Begeisterung bei seinen Zuhörern. Die Frage, ob die Voraussage wahrheitsgemäß ist, bleibt auf der Strecke.

Mit tiefer Beschämung denke ich (U) an einen Einsatz bei einer Gruppe junger Gläubiger zurück, zu der ich kurz nach meiner neuen Begegnung mit dem Heiligen Geist eingeladen wurde. Ich sprach „prophetisch" von der kommenden großen Erweckung, die bald beginnen würde. Während ich redete, war mir gleichzeitig halb bewusst, dass ich Worte sagte, für die ich keine eigene Bestätigung Gottes in meinem Herzen hatte. Aber das war das, „was Gott zur Zeit überall sagt", zudem „weckt es Glauben" und „entfacht das Feuer des Heiligen Geistes" in den anderen. Tief bewegt dankte mir die Gruppe für meine Predigt.

Aber in mir blieb ein bohrender Zweifel. Schließlich kam mir mein Fehlverhalten voll zu Bewusstsein. Ich hatte nicht aus den Impulsen Gottes, sondern aus der eigenen Bedürftigkeit heraus geredet, dem Wunsch nach Bedeutung. Seither bin ich mir der Gefahr bewusst, wie leicht es ist, um der eigenen Anerkennung willen „prophetisch" zu sagen, was in der Luft zu liegen scheint und was andere gerne hören wollen.

Nicht nur als Sprecher, sondern auch als Zuhörer müssen wir uns fragen lassen: Schätzen und verehren wir nicht auch diejenigen in besonderer Weise, die uns große Verheißungen vor Augen stellen? Sehnt sich unser Herz nicht danach, in einer Versammlung aufgerufen zu werden und beeindruckende Zusagen zu bekommen, um so in unseren eigenen und den Augen der anderen an Bedeutung zu gewinnen? Und provozieren wir mit dieser Suche nach Bestätigung nicht selber große Worte, die aber nur allzu oft menschlich sind?

Zukunftsangst und Weltfrust

Wir erinnern uns noch gut an die prophetischen Katastrophenvoraussagen zur Jahrtausendwende, die dann allerdings reibungslos verlief. Auf dem Höhepunkt der Finanzkrise 2008 und 2009 gab es dann wieder eine Reihe an Prophetien, die von kommenden Notsituationen sprachen und Christen aufforderten, sich Vorräte für mehrere Monate anzulegen. Selbst Terroranschläge wurden schon mit Datum konkret „vorhergesagt". Das Verfallsdatum dieser Vorräte, wie auch der Prophetien ist längst abgelaufen. Wie kommt es zu solchen Voraussagen, die sich inzwischen als falsch herausgestellt haben?

Neben unserem Wunschdenken verzerrt auch das Gegenteil unser Hören auf Gott, nämlich Zukunftsängste und Weltfrust. Wieder handelt es sich um seelische Impulse, die wir wegen ihrer emotionalen Stärke für Gottes Reden halten.

Tragischerweise müssen wir befürchten, dass solche „seelische" Prophetie die Gemeinde Jesu dagegen immunisiert, wenn Gott einmal tatsächlich eine echte Warnung geben will.[17]

Die Trefferquote

Das neue Testament verlangt von Propheten keine vollkommene Irrtumslosigkeit. Aber es wäre nicht nur weise, sondern angesichts der heutigen Inflation zweifelhafter Prophetien nötig, die Bedeutung eines geistlichen Eindrucks auf dem Hintergrund der bisherigen „Trefferquote" der jeweiligen Person abzuwägen. Selbstverständlich sollen wir auch Eindrücke, die von geistlich „Unmündigen und Säuglingen" weitergegeben werden, vorurteilsfrei prüfen. Gott kann auch durch sie sprechen. Wenn aber ein Mensch in der Vergangenheit immer wieder unüberprüfbare oder falsche Aussagen gemacht hat, dann sind Zweifel angebracht.

Evaluierung

Viel zu selten hören wir in christlichen Kreisen von einer rückblickenden Evaluierung früherer Prophetien. Die Nicht-Erfüllung wird dann lieber umgedeutet: „Dass die versprochene Erweckung nicht ausgebrochen ist, liegt daran, dass sie erst *geboren* wurde und wie ein Baby im Verborgenen noch wachsen muss." Oder sie wird einfach totgeschwiegen. So ist es eine seltene Ausnahme, wenn Menschen wie Mike Bickle und John Wimber ihre unzutreffenden Voraussagen einer Erweckung im Rückblick öffentlich als menschlich oder vom Wunschdenken geleitete Übertreibung bezeichnen.[18]

Gottes Bestätigung erbitten

Solches Evaluieren ist natürlich nur im Nachhinein möglich. Wenn es um Zusagen für unsere Zukunft oder Berufungen geht, dann liegen oft viele Jahre zwischen der Verheißung und der (Nicht-) Erfüllung, also einer definitiven Bewertung. Wie sollen wir uns in der Zwischenzeit verhalten?

Oft können wir einfach abwarten, was weiter geschieht, und inzwischen unseren täglichen Weg mit Gott weitergehen. Wenn Gott einen neuen Aufbruch schenken will, werden wir es ganz sicher merken, sobald dieser beginnt. Wir müssen das eigentlich nicht vorher wissen, um uns richtig verhalten zu können. Es genügt, jeden Tag das zu tun, was Gott uns vor die Füße legt.

Manchmal müssen wir erste Schritte wagen und dann prüfen, ob Gott durch die Realität bestätigt, dass dies der richtige Weg ist. Vielleicht spüren wir eine Berufung zu einem bestimmten Dienst. Dann können wir erste Schritte in diese Richtung gehen und sehen, ob Gott Türen öffnet und weitere Ermutigungen gibt. Aber wenn eine klare Bestätigung über längere Zeit ausbleibt, sollten wir umkehren und einen anderen Weg einschlagen.

Aber was, wenn eine Prophetie uns zum Handeln drängt? („Jetzt Vorräte anlegen! Es bleiben nur noch wenige Wochen dafür.") Dann legen wir zunächst unsere Ängste und Hoffnungen in Gottes Hand. Denn auf dieser Ebene sind wir alle manipulierbar. Dann bitten wir Gott um eine Bestätigung seines Redens in unserem Herzen. Gott wird nicht der großen Mehrheit seiner Kinder, die ihn ersthaft fragen, eine deutliche Weisung vorenthalten und sie nur Einzelnen geben. Sicher dürfen wir jeder um eine Bestätigung von Gott bitten und sie erwarten, wenn es für uns wichtig ist. In der Finanzkrise 2009 blieb diese Bestätigung für uns aus; unsere Vorräte stockten wir deshalb auch nicht auf – auch nicht „sicherheitshalber". Sonst hätten wir der Angst Macht über uns gegeben.

Geheiligt werde dein Name

Es gibt aber noch eine ernstere Ebene. Wenn wir den Namen Gottes gerne so schnell in Anspruch nehmen für unsere selbstgemachten Prophetien, dann ist das auf Dauer mehr als nur ein kleiner menschlicher Fehler. Wir verstoßen gegen eines der Grundgebote geistlichen Lebens, das uns schon in den Zehn Geboten gesagt wird: „Du sollst den Namen des Herrn, deines Gottes, nicht missbrauchen!" Dem entspricht positiv die allererste Bitte des Vaterunsers – genau betrachtet ist es eher eine Proklamation: „Geheiligt werde dein Name!" Wenn wir weiterhin so lax auf die Prüfung des prophetischen Redens und ihre Konsequenzen verzichten, um niemand zu entmutigen oder um prophetisches Reden nicht in Misskredit zu bringen, dann werden wir ernten, was wir säen: Nachdenkliche Zeitgenossen werden sich davon abwenden; echte – und gerade in der heutigen Zeit so dringend notwendige! – Prophetie findet kein Gehör mehr. Außenstehende fangen an, über uns und unseren Gott zu spotten. Irgendwann wird dann auch Gottes Gericht sichtbar: Echte Prophetie verschwindet bei uns, die Menschen bleiben unreif, das Wachstum des Leibes Christi wird verlangsamt und das Reich Gottes leidet Schaden.

5. DAS DEUTEN DES PROPHETISCHEN

Oft ist gar nicht die Prophetie selber das Problem, sondern unsere Deutung. Wie oben schon erwähnt, filtert nicht nur der prophetisch begabte Mensch die Eindrücke durch die Brille seiner Wünsche und Ängste. Auch der Empfänger einer Botschaft hört darin gerne das, was er erwartet, oder hört das tatsächlich Gesagte nicht, weil er etwas anderes hören will.

HABEN WIR DIE DIMENSION ÜBERSCHÄTZT?

So kann man immer wieder feststellen, dass zwar Verheißungen in Erfüllung gehen, die Betroffenen das aber nicht erkennen, weil sie etwas anderes erwarten. In der Sehnsucht unseres alten Menschen nach Größe und Bedeutung übersehen wir manchmal den tatsächlichen Segen Gottes, weil er uns einfach zu klein erscheint. Vielleicht hatten wir im Gebet den Eindruck, dass Gott Segen ausgießen und Menschen zum Glauben führen wird. Wir erwarten nun eine Erweckung in unserer Gemeinde oder unserer Stadt und sind enttäuscht, wenn diese ausbleibt. Dabei hat Gott vielleicht im letzten halben Jahr tatsächlich drei Menschen neu in unseren Hauskreis geführt, die gerade den Glauben entdecken. Ist uns das nicht genug? Mehr könnten wir sowieso nicht auf dem Weg zur Nachfolge begleiten.

Einer Gemeinde wurde prophetisch verheißen, dass sie Menschen aus vielen Völkern mit dem Evangelium bekannt machen würde. Die Verantwortlichen der Gemeinde versprachen, dass sie den Horizont absuchen würden, um nicht zu verpassen, wenn das geschehen würde. Die Gemeinde betrieb allerdings schon seit einer Reihe von Jahren einen Kinderhort in einem Brennpunktviertel mit einem hohen Ausländeranteil. Selbst eine Reihe moslemischer Kinder aus verschiedenen Nationen besuchten diesen ausdrücklich christlich geprägten Hort. Dort wurde ganz unverkrampft aber klar vom Glauben erzählt. Das Verheißene hatte längst schon begonnen!

Einer Bekannten wurde zugesagt, dass sie im Rathaus ihrer Stadt ein- und ausgehen würde. Da sie keine Politikerin ist, fragte ich mich, wie das wohl aussehen würde: Beraterin für die Stadträte? Persönlicher Coach für einen Bürgermeister? Oder würde sie selbst in die Politik gehen? Kurz darauf begann sie mit anderen mit einem monatlichen Gebetstreffen für die Belange der Stadt, für das ihr die Stadtverwaltung freundlicherweise den Sitzungssaal im Rathaus zur Verfügung stellte. Was für eine großartige Erfüllung der Verheißung! Nur ich selber (U) war auf der falschen Spur gewesen, weil ich etwas menschlich Bedeutendes erwartet hatte, während Gott etwas geistlich Bedeutendes im Sinn hatte.

Warum nur erwarten wir immer das ganz Große, völlig Außergewöhnliche, noch nie Dagewesene? Gott will ganz sicher jeden Einzelnen von uns segnen. Aber ebenso sicher wird nicht jeder von uns ein Apostel oder ein Konferenzredner. Der meiste Segen geschieht ganz unspektakulär: in der Nachbarschaftshilfe, in der Mitarbeit im Alphakurs der Gemeinde, im Telefonat mit einem Belasteten, im Gebet für Freunde, im Engagement im Flüchtlingscafé, etc. Es ist unsere menschliche Schwäche, die nur auf das Große schaut und das Kleine schnell als alltäglich und unwichtig abtut.

HABEN WIR DIE DIMENSION UNTERSCHÄTZT?

In anderer Hinsicht ist unser Blick manchmal zu eng und unser Horizont zu klein, um sehen zu können, was Gott tatsächlich tut.

Wir erleben zur Zeit tatsächlich keine Erweckung in Deutschland. Aber in anderen Ländern und Kontinenten geschieht Erstaunliches: Es gibt seit Jahrzehnten ein enormes Wachstum des christlichen Glaubens in Südamerika, im südlichen Afrika und in Asien. In China, so schätzt man, gibt es inzwischen mehr Christen als Mitglieder der kommunistischen Partei.[19]

In Deutschland erleben wir seit den 90er Jahren ein Schrumpfen vieler charismatischer Gemeinden, auch wenn es im Bereich der Jugend und jungen Erwachsenen Aufbrüche gibt. Dennoch gab es seit der Urgemeinde noch nie eine so weltweite Erfahrung des Heiligen Geistes wie in den letzten fünfzig bis hundert Jahren. Geistesgaben waren zwar nie ganz verschwunden. Dass sie aber einmal von so vielen Christen an der Basis erlebt werden würden, ist lange unvorstellbar gewesen.

Die ökumenische Bewegung, das Zusammenwachsen der Kirchen auf den Leitungsebenen, scheint trotz mancher Fortschritte im Einzelnen doch eher wie festgefahren. Aber an der Basis erleben wir schon längst, dass die Grenzen zwischen Gemeinden und Kirchen durchlässig werden. Seminare und Veranstaltungen sind überkonfessionell, ohne dass es besonderer Erwähnung bedarf. Oft merken und wissen wir nicht einmal, ob der Beter neben uns evangelisch, katholisch oder freikirchlich ist.

Es gibt Aufbrüche. Gott tut Wunder und ruft Menschen auch in großen Zahlen in seine Nachfolge. Er führt seine Kirche zur Einheit trotz vielfältiger Ausprägungen der verschiedenen „Abteilungen". Weltweit betrachtet geschieht bereits vieles von dem, auf das wir hoffen. Oft aber bestehen wir selbstbezogen darauf, dass es hier und jetzt bei uns geschehen muss. Denn woanders passiert es ja auch. Insgeheim zählt es sonst nämlich nicht. Weil Deutschland (oder ein anderes Land) im Fokus Gottes steht! Weil unsere Zeit gekommen ist! Weil wir in unserer Wahrnehmung der Mittelpunkt der Welt sind …?

HERAUSFORDERUNG ZU EINEM WEITEN BLICK

Gott aber fordert uns heraus, größer zu denken: Es geht nicht um *unsere* Gemeinde, *unsere* Vision, *unsere* Berufung, *unsere* Stadt, noch nicht einmal um *unser* Land. Es geht immer zuerst um das Reich Gottes und den weltweiten Leib Christi. Er fordert uns auf, uns mit zu freuen, wenn ein anderes Glied Großes erlebt, selbst wenn das auf einem anderen Kontinent geschieht. Es ehrt Gott nicht, wenn wir bei uns das Gleiche erzwingen wollen, statt es ihm zu überlassen, wann, wo und wie er wirkt, und uns dafür zur Verfügung zu stellen.

Seine Pläne umfassen nicht nur unsere Generation. Auch die vergangenen und die noch kommenden Generationen sind Teil seines Plans. Natürlich würden wir gerne erleben, dass unsere Gegenwart, unsere Lebenszeit, die Zeit ist, in der Gott seine Verheißungen für diese Welt erfüllt und vielleicht sogar den neuen Himmel und die neue Erde schafft. Tatsächlich ist das die Sehnsucht jeder einzelnen Generation von Jüngern Jesu. Und irgendwann ist es tatsächlich so weit! Wann das geschieht, hat Gott bewusst verhüllt. So brauchen wir das weite Herz, das nicht nur unseren Weg mit Gott, sondern ebenso den kommender Generationen in den Blick nimmt. Aus dem englischen Gebetshaus in Ffald-y-Brenin in Wales stammt ein schlichtes, inzwischen weltweit übernommenes Gebet mit der Bitte um Erneuerung der Kirche und um den Heiligen Geist:

*Hochkönig des Himmels, erweise unserem Land deine Barmherzig-keit! Belebe deine Kirche. Sende deinen Heiligen Geist **um der Kin-der willen**. Möge Dein Reich zu unserer Nation kommen ...*[20]

Was Gott heute unter uns tut oder verheißt, wird vielleicht erst in drei oder vier Generationen zur vollen Blüte kommen. Lassen wir uns auf diesen langen Atem Gottes ein, „um der Kinder willen"?

Vielleicht spüren wir Enttäuschung in unserem Herzen. Gut, wenn wir das zugeben und es anschauen. Möglicherweise müssen wir dann um Vergebung bitten für unsere Selbstbezogenheit und unser enges Herz. Aber wir dürfen Gott bitten, unsere Herzen zu weiten, so dass wir mit Freude und nicht mit Ungeduld am Segen anderer Geschwister Anteil nehmen. Wir können ihn auch darum bitten, dass wir es lernen, seine Zeiten und Pläne mit unserem Land, unserer Stadt und unserem persönlichen Leben zu respektieren. So lernen wir es, seine Gegenwart mehr als alles andere zu lieben, ob sie uns nun gerade in ein Tal oder auf einen Berg seines Segens trägt. Hier und heute ist der einzige Ort und die einzige Zeit, wo Gott uns begegnet und mit und an uns handeln will.

Eine Meditation von Oscar Romero ermutigt uns zu diesem weiten Blick.[21]

Es hilft, dann und wann zurückzutreten und die Dinge aus der Ent-fernung zu betrachten.
Das Reich Gottes ist nicht nur jenseits unserer Bemühungen. Es ist auch jenseits unseres Sehvermögens.
Wir vollbringen in unserer Lebenszeit lediglich einen winzigen Bruch-teil jenes großartigen Unternehmens, das Gottes Werk ist.
Nichts, was wir tun, ist vollkommen.
Dies ist eine andere Weise zu sagen, dass das Reich Gottes je über uns hinausgeht ...
Wir bringen das Saatgut in die Erde, das eines Tages aufbrechen und wachsen wird.
Wir begießen die Keime, die schon gepflanzt sind in der Gewissheit, dass sie eine weitere Verheißung in sich bergen.

Wir bauen Fundamente, die auf weiteren Ausbau angelegt sind.

Wir können nicht alles tun.

Es ist ein befreiendes Gefühl, wenn uns dies zu Bewusstsein kommt.

Es macht uns fähig, etwas zu tun und es sehr gut zu tun.

Es mag unvollkommen sein, aber es ist ein Beginn, ein Schritt auf dem Weg, eine Gelegenheit für Gottes Gnade, ins Spiel zu kommen und den Rest zu tun.

Wir mögen nie das Endergebnis zu sehen bekommen, doch das ist der Unterschied zwischen Baumeister und Arbeiter.

Wir sind Arbeiter, keine Baumeister.

Wir sind Diener, keine Erlöser.

Wir sind Propheten einer Zukunft, die nicht uns allein gehört.

EIGENE GEDANKEN UND GEBET

1. Welche Erfahrungen habe ich mit persönlichen Prophetien gemacht?
2. Was ist eingetroffen, was steht noch aus?
3. Muss ich bei manchem vielleicht die Quelle hinterfragen?
4. Wo habe ich „globale" Prophetien für eine ganze Gruppe oder Nation oder die Welt erlebt?
5. Wie will ich mich heute dazu stellen?

NOTIZEN

GEBET

Herr, lehre mich zu prüfen, wenn in deinem Namen prophetisch geredet wird.

Ich lege in deine Hände, wo falsche Erwartungen zu Enttäuschungen geführt haben.

Gibt mir einen realistischen Blick für das, was dir wirklich wichtig ist. Lass mich die richtigen Dimensionen einer Verheißung erkennen.

Anmerkungen

1 Vgl. 1.Mose 12,2-3.

2 5.Mose 7,7.

3 Zephanja 3,12 LUT.

4 Vgl. z. B. Jesaja 9; 11; Hes 34 usw.

5 Seit der Entstehung des politischen Zionismus im 19. Jahrhundert bezeichnet der Begriff die jüdische Einwanderung nach Palästina bzw. seit 1948 nach Israel.

6 Markus 1,15; vergleiche Matthäus 4,17.

7 2.Korinther 1,20.

8 Und damit auch zu dem Thema der „Rückkehr ins Land". Selbst die Offenbarung des Johannes, das Buch, das die endgültige Durchsetzung der Herrschaft Gottes beschreibt, verliert kein Wort darüber.

9 Matthäus 5,5.

10 Das schließt nicht aus, in dem erstaunlichen Geschehen der Wiedererstehung eines jüdischen Staates nach zweitausendjähriger Zerstörung ein wichtiges Handeln Gottes zu sehen. Es kann aber bestenfalls ein Zwischenschritt sein, der an der Zweideutigkeit vorläufiger Ereignisse Anteil hat, – nicht die Erfüllung der endzeitlichen Verheißungen.

11 Auch der Begriff des „Erbes", der im AT das konkrete Land meint, wird im NT auf die Anteilhabe an Christus hin ausgeweitet. Er meint jetzt die Fülle der Erlösung bis hin zur endzeitlichen Herrschaft über die ganze Erde (vgl. dazu Kapitel 6,

Glauben in der Zwischenzeit). Entsprechendes gilt für den Begriff der „Ruhe", die im AT ebenfalls aufs Engste mit dem Land verknüpft ist.

12 Eines der nahezu allgegenwärtigen Missverständnisse von Prophetie ist, dass es dabei um Zukunftsvorhersage gehe. Biblische Prophetie hat dagegen immer das Hier und Heute im Blick: Es geht darum, den Willen Gottes für heute zu erkennen – und zu tun! Nur unter dieser Voraussetzung kommt dabei die Zukunft überhaupt in den Blick: „Wenn ihr dies oder jenes tut, dann wird Gott so und so handeln!" Oder: „Gott hat dies und das vor. Deshalb handelt jetzt so: ..." Das ist auch der Grund, warum die Erfüllung vieler alttestamentlicher Prophetien auf scheinbar gewundenen und komplizierten Wegen erfolgt ist: Die Zukunft ist nicht einfach festgelegt; Gott reagiert auf das Handeln der Menschen, das in freier Verantwortung erfolgt, so, dass er ihre wechselnden Reaktionen immer neu mit einbezieht. Das kann Veränderungen des ursprünglichen Plans und lange Umwege bedeuten. Zwei Beispiele, die das deutlich machen, sind die (unnötigen) vierzig Jahre Israels in der Wüste (4.Mose 14) oder der schmerzhafte Umweg einer menschlichen Königsherrschaft in Israel (1.Samuel 8,5-9 und öfter). Wer Prophetie auf Zukunftsvorhersage reduziert („Orakel"), begibt sich auf ein höchst problematisches Gebiet.

13 Siehe dazu auch den Aufsatz von Manfred Schmidt: *„Zehn Regeln zum Umgang mit Prophetischem Reden"* auf unserer Webseite www.axis-web.de unter „axis Texte".

14 Weitergehende Überlegungen dazu haben wir in unserem Buch *„Hörendes Gebet"* dargelegt. Hier wollen wir nur ein paar der häufigen seelischen Ursachen für Fehlwahrnehmungen des Redens Gottes anschauen.

15 R. Loren Sandford, *How to Discern Truth Amid a Sea of False Prophesies*, www.charismamag.com, http://bit.ly/1THpEBT, ab-

gerufen am 27.4.2016, eigene Übersetzung.

16 Ebd.

17 So entkam die Familie von Demos Shakarian dem armenischen Völkermord zu Beginn des 20. Jahrhunderts, weil sie aufgrund eine Prophetie rechtzeitig auswanderte. Demos Shakarian, *Die glücklichsten Menschen auf Erden*, Asaph-Verlag, Neuauflage 2015.
Ebenso berichtet der Kirchengeschichtsschreiber Euseb im 4. Jahrhundert, dass die Jerusalemer Urgemeinde aufgrund eines prophetischen Wortes vor der Eroberung und Zerstörung Jerusalems nach Pella umzog und dort den Krieg überlebte. (Kirchengeschichte III 5,3); siehe auch: http://bit.ly/1VwkcaP.

18 Zitiert bei Marianne Peuster, *Gott spricht in meinen Tag hinein*, GGE-Verlag Hannoversch Münden, erw. Neuauflage 2012, S. 129f.

19 Siehe www.opendoors.de, Länderprofil „China" vom Januar 2016, abgerufen am 29.4.2016. Wissenschaftlich belastbare Schätzungen gehen von ca. 100 Millionen Christen im Jahr 2014 aus und prognostizieren bei gleichbleibender Wachstumsrate für 2020 knapp 150 Millionen Christen. 2030 wären es dann schon fast 295 Millionen, mehr als in jedem anderen Land der Erde. Siehe Rodney Stark und Xiuhua Wang, *A Star in the East: The Rise of Christianity in China*, Templeton Press 2015, Tabelle S. 115.

20 Caleb Liturgy 2008. Copyright 2008 Roy Godwin. Ffald-y-Brenin Christian Retreat Centre, http://bit.ly/1XmT4uZ: abgerufen am 2.5. 2016.

21 Erzbischof von San Salvador. Er wurde 1980 von Todesschwadronen während eines Gottesdienstes ermordet. Oscar-Romero-Haus, http://bit.ly/1XmTHF2; abgerufen am 2.5. 2016.

12. NEUE MASSSTÄBE

1. DIE KRISE DER GRENZE

Guardini beschreibt eine Phase der Kraft im mittleren Erwachsenenleben:

Physiologisch ist es die Zeit, in welcher der Elan der Jugend sich verlangsamt, zugleich aber eine Tiefe und Entschiedenheit in ihn hineinkommt. Die Zeit, in welcher die Produktivkräfte geistiger und vitaler Art am unmittelbarsten strömen. Es ist auch die Zeit, in welcher der Mensch am bereitesten ist, Last auf sich zu nehmen, sich Arbeit zuzumuten, Kraft und Zeit ins Werk zu werfen, ohne zu sparen.[1]

Diese Kraft gerät irgendwann in eine Krise. Guardini nennt sie die „Krise durch die Erfahrung der Grenze". Wieder ist es sehr individuell, wann und in welcher Ausprägung diese Krise erscheint. Meist ist es jenseits eines Alters von 40 oder 50. Bestimmte Erfahrungen wie ein Burnout, längere Arbeitslosigkeit oder der Tod eines sehr nahen Menschen können die Fragen und Empfindungen schon früher ins Bewusstsein bringen. Andere Menschen sind beruflich und ehrenamtlich so engagiert, dass ihnen keine Zeit zum Nachdenken zu bleiben scheint. Oder sie arbeiten vielleicht in besonders sinnerfüllend empfundenen Berufen. Dann stellen sich die typischen Fragen und Zweifel viel später ein, vielleicht erst mit der Pensionierung.

ÜBERDRUSS

Aber irgendwann kommt uns zum Bewusstsein, dass unsere Kraft nicht unbegrenzt ist. Wir tragen viel Verantwortung in Beruf, Familie und Gemeinde. Punktuell wird es manchmal zu viel. In die Kraft mischt sich nun auch eine gewisse Müdigkeit.

Mit unserer gesammelten Lebenserfahrung und Kompetenz in beruflichen und menschlichen Fragen wissen wir „wie das Leben läuft". Wir haben (fast) alles schon mal erlebt. Das gibt Sicherheit, bringt aber auch einen gewissen Überdruss mit sich.

Der Mensch müht und plagt sich sein Leben lang, und was hat er davon? … Die Sonne geht auf, sie geht unter und dann wieder von vorn, immer dasselbe …Doch im Grunde gibt es überhaupt nichts Neues unter der Sonne. Was gewesen ist, das wird wieder sein; was getan wurde, das wird wieder getan. (Prediger/Kohelet 1,3.5.9 GNB)

Wieder sitzen wir am Sonntag im Gottesdienst und fühlen uns, als hätten wir alles schon einmal gehört. Alles wurde schon einmal gesagt. Immer neue Menschen suchen unseren Rat oder unsere seelsorgerliche Hilfe. Und sobald einer endlich auf festen Füßen steht und einen guten Weg geht, kommen neue. Und wir beginnen wieder von vorne. Oder wir erleben einen Hauskreisabend mit wieder den gleichen Problemen der immer gleichen Leute.

Mit unserer inzwischen gewachsenen Lebenserfahrung und Reife können wir geistliche und menschliche Dinge ziemlich treffend beurteilen. Wir sehen hinter die Kulissen und werden nicht mehr von glänzenden Fassaden getäuscht. Aber deswegen sehen wir auch, dass oft mit Wasser gekocht wird. Wir können Echtes von Schein unterscheiden. Aber glücklicher macht uns das auch nicht.

Wer viel weiß, hat viel Ärger. Je mehr Erfahrung, desto mehr Enttäuschung. (Prediger/Kohelet 1,18 GNB)

SINNKRISE

Hat sich das alles denn gelohnt? Was ist bei all den Anstrengungen unter dem Strich eigentlich herausgekommen? Wir haben erreicht, was zu erreichen war: beruflicher Aufstieg, soweit unsere Fähigkeiten es hergaben, finanzielle Sicherheit, Kinder ins Leben entlassen,

Engagement in der Gemeinde. Aber wozu das alles? War's das?

Und was ist aus den Hoffnungen unserer jungen Jahre geworden? Nur ein Teil unserer Träume hat sich realisieren lassen. Wird noch etwas aus den Verheißungen, die uns so lange motiviert haben? Das kann doch nicht alles gewesen sein!

So manche Form des geistlichen Lebens, die uns bisher kostbar war, erzeugt in uns nur noch ein schales Gefühl. Gebet, Bibellese, Anbetungszeiten, Konferenzen – wozu das alles? Es bringt nicht mehr die Erfüllung, die es früher brachte. Es erscheint uns wie eine leere äußere Hülle. Wo ist der Inhalt geblieben? Wieso ist unser Herz so leer und unzufrieden?

Johannes Tauler, Ordensmann, charismatischer Seelsorger und Mystiker im 14. Jahrhundert, beschreibt in einer seiner Predigten diese Sinnkrise vieler gläubiger Menschen nach dem 40. Lebensjahr:

All die heiligen Gedanken und lieblichen Bilder und die Freude und der Jubel und was ihm von Gott je geschenkt ward, das dünkt ihn nun alles ein grobes Ding, und er wird daraus allzumal vertrieben, so dass es ihm nicht mehr schmeckt und er nicht dabei bleiben möchte.[2]

Zugleich verändert sich die Wahrnehmung unserer Lebenszeit. Die meisten Jahre liegen nicht mehr vor uns, sondern hinter uns. Im Lebensbogen haben wir den Zenit überschritten. Wir hoffen zwar, möglichst lange gesund und tatkräftig zu bleiben. Das hat einen Einfluss auf unsere Lebensqualität, aber nicht auf unsere Sterblichkeit an sich. Wie der Mediziner und Autor Manfred Lütz sagt: „Auch wer gesund stirbt, ist definitiv tot."[3]

So stellen sich Fragen nach dem Sinn des Lebens und nach dem Sterben: Was bleibt von mir? Hat mein Leben einen Wert über den Tod hinaus? Was bedeutet das für mich? Glaube ich wirklich, dass mit dem Tod nicht alles aus ist? Wer garantiert mir das?

In diesem Herantasten an existentielle und letzte Fragen bemerken wir in uns eine gewisse geistliche Leere. Ist hinter der Arbeit, den Erfolgen, den Anstrengungen – auch den geistlichen – ein inneres Leben gewachsen? Was bleibt von meiner Gottesbeziehung, wenn ich immer weniger Lust habe, mit ihm über all die Aufgaben und Herausforderungen meines Lebens zu reden?

Wer bin ich wirklich? Wo und wer ist Gott?

Wir ringen vielleicht mit Gefühlen der Sinnlosigkeit, des Versagens oder der Orientierungslosigkeit. Zynismus und Resignation können folgen. All das kann sehr beunruhigend, verstörend oder bedrohlich sein. Die Errungenschaften unseres bisherigen Lebens haben ihre Würze und Befriedigung verloren. Was haben wir sonst noch?

FALSCHE FLUCHTEN

In diesen Fragen und Gefühlen liegt es nahe, nach einem Ausweg zu suchen, um sich dieser Beunruhigung nicht stellen zu müssen.

Manche fliehen in verstärkte Aktivitäten: „Wir brauchen mehr Engagement! Mehr Treffen! Mehr Begeisterung! Mehr …!" Sie versuchen damit, die innere Leere zu übertönen, um sich den Fragen der Krise nicht stellen zu müssen. Sie suchen nach immer neuen, aufregenden geistlichen Erfahrungen. Was Anselm Grün in Bezug auf Meditationsformen schreibt, gilt in gleicher Weise auch für andere geistliche Methoden:

Sie schwärmen begeistert bald von dieser, bald von jener. Doch wenn die erste Begeisterung verflogen ist, wechseln sie zur nächsten, die nun das „non plus ultra" ist. Und da sie keine Form durchhalten, finden sie nie zu ihrem eigenen Grund. Sie stellen sich ihrer eigenen Unruhe nicht, halten sie nicht aus, hören nicht auf Gottes Stimme, der sie gerade durch die Bedrängnis in das eigene Innere führen will.[4]

Immer neue Wellen von speziellen Gebetsformen, Soaking, Kleingruppen, Aufsuchen von Segensorten, Gebetsmärschen oder Proklamationen spülen durch die Gemeinden. Viele dieser Formen können an sich gut und kostbar sein, echte Impulse Gottes. Aber immer wieder können sie der Flucht vor Gott dienen, der uns die Hohlheit vieler unserer Frömmigkeitsformen aufzeigen möchte. Denn er will uns in der Leere und Nacktheit unseres Herzens begegnen.

Andere nehmen ihrer Zuflucht zum „Bewahren": Alles soll so bleiben, wie bisher. „Es lief doch gut. Warum soll das jetzt nicht mehr passen?" Sie versuchen das Alte möglichst unverändert festzuhalten und werden zu Prinzipienreitern und Pedanten. Sie beten und glauben und leben, wie sie immer geglaubt haben. Doch wie Grün schreibt:

... bei alle dem kommt man innerlich nicht weiter, man wird vielmehr hart, lieblos, man schimpft über andere, verurteilt ihre moralische oder religiöse Laxheit, hält sich für einen frommen Christen, der den anderen zeigen muss, wie man christlich leben sollte.[5]

Wieder andere spüren zu deutlich, dass es nicht so weitergehen kann wie bisher. Also werfen sie alles Bisherige über Bord und suchen etwas ganz Neues. Sie wählen radikale Umbrüche, hängen den Beruf an den Nagel, verlassen ihre Ehe oder wenden sich von Gott ab. Statt die Gaben und Lebensaspekte, die sie bisher vernachlässigt hatten, in ihr bisheriges Leben zu integrieren, werfen sie alles Alte über Bord und machen das radikal Neue zum Götzen. Sie fliehen in eine zweite Pubertät.[6] Sich selbst allerdings nehmen sie mit.

2. NEUORIENTIERUNG

So bedrohlich diese Krise manchem erscheinen mag, so sehr ist sie doch auch eine kostbare Chance zum Wachstum. Sie ist ein Wirken Gottes, der uns nicht in der Äußerlichkeit unseres bisherigen Lebens lassen möchte. Dieses „Nach-außen-Gewendetsein" war in der ersten Lebenshälfte unsere Aufgabe gewesen: Sich-Behaupten im Leben und in Schwierigkeiten, Gestalten, Erobern, Konkurrieren, Selbstfindung gegen allen Anpassungsdruck. Ohne diese Kraft des Menschen in der ersten Lebenshälfte können wir den Anforderungen dieser Welt nicht genügen. Es gäbe keine Weiterentwicklung der Kultur, keinen Fortschritt in Wissenschaft und Technik, keine Evangelisation und Weltmission. Nun aber verschiebt sich die Betonung in Richtung auf eine neue Aufgabe: Der Welt ihren eigentlichen inneren Sinn zu geben. Ohne Aktivität würde die Welt stagnieren. Aber ohne den inneren Sinn wäre alle Aktivität buchstäblich „sinnlos".

Das Eigentliche, der innerste Sinn unseres Lebens, ist die echte Gemeinschaft mit Gott, dem Ursprung unseres Seins und der ganzen Welt.

Gott nahe zu sein ist mein Glück! (Psalm 73,28)

Die Verunsicherung über unser bisheriges Leben ist ein Geschenk Gottes, der uns tiefer ins Leben führen will. Seit wir das erste Mal Gott begegnet sind, wussten wir, dass es im Leben letztlich um unsere Beziehung zu Gott geht. Aber in vieler Hinsicht haben wir diese Beziehung in Aktivitäten verlagert: Dienste, Fürbitte, Nächstenliebe, Teilnahme an Veranstaltungen. Äußerlich waren wir schon immer in Kommunikation mit Gott. Im Lauf der Jahre wurde unsere Begegnung mit ihm vielleicht zunehmend tiefer. Durch diese Krise aber will er uns echter machen, wahrer, damit wir ihm immer unverhüllter und vorbehaltloser begegnen können. Mit den Worten Grüns:

So ist die Krise zugleich der Ort einer neuen und intensiven Gottesbegegnung und Gotteserfahrung. Sie ist ein entscheidender Abschnitt auf unserem Weg des Glaubens, ein Punkt, an dem es sich entscheidet, ob wir Gott benutzen, um unser Leben zu bereichern und uns selbst zu verwirklichen, oder ob wir bereit sind, uns glaubend Gott zu überlassen und ihm unser Leben zu übergeben.[7]

Nun werden eine ganze Reihe unserer bisherigen Überzeugungen und Prioritäten auf den Prüfstand gestellt, um dann modifiziert, vertieft oder abgelegt zu werden.

BERUFUNG

Immer wieder hören wir junge Christen voller Erwartung von der Zeit sprechen, wenn sie „endlich in ihre Berufung kommen". Ebenso hören wir ältere Christen klagen, dass sie ihre Berufung immer noch nicht gefunden hätten. „Berufung" erscheint als eine Chiffre für ein sinnvolles Engagement für Gott, für Erfüllung, Wert und Bedeutung, die eine Person durch ihr Handeln von Gott bekommt.

Eine Chance der Lebensmitte, in der die bisherigen Aktivitäten auf ihren inneren Sinn hinterfragt werden, besteht darin, das Thema Berufung in den Blick zu nehmen.

Der Kulturauftrag

Die erste große Berufung, die Gott den Menschen gibt, findet sich in 1.Mose/Genesis 2,15:

Gott, der Herr, brachte also den Menschen in den Garten Eden. Er übertrug ihm die Aufgabe, den Garten zu pflegen und zu bewahren. (NGÜ)

Den Garten pflegen und bewahren – das Bild ist in einer agrarischen Gesellschaft, die von Dürre und Missernte bedroht ist, sehr eindrücklich. In einer hochindustrialisierten Gesellschaft bedeutet dieser Kulturauftrag Gottes dann all die vielfältigen Tätigkeiten, die nötig sind, um die menschliche Gesellschaft und Kultur zu ermöglichen, weiterzuentwickeln und zu schützen: Landwirtschaft, Handwerk, Handel, Industrie, Verwaltung, Dienstleistungen, Gesundheits- und Erziehungswesen, Forschung, Kunst, etc.[8] All das ist der Auftrag Gottes an die Menschheit. Er macht einen wesentlichen Teil unserer Gottesebenbildlichkeit aus. All das ist Berufung, sinnvolle Tätigkeit, ein geistlicher Dienst am „Garten" dieser Welt und an den Menschen. Paulus schreibt an Christen in Kolossä, die Sklaven waren:

Alles, was ihr tut, tut von Herzen, als etwas, das ihr für den Herrn tut und nicht für Menschen. Seid euch bewusst, dass ihr dafür vom Herrn das ewige Leben als Lohn bekommt. Dient mit eurem Tun Christus, dem Herrn! (Kolosser 3,23-24 GNB)

Paulus „adelt" damit Sklaventätigkeiten wie Hausarbeit, Straßekehren, Kinderbetreuung, Holzhacken und selbst jede Form niedriger oder sogar sinnlos erscheinender Tätigkeit als einen Dienst für Gott. Genauso sind die zuverlässige Arbeit des Verwaltungsbeamten, die Hingabe der Pflegerin im Altenheim, die Familienzeit einer Mutter oder eines Vaters, die Berechnungen des Ingenieurs für die neue Brücke oder die Tätigkeit einer Richterin ein Dienst im Auftrag Gottes, eine „Berufung"! Luther, wie vor ihm auch schon die mittelalterlichen Mystiker Meister Eckart und Johannes Tauler, haben darauf bestanden, dass die im engeren Sinn „geistlichen" Tätigkeiten (Geistliche, Ordensleute, Theologen) nicht besser oder wichtiger sind als weltliche Tätigkeiten. Luther war es, der den Begriff „Beruf(-ung)" auf die Arbeit des Menschen in dieser Welt ausdehnte, um deutlich zu machen, dass sie dem Auftrag Gottes dient.

Die allermeisten Christen haben diese Art von Berufung. In ihren Berufen geht es nicht in erster Linie darum, Geld zu verdienen, sondern mit am Reich Gottes zu bauen! Und das meint nicht zuerst die Bekehrung ihrer Kollegen, sondern die Gestaltung der Welt Gottes – ihrer Welt – in seinem Sinn. Ihre Arbeit ist deshalb in Gottes Augen unendlich wertvoll und sinnvoll.

Der Missionsauftrag
Vor seiner Himmelfahrt gibt Jesus seinen Jüngern den Auftrag:

Geht zu allen Völkern und macht alle Menschen zu meinen Jüngern.
(Matthäus 28,19)

Auch dieser Auftrag entfaltet sich in eine Vielfalt von Tätigkeiten in Mission, Gemeinde, Verkündigung und Seelsorge. Für einige Christen ist das der Hauptauftrag ihres Lebens, ihr Beruf. Aber jeder einzelne Christ hat auf seine Weise an dieser Berufung teil: Er bezeugt Gott in seinem Umfeld und lebt vor, wie ein Leben unter Gott aussieht: im Kollegenkreis, in der Nachbarschaft, in Gemeinde und Hauskreis. Es ist jedoch ein Irrtum, wenn wir meinen, nur dort, wo wir im engeren Sinne einen geistlichen Dienst tun, würden wir „in unserer Berufung" leben.

Ein Mann hatte die Vision und Verheißung bekommen, eine Gemeinde unter Geschäftsleuten zu gründen. 20 Jahre lang arbeitete er geduldig daran, Beziehungen zu dieser Zielgruppe aufzubauen. Während dieser Zeit jobbte er als Vertretungslehrer für Mathematik, um Geld für seine Familie zu verdienen. Inzwischen ist er gestorben, ohne je die Erfüllung seiner Vision erlebt zu haben. Hat Gott sein Leben vergeudet? Ist seine Berufung gescheitert? Oder hat dieser Mann nur nicht erkannt, dass er in all den Jahren bereits in einem wesentlichen Teil seiner Berufung lebte: Kinder zu unterrichten? Und ganz sicher sind all die treu gepflegten Freundschaften mit Geschäftsleuten nicht ohne Frucht geblieben, auch wenn aus der Gemeindegründung nie etwas wurde.

Vielfalt und Flexibilität

Eine Berufung kann sich im Lauf des Lebens erweitern, vertiefen und auch ändern. Es gibt Zeiten, in denen etwas Bestimmtes unser Auftrag von Gott ist. Später tritt dieser Auftrag dann in den Hintergrund, und etwas Neues steht auf Gottes Agenda. Für die Zeit, in der die Kinder klein sind, ist die Fürsorge für sie eine wesentliche Berufung für die Eltern. Je älter und selbständiger sie werden, umso mehr Raum können andere Berufungen im Leben der Eltern einnehmen.

Natürlich können auch verschiedene Berufungen gleichzeitig im Leben eines Menschen gelten: auf der Arbeit, in der Familie, in der Gemeinde, im Verein usw.. Berufung ist nichts Statisches, in das wir endlich „hineinkommen" müssten, sondern sie entfaltet sich flexibel im Lauf eines Lebens. Meistens indem wir die Aufgaben annehmen, die Gott uns vor die Füße legt.

Berufung zur Liebe

Auf die Frage, was das höchste Gebot – und damit die höchste Lebensaufgabe eines Menschen sei, antwortet Jesus:

Liebe den Herrn, deinen Gott, von ganzem Herzen, mit ganzem Willen und mit deinem ganzen Verstand! Dies ist das größte und wichtigste Gebot. Aber gleich wichtig ist ein zweites: Liebe deinen Mitmenschen wie dich selbst!" (Matthäus 22,37-39 GNB)

Es gibt noch eine höhere Priorität als den Kulturauftrag für diese Welt. Nämlich den innersten Kern der Bestimmung des Menschen: Er ist Ebenbild Gottes, sein Gegenüber, sein Partner in der Liebe. Ihn zu lieben ist unsere tiefste Berufung. Diese Berufung werden wir hier auf Erden nie „erfüllen". Wir können nur immer tiefer in sie hineinwachsen. Unser ganzer Wachstums- und Reife-Weg im Glauben ist ein Weg, Gott immer tiefer lieben zu lernen.

Diese Liebe zu Gott wird sich notwendigerweise auch in der Liebe zu Menschen äußern. Beziehungen zu unseren Mitmenschen sind nicht nur Gelegenheiten zum geistlichen Dienst, als nützlich oder lästig empfundenes Beiwerk zur Arbeit unter Kollegen oder schöne Geschenke zur Entspannung. Sie gehören zum Zentrum eines sinnvollen Lebens. Liebe richtet sich dabei auf andere aus, die uns brauchen und denen wir etwas geben können. Es geht aber genauso sehr um die Beziehungen auf Augenhöhe mit unseren Freunden und dem Ehepartner. Um echte Freundschaften zu ermöglichen, braucht es Zeit und die Bereitschaft, sich selber zu öffnen und vor dem anderen echt und verletzlich zu werden.

Die Liebe zu den Mitmenschen kann in der zweiten Lebenshälfte bei geistlichen Menschen eine neue Tiefe gewinnen. Mehr und mehr entdeckt die Liebe Christus in allen Menschen, selbst in den schwierigen Nachbarn oder gar den Feinden. Viele Autoren sehen diese umfassende Liebe geradezu als eines der zentralen Merkmale für Menschen, die in ihrem Reifeweg weiter wachsen.[9]

Wie steht es mit unserer Grundberufung zur Liebe? Haben wir das Gefühl, dass trotz aller Erfolge und Aktivitäten in Beruf und Gemeinde der innere Sinn in unserem Leben zu dünn ist? Dann sollten wir vielleicht anfangen, mehr in echte Beziehungen zu investieren – zu Gott und zu den Menschen, die er uns zur Seite gestellt hat.

Whiteheads definieren Reife so:

Das letzte Kriterium für geistliche Reife besteht weder in guten Absichten noch in einer abgerundeten Persönlichkeit. Es ist vielmehr die

Fähigkeit, liebend und schöpferisch zu sein, und in den unerwarteten
Wendungen und Kreuzungen des Erwachsenenlebens einen Sinn zu
entdecken, der letztlich ein Geschenk ist.[10]

TUN UND IDENTITÄT

Ab der Lebensmitte stellen sich auch zunehmend Fragen nach
unserem Erfolg. Wir haben vielleicht viel erreicht und schauen
mit Dankbarkeit darauf; aber auf Dauer macht uns das innerlich
doch nicht wirklich satt. Wir setzen gerne unsere Fähigkeiten
und unsere Kraft ein, werden das vielleicht auch noch Jahre
oder Jahrzehnte lang tun, aber irgendwie verliert es seine letzte
Wichtigkeit. Es gibt uns nicht mehr in dem Maß Sinn und Identität wie früher. Vielleicht haben wir aber auch das, was wir uns
für unser Leben vorgenommen hatten, nicht erreicht. Der Wert,
den wir aus dem Erreichen zu ziehen hofften, hat uns im Stich
gelassen. Und die Zeit, in der wir doch noch dorthin gelangen
könnten, läuft langsam aus. Was gibt uns dann Wert?

Im Lauf unseres geistlichen Wachstums verändert sich unser
Blick auf unsere Arbeit wie auch unseren geistlichen Dienst. Am
Anfang fragen wir danach, *was und wie* wir arbeiten sollen. Wir
lernen die praktischen Fähigkeiten im Beruf wie auch in der Gemeinde. Wir erwerben Sicherheit im Umgang mit Geistesgaben
und den verschiedenen Aufgaben in der Gemeinde; wir erarbeiten uns die Kompetenzen, die für unsere berufliche Tätigkeit
nötig sind. Später wird uns zunehmend deutlicher, dass es Gott
auch darauf ankommt, *in welcher Haltung* wir arbeiten. Geht es
um unsere Selbstverwirklichung oder die Bereitschaft, anderen
zu dienen? Um unseren persönlichen Erfolg oder um das Gelingen des großen Ganzen? Zunehmend verstehen wir, dass unser
Charakter eine zentrale Rolle in all unserem Tun spielt, wenn es
für Gott von Bedeutung sein soll.

Was macht mich wertvoll?

In dieser Krise der Grenze nun stellt sich die Frage nach dem
persönlichen Wert unserer Arbeit und damit letztlich nach unserer Identität. Bin ich, was ich leiste? Macht Scheitern mich

wertlos? Wir stehen vor der Aufgabe, unsere Identität von unserem Tun zu lösen. Vielleicht zum ersten Mal; mindestens aber noch tiefer als bisher.

Der Wert eines Menschen besteht für Gott darin, dass er ihn zu seinem Gegenüber und Ebenbild geschaffen hat. Allein dadurch schon bekommt unser Leben einen ewigen Sinn. Unser Wert besteht nicht in dem, was wir tun – weder für Gott noch für Menschen. Unser Wert ist nicht abhängig von der Anerkennung oder Bewunderung von Menschen. Er ist nicht durch unseren Erfolg definiert oder durch unser Scheitern zunichte gemacht.

Gott möchte, dass wir diese Wahrheit lernen. Deshalb lässt er es gelegentlich zu, dass unser Dienst in eine Krise kommt oder sogar endet, vielleicht durch Krankheit oder Pensionierung. Oder der Hauskreis löst sich auf, für den wir Verantwortung hatten; oder unsere Mitarbeit in der Gemeinde ist nicht mehr gewünscht, weil Jüngere die Dienste übernehmen sollen. Andere übernehmen meine Aufgaben in der Firma; für meinen Job ist kein Geld mehr da; ...

Gott will nicht auf Dauer zusehen, dass uns der Dienst für ihn wichtiger ist als er selbst. Er möchte in erster Linie *uns*, nicht das, was wir für ihn *tun*. Jetzt sollen wir lernen, dass es wichtiger ist, was wir *sind*, nämlich Geliebte Gottes. Wir begreifen, vielleicht unter Schmerzen, dass es letztlich nicht zählt, ob wir Erfolg haben oder scheitern. Sondern dass es in allem um die Beziehung zu Gott geht, und wie wir sie gestalten. Ich erinnere mich an den Bericht eines weltbekannten Konferenzsprechers, zu dem Gott gesagt hatte:

Scheitern oder Erfolg – der Lohn für beides ist der gleiche, solange du beides mir gibst!

Mutter Teresa wird der Satz zugeschrieben:

Gott ruft uns zur Treue, nicht zum Erfolg.

In einer tieferen Weise geht es dann in unserem Handeln nicht mehr um das Gelingen, nicht um unsere Erfüllung oder unsere Berufung, sondern um Verantwortlichkeit und Treue in den Aufgaben, die Gott uns anträgt. Und um unsere Fokussierung in all dem auf ihn, statt auf unser Tun.

Neue Motivation

Wenn wir diesen Lernschritt schaffen, kann unser Tun noch einmal eine tiefere Ganzheitlichkeit erreichen. Wenn es nicht mehr um unseren Wert geht, können wir uns selbstloser für andere oder für etwas Größeres einsetzen. Wir stehen nicht mehr unter der Knute des Erfolgsdrucks und haben daher den inneren Abstand, um weisere und weittragendere Entscheidungen zu fällen. Wir können uns für andere einsetzen, ohne sie steuern oder dominieren zu wollen oder aus ihrer Dankbarkeit oder Abhängigkeit Gewinn ziehen zu müssen. Wir können in Pläne und Projekte investieren, deren Erfolg wir nicht mehr ernten werden, weil sie über unsere Lebenszeit hinausreichen und kommenden Generationen dienen.

Wir werden auch in die Lage versetzt, Scheitern, Unvollkommenheiten und Einschränkungen in unserer Umgebung, bei anderen und bei uns selbst anzunehmen. Wir können Gott die Rettung der Welt überlassen und uns auf unseren – bescheidenen – Beitrag beschränken. So finden wir ein neues Ja zu den Begrenzungen, die unser Leben einschränken, zu den Fähigkeiten, die wir nicht haben, zu den Aufgaben, die wir bei allem Engagement nicht bewältigen können. Und gerade dadurch bekommt gemäß Guardini unser Tun eine tiefere Qualität:

Menschen dieser Art sind es, auf die sich das Dasein verlässt. Gerade weil sie nicht mehr die Illusion des großen Gelingens, der leuchtenden Siege haben, sind sie fähig zu vollbringen, was gilt und bleibt.[11]

Der Dienst für Gott und der Dienst am Nächsten wird in all seinen vielfältigen Formen nicht unwichtig oder belanglos. Aber wir tun ihn nun primär als Ausdruck unserer Beziehung zu Gott und zu den Mitmenschen. Die Zusammenarbeit mit Gott ist ein Ausdruck unserer Liebe zu ihm. Wir sind gerne mit ihm zusammen in dem, was er in der Welt tut. Entsprechendes gilt für unsere Liebe zum Nächsten: Sie gibt, was sie kann. Aber sie ist sich der Grenzen dessen bewusst, was wir für andere tun können. Wir schenken alles an Liebe, was wir zur Verfügung haben. Aber wir lassen den anderen dabei in der Hand Gottes.

GANZ WERDEN

Die Schwachheit rühmen

Der Umbruch der Lebensmitte geht oft mit einer tieferen Selbsterkenntnis einher. In dem Überdruss und der inneren Leere, die wir in vielen Lebensaufgaben empfinden, bröckelt auch unser idealisiertes Selbstbild. Klarer als bisher sehen wir unsere Fehler und Begrenzungen, den Mangel an Liebe, die Fruchtlosigkeit vieler unserer Bemühungen ebenso wie die Armseligkeit unseres inneren Lebens. Groeschel warnt uns:

Zu wachsen heißt, sich unvorhersehbaren Herausforderungen aussetzen. Auf dem Weg der Erleuchtung enthüllen wir uns wahres Selbst mehr und mehr, unsere innere Seele mit ihrer Höhe, Tiefe, Vollmacht und Fähigkeit zum Guten wie zum Bösen … Während das Licht unsere Laster und Pseudotugenden enthüllt, können wir entmutigt und zynisch über unsere Tugenden und die anderer werden.[12]

Diese Selbsterkenntnis kann entweder unseren Frust verstärken oder uns in ein tieferes Begreifen der Gnade und der Kraft Gottes führen. Immer mehr verstehen wir, dass es letztlich nicht an uns liegen kann, wenn Gott durch uns seine Pläne in dieser Welt erfüllt. Wir sind trotz allen Wachstums im Glauben und trotz aller Veränderung hin zum neuen Menschen immer noch schwache „tönerne Gefäße". Paulus bekennt:

Wir allerdings sind für diesen kostbaren Schatz, der uns anvertraut ist, nur wie zerbrechliche Gefäße, denn es soll deutlich werden, dass

die alles überragende Kraft, die in unserem Leben wirksam ist, Gottes
Kraft ist und nicht aus uns selbst kommt. (2.Korinther 4,7 NGÜ)

Wenn ich nun schon gezwungen bin, mich selbst zu rühmen, dann
will ich die Dinge rühmen, an denen meine Schwachheit sichtbar
wird. (2.Korinther 11,30 NGÜ)

Doch der Herr hat zu mir gesagt: „Meine Gnade ist alles, was du
brauchst, denn meine Kraft kommt gerade in der Schwachheit zur vollen
Auswirkung." Daher will ich nun mit größter Freude und mehr als alles
andere meine Schwachheiten rühmen, weil dann die Kraft von Christus
in mir wohnt. Ja, ich kann es von ganzem Herzen akzeptieren, dass ich
wegen Christus mit Schwachheiten leben und Misshandlungen, Nöte,
Verfolgungen und Bedrängnisse ertragen muss. Denn gerade dann, wenn
ich schwach bin, bin ich stark. (2.Korinther 12,9-10 NGÜ)

Wie wir schon gesehen haben, bedeutet das keineswegs, dass wir
unsere Aufgaben in einer Haltung der „Wurstigkeit" angehen,
oder dass wir uns selber eine Lizenz zum Sündigen geben. Es bedeutet, dass wir unser Bestes geben. Dabei haben wir aber immer
weniger nötig, uns selber oder anderen etwas vorzumachen: weder in Bezug auf unsere Erfolge, noch in Bezug auf unser „geistliches Leben". Immer gelassener dürfen wir sein, wer wir im Moment gerade sind. Wir werden echter, ehrlicher und legen uns
und unser Werk immer vertrauensvoller in Gottes Hand.

Tiefere Heilung

Menschen in dieser Lebensphase spüren immer wieder, dass
sich noch einmal alte Geschichten bemerkbar machen. In der
Betriebsamkeit und den Ansprüchen eines hochaktiven Berufs-
und Familienlebens blieb manches an alten Wunden und Enttäuschungen verdrängt. Schlimme Erlebnisse mussten schnell
verkraftet werden, weil das Leben weiterging und die Anforderungen des Alltags unsere ganze Kraft benötigten. Jetzt ist die
Zeit gekommen, noch einmal genauer hinzuschauen. Sheehy
beobachtet das ebenfalls:

Es ist Zeit, dem irrenden Elternteil zu vergeben, entfremdete Geschwister zu umarmen, Enttäuschungen über das vom Weg abgekommene Kind loszulassen.[13]

Manches schwere Erleben konnte damals nicht wirklich betrauert werden. Jetzt ist es Zeit, das nachzuholen. Es hilft nicht, wenn man sich dann einredet: „Das ist doch schon lang um die Ecke!" Jedes Ereignis unseres Lebens braucht Aufmerksamkeit, braucht Abschied, Trauer, Zorn oder auch Dankbarkeit. Jetzt ist die Zeit, diese Aufmerksamkeit nachträglich zu zeigen und den Gefühlen zu erlauben, uns zu Bewusstsein zu kommen und gefühlt zu werden, solange bis die eigene Seele im Frieden ist und die Vergangenheit abschließen kann.

Sowohl die Zeit für Verdrängung als auch die Zeit für Selbstmitleid oder der Schuldzuweisung an andere ist nun vorbei. Nehmen wir das an, was gewesen ist, und suchen dabei die Heilung Gottes? Stellen wir uns der Herausforderung, alte Lebensmuster loszulassen und neue Wege im Umgang mit uns und mit anderen zu lernen?

Um in die Reife der zweiten Lebenshälfte und später in ein sinnerfülltes Altsein hineinwachsen zu können, ist es nötig, sich mit der eigenen Lebensgeschichte zu versöhnen. In all dem Schweren und Guten war Gott gegenwärtig. Er ist unseren Weg mitgegangen. Er ist uns dort konkret begegnet. In unserem Wunschleben („Wenn meine Eltern nicht ..." „Wenn ich damals nur ...") ist Gott nicht gegenwärtig, nur in dem tatsächlich gelebten Leben.

Wo wir uns mit unserer individuellen Geschichte in all ihrer Gebrochenheit und Unvollkommenheit annehmen, bekommt unser Leben Sinn. Wir sehen im Rückblick Gott darin am Werk und können deshalb auch zu unserer Gegenwart Ja sagen. So erkennen Whiteheads:

Mit dieser tiefen Selbstannahme, die im Jetzt wurzelt und zurückgeht, um die Besonderheiten meiner persönlichen Vergangenheit zu integrieren, kommt das Bewusstsein, dass das Leben einen Sinn hat, weil

mein Leben einen Sinn hat. Meine Fähigkeit, diese Synthese des per-
sönlichen Sinns angesichts der mehrdeutigen und widersprüchlichen
Befunde meiner eigenen Erfahrung zu erreichen, ist ein Kennzeichen
dafür, dass ich selber in die volle menschliche Reife hineinwachse.[14]

Authentisch werden

Durch dieses Ja zu uns lösen wir uns immer mehr aus dem Er-
wartungsdruck der anderen. Immer weniger messen wir die
Meinungen, Anforderungen oder Aktionen, die an uns herangetragen werden, an externen Maßstäben, an dem, was „die
anderen" denken, oder an dem, was „man" macht. Mehr und
mehr zählen die eigenen inneren Prioritäten: „Ist das für mich
wichtig? Was sagt Gott zu mir? Passt das zu meiner Persönlichkeit? Ist es der richtige Zeitpunkt für mich?" Reife Menschen
sind in der Lage, den Mainstream zu verlassen, und damit auch
den Mainstream der Glaubensstile und Überzeugungen ihrer
Gemeinden. Sie setzen sich mit ihrer Energie für das ein, was sie
für richtig halten, auch wenn die anderen das nicht sehen. Sie
tun nicht mehr alles, wozu sie motiviert werden sollen, sondern
das, was für sie passt.

Mir macht es allerdings nichts aus, wenn ihr oder ein menschliches
Gericht mich zur Verantwortung zieht; ich urteile auch nicht über
mich selbst. (1.Korinther 4,3)

Mit dieser Haltung geht das Empfinden einher, echter und freier
zu werden. Für Menschen in der Umgebung ist das aber nicht
immer leicht zu ertragen. Nach Groeschel „... *kümmert [der Apo-*
stel] sich wenig um die Meinung anderer. Mit Gleichgültigkeit gegen-
über Kritik, mit innerer Gelassenheit und Eifer können andere schwer
umgehen."[15]

Menschen, die diese Authentizität erreicht haben, wirken auf
Jüngere manchmal furchteinflößend. Sie erscheinen so sicher
und in sich selbst ruhend, dass sie anderen damit ihre eigene
Unsicherheit vor Augen führen.

Daher birgt dieses Reifestadium auch einige typische Gefahren. Groeschel nennt unter anderem: geistliche Selbstgerechtigkeit, die Überzeugung, eine spezielle Berufung zu haben, spiritueller Konkurrenzkampf (verbreitet unter Predigern, Seminarsprechern oder Mentoren) oder auch ernsthafte moralische Verfehlungen.[16]

Das ist verständlich: Wer sich um das Urteil anderer oder um das, was „man" macht, nicht mehr schert, ist versucht, sich als über den allgemeinen Regeln stehend zu sehen. Schwierig wird das, wenn sich diese vermeintliche Freiheit auf die Gebote Gottes oder auf Regeln des verantwortlichen Umgangs miteinander bezieht. Deshalb ist es wichtig, dass auch Menschen auf dieser Reifestufe in der Gemeinschaft mit anderen Glaubenden bleiben, auch wenn sie oft wenig Verständnis erleben.

Es ist nie zu spät

Wir haben vermutlich alle in einigen dieser Punkte Fortschritte gemacht. In anderen stehen wir noch vor großen Wachstumsherausforderungen. Aber wir wollen mit 70 oder 80 Jahren näher als heute an der „vollen Reife Christi" sein. Jetzt ist es daher Zeit für den nächsten Schritt. Immer können wir den nächsten Schritt machen. Nie ist es zu spät dazu!

EIGENE GEDANKEN UND GEBET

1. Habe ich den Begriff „Berufung" zu eng gefasst? Lebe ich vielleicht schon längst in meiner Berufung?

2. Habe ich zu lange an alten Maßstäben festgehalten: am Erfolg, Leisten, Gewinnen, Starksein? Bin ich mit der Landkarte der ersten Lebenshälfte unterwegs, auf der aber die zweite Lebenshälfte nicht verzeichnet ist?[17]

3. Kann ich meine Schwachheit annehmen?

4. Habe ich Beziehungen bewusst gepflegt? Oder habe ich es nicht wirklich gelernt, mich tiefer zu öffnen und anderen zu begegnen? Vielleicht weil ich mir selber nicht begegnen will? Fehlt an einem Punkt innere Heilung?

5. Habe ich meinen speziellen Lebensweg als Weg Gottes mit mir angenommen?

6. Verstehe ich, dass ich vor allem anderen zur Liebe zu Gott und zum Nächsten berufen bin?

NOTIZEN

GEBET VON NIKOLAUS VON DER FLÜE:[18]
Mein Herr und mein Gott,
nimm alles von mir,
was mich hindert zu dir.
Mein Herr und mein Gott,
gib alles mir,
was mich fördert zu dir.
Mein Herr und mein Gott,
nimm mich mir
und gib mich ganz zu eigen dir.

Anmerkungen

1 Guardini, *Lebensalter*, S. 47.

2 41. Predigt in: Ferdinand Vetter (Hg.), *Die Predigten Taulers. Aus der Engelberger und der Freiburger Handschrift sowie aus Schmidts Abschriften der ehemaligen Straßburger Handschriften*, DTM 11, Berlin 1910 (Nachdruck Dublin/Zürich 1968); Original in Mittelhochdeutsch auf http://bit.ly/1T047Fa; abgerufen am 9.5.2016. Die hier angegebene Textfassung wird zitiert bei Anselm Grün, *Lebensmitte als geistliche Aufgabe*, Münsterschwarzach, 19. Auflage 2014, S. 15f.

3 Titel eines Artikels in der Zeitschrift *Lebenslust-Special. Gute Besserung*, SCM Bundes-Verlag Witten (ohne Jahr; verteilt 2016), S. 6.

4 Anselm Grün, *Lebensmitte als geistliche Aufgabe*, Münsterschwarzach, 19. Auflage 2014, S. 20.

5 Grün, *Lebensmitte*, S. 22.

6 Vgl. Grün, *Lebensmitte*, S. 52.

7 Grün, *Lebensmitte*, S. 10.

8 Ausnehmen müsste man Tätigkeiten, die nicht den Maßstäben Gottes entsprechen, wie Prostitution, Drogenhandel oder unethische Geschäftspraktiken in jeder Branche.

9 Sie verwenden Begriffe wie „Großherzigkeit" und „Nächstenliebe" (Groeschel), „Fürsorge" und „sich Verschenken" (Erikson), „selbstloser Dienst" (Whitehead).

10 E u. J. Whitehead, S. 21, eigene Übersetzung.

11 Guardini, *Lebensalter*, S. 51.

12 Groeschel, *Spiritual Passages*, S. 152, eigene Übersetzung.

13 Sheehy, *New Passages*, S. 142.

14 E u. J. Whitehead, S. 162, eigene Übersetzung.

15 Groeschel, *Spiritual Passages*, S.150, eigene Übersetzung.

16 Groeschel, *Spiritual Passages*, S. 153f.

17 Dieses treffende Bild stammt von Sheehy, *New Passages*.

18 http://www.bruderklaus.com/?id=691, abgerufen am 14.5. 2016.

13. SIMON: SCHEITERN UND NEUANFANG

Das letzte und ausführlichste seiner Porträts von Auferstehungs-begegnungen hat das Johannesevangelium dem Simon Bar Jona[1] gewidmet. Er ist besser bekannt unter dem Beinamen, den er von Jesus bekommen hat, nämlich „Kephá", also „Fels", auf Griechisch Petros – „Petrus". Doch bevor wir darauf eingehen, wollen wir uns erst seinen Werdegang näher anschauen.

DER HINTERGRUND

Anders als bei Maria von Magdala und Thomas wissen wir von Simon Petrus recht viel. Von allen Jüngern Jesu ist er derjenige, der uns am besten bekannt ist. Über sein Leben vor seiner Beru-fung durch Jesus wissen wir zwar nicht allzu viel; dafür aber um so mehr über sein Leben danach.

Simon stammte aus Bethsaida am Nordufer des Sees Geneza-reth in Galiläa; später wohnte er in dem nur wenige Kilometer entfernten Kapernaum am Nordwestrand des Sees. Er war ver-heiratet, doch über seine Familie hören wir nahezu nichts. Auf späteren Missionsreisen begleitete ihn seine Frau. Zur Zeit seines Herumwanderns mit Jesus war sie allerdings zuhause geblieben.

Auch über seinen Beruf erfahren wir etwas: Simon hatte zu-sammen mit seinem Bruder Andreas einen kleinen mittelstän-dischen Fischereibetrieb. Ihre Firma bildete eine Kooperation mit der vermutlich größeren des Zebedäus. Auch dessen wahr-scheinlich etwa gleichaltrige Söhne, Jakobus und Johannes, be-gegnen uns dann als Jünger Jesu.

Interessant ist noch, dass Jesus – wohl mit seiner Mutter und seinen Geschwistern – von Nazareth zu Simon Petrus nach Ka-pernaum umzog. Dessen Haus war eines der Zentren, in denen

Jesus lehrte. Die Überreste des Petrus-Hauses wurden inzwischen gefunden.

DER FELS

Es begann mit einer Begegnung, die sein Leben für immer verwandeln sollte. Er war Jesus schon begegnet, stand schon in seinem Bann. Er hatte ihn bereits mehrfach aus nächster Nähe erlebt; seine Schwiegermutter etwa war vor seinen Augen gesund geworden.

Und dann kam diese Situation: Wie üblich war er mit seinem Bruder in der Nacht fischen gewesen. Sie hatten allerdings großes Pech gehabt und praktisch nichts gefangen. Das passierte eigentlich nur selten und war deshalb so frustrierend. Am Tag unmittelbar danach kam Jesus an den See, und immer mehr Leute strömten herbei, bis kaum mehr Platz am Ufer war. Außerdem war es schwierig, ihn in einer so großen Menge zu hören. So kam Jesus zu Simon und seinem Bruder und bat sie, von ihrem Boot aus zu den Massen sprechen zu können; die kleine Bucht mit ihrem natürlichen Resonanzraum bot eine ideale Möglichkeit dafür. Und tagsüber gab es sowieso nichts zu fischen; die Fische kamen nur nachts in die Reichweite der Netze.

Als Jesus dann nach einigen Stunden seine Predigt beendet hatte, forderte er Simon auf, auf den See hinauszufahren und zu fischen. Das war zwar für ihn als Fischer völlig unsinnig, aber aufgrund des tiefen Eindrucks, den Jesus hinterlassen hatte, ließ er sich darauf ein. Und dann waren die Netze plötzlich voller Fische, bis zum Zerreißen gespannt. Es war unfassbar! Sie mussten sogar noch Hilfe holen.

Das, was Simon den ganzen Tag über schon empfunden hatte, verdichtete sich plötzlich zu einer blitzartigen Erkenntnis: Jesus war nicht einfach nur ein vollmächtiger Rabbi und Prediger, er war völlig anders! Irgendwie leuchtete in ihm etwas von einer unfassbaren Herrlichkeit und Macht auf, wie ein unglaublich helles Licht. So ähnlich empfand er, wenn er den Tempel in Jerusalem aufsuchte, nur war das Gefühl jetzt noch viel intensiver. Und er spürte, dass er dieses Licht und diese Kraft einfach nicht aushielt, dass er daneben nicht bestehen konnte. Es war die Heiligkeit Gottes! Die eigene Selbstsucht, Kleinkariertheit und Minderwertigkeit, das ewige „Ich zuerst!", die Missgunst und der Neid andern gegenüber, die Bitterkeit und der Hass auf die Feinde, all das erzeugte eine solch ungeheure Spannung gegenüber diesem Licht, dass er das Gefühl hatte, es würde ihn innerlich zerreißen ... „Herr, geh fort von mir! Ich bin ein sündiger Mensch!"

Aber Jesus ging nicht. Stattdessen sah er ihn an und meinte: „Fürchte dich nicht! Von nun an wirst du Menschen fangen!" Da zerbrach etwas in Simon. Und etwas Neues begann.

Von da an war er ein Jünger; er gab alles auf und folgte Jesus nach. Er wusste, er würde nie mehr etwas anderes tun – selbst wenn es ihn das Leben kosten sollte.[2]

Das war seine Berufung zum Jünger Jesu. Später wählte Jesus ihn aus als einen der „Zwölf", einen der „Gesandten", die seinen Dienst an ganz Israel weiterführen sollten. Es war ihm recht. Sein Leben gehörte diesem Jesus so rückhaltlos, dass er alles für ihn tun würde.

Aber mehr noch: Jesus zog ihn immer tiefer in sein Vertrauen. Er nahm ihn sogar zu einigen der höchst sensiblen Ereignisse mit, zu denen ihn selbst die Zwölf nicht alle begleiten durften. Dorthin nahm er nur die drei mit, die ihm am nächsten standen und am ehesten verstehen würden. So war Simon zusammen mit Jakobus und Johannes sogar bei einer der seltenen Totenauferweckungen Jesu hautnah dabei. Er erlebte es mit eigenen Augen, wie sich die Kraft Gottes in den Worten Jesu so verdichtete, dass das tote Mädchen wieder zu atmen anfing – „Talitá qumí!", „Mädchen, steh auf!"[3]

Aber am tiefsten war das Erlebnis auf dem Berg: Wieder hatte Jesus nur die engsten Drei mitgenommen. So wie Mose in der Schrift, als er auf den Gottesberg gestiegen war. Simon gehörte dazu. Dann war Gott plötzlich da. Das Licht, das Simon schon früher in Jesus gespürt hatte, leuchtete auf einmal mit überwältigender Kraft auf. Es strahlte durch Jesus hindurch, es sah aus, als ob er im Feuer aufglühen würde. Und die Wolke war da! Die

Wolke der Offenbarung von Sinai … wie bei Mose! Und Gott sprach! Hörbar, laut, vom Himmel her! Und plötzlich trat auch noch Mose hinzu, der größte aller Gottesmänner Israels, und Elia, der in den Himmel entrückt worden war! Die beiden, die als einzige in der Geschichte Israels Gott persönlich auf dem Berg begegnet waren – Der Himmel hatte sich nicht nur geöffnet, er war auf diesen Berg herabgekommen. Und Simon war mittendrin, im Licht, in der Wolke.[4]

Und dann vielleicht das Schönste, aber in jedem Fall das Anspruchsvollste: Von allen seinen Jüngern war es Simon, dem Jesus die größte Verantwortung übertrug: Er sollte für alle anderen Jünger, sogar für die Zwölf, der Anker sein, der sie halten würde. Er sollte der Fels sein, auf den sie sich in schwierigen Zeiten stützen könnten: „Du bist Petrus – der Fels! Und auf diesem Felsen werde ich meine Gemeinde bauen! Nicht einmal die Macht des Todes wird sie vernichten können." Als Jesus das zu ihm gesagt hatte, kurz vor dem Erlebnis auf dem Berg, in der Gegend von Cäsarea Philippi zu Füßen des Hermongebirges, da wusste er nicht, wie ihm geschah. Es stimmt: Er hatte vorher wieder eine dieser tiefen, blitzartigen Erkenntnisse gehabt. Als Jesus gefragt hatte, für wen ihn seine Jünger hielten, da war es aus ihm herausgebrochen: „Du bist der Messias!" – der, auf den Israel seit Jahrhunderten gewartet hatte, der neue, endgültige König Israels, der, durch den Gott hier und jetzt seine Herrschaft auf Erden durchsetzen würde. Wie es in den Propheten verheißen war! Er war es, und niemand sonst! Unglaublich, und doch wahr: Ihr Rabbi, ihr Prophet und Wundertäter, für den sie alles verlassen hatten, er war der Beauftragte Gottes, der kommende König![5]

Angesichts dieser überwältigenden Erkenntnis ist es kein Wunder, dass Petrus gleich im Anschluss Jesus davon abbringen will, sich in Jerusalem umbringen zu lassen. So erfährt er unmittelbar nach der höchsten Auszeichnung auch gleich die heftigste Zurückweisung, die je ein Jünger bekam: „Weg mit dir, Satan! Du willst mich zu Fall bringen …"[6]

Treten wir hier einen Schritt zurück und ziehen ein Fazit: Simon „Petrus" ist tatsächlich außergewöhnlich. Er ist nicht nur einer der ersten Jünger Jesu, nicht nur einer der Zwölf, der endzeitlichen Richter Israels, nicht nur einer der Drei, die Jesus am nächsten waren: Er ist der Ankerpunkt der Jünger und damit des gesamten neuen Gottesvolkes, das Jesus errichtet. Er ist der Fels. Wir sehen aber auch: Er ist das nicht wegen seiner Radikalität oder seines dynamischen, manchmal allzu stürmischen Temperaments. Auch nicht deswegen, weil er der geborene Leiter ist. Das trifft zwar alles zu, wie sich immer mehr herausstellt. Aber das ist nicht der Grund.

Er ist deswegen „der Fels", weil er bei alledem eine große Sensibilität hat, Jesus zu erkennen – und sich selbst! All das hat Simon nicht aus sich selbst; Gott wirkt es. Schon am Anfang zeigt sich das, bei seiner Berufung zum Menschenfischer. Und dann bei der Offenbarung von Cäsarea Philippi. Es scheint auf diese Kombination anzukommen: Die rückhaltlose, radikale Nachfolge Jesu. Die Fähigkeit, Ihn tiefer und tiefer zu erkennen; und schließlich die realistische Erkenntnis der eigenen Person, oder besser: eine Offenbarung des eigenen Herzens. Genau darauf baut die Gemeinde Jesu auf.

Man geht heute meist davon aus, dass das Markusevangelium das älteste Evangelium ist. Zumindest bildet sein Stoff die Grundlage für das Matthäus- und Lukasevangelium, während das Johannesevangelium als bewusste Ergänzung dazu konzipiert ist. Markus aber war der Assistent des Petrus. Nach altkirchlichen Angaben geht sein Evangelium direkt auf die Verkündigung des Petrus zurück. Die Botschaft des Petrus ist also die Grundlage unseres Wissens von Jesus geworden. Auf diesem Fundament baut die Gemeinde Jesu auf.

DIE KATASTROPHE

Petrus hat von Jesus eine enorme Verantwortung übertragen bekommen, die sich in seinem Zusatznamen widerspiegelt. Und wir sehen, dass das nicht unberechtigt war. Als er Jesus nicht davon abbringen kann, sich in Jerusalem umbringen zu lassen, bleibt er ihm trotzdem treu ergeben. Auch wenn das mit dem Auftrag des Messias, des Königs Gottes, nach allem, was er verstehen kann, nicht zusammengeht. Judas Iskariot, der vom Temperament her ähnlich gewesen sein dürfte, verkraftet diesen Gegensatz nicht. Egal, Simon Petrus wird Jesus deswegen nicht verlassen. Er wird ihm nachfolgen, auch wenn es ihn selbst das Leben kosten sollte. Das sagt er dann auch laut, als Jesus bei seinem letzten Mahl den Jüngern verkündet, dass sie alle zu Fall kommen und ihn im Stich lassen werden.

Doch Petrus versicherte: „Auch wenn alle sich von dir abwenden – ich nicht!" Jesus erwiderte: „Ich sage dir: Noch heute Nacht, bevor der Hahn zweimal kräht, wirst du mich dreimal verleugnen." Aber Petrus erklärte mit aller Entschiedenheit: „Und wenn ich mit dir sterben müsste – ich werde dich niemals verleugnen!"[7]

Nach dem Mahl gehen sie dann in der Nacht noch in den Garten von Getsemane. Jesus ist tief erschüttert angesichts dessen, was ihm bevorsteht. Noch einmal zieht er die engsten drei ins Vertrauen, darunter Simon. Er gesteht ihnen seine Angst und bittet sie, mit ihm zu wachen und zu beten. Aber sie schlafen dann doch ein; die letzten Tage waren einfach zu viel gewesen. Jesus weckt sie; er ist tief enttäuscht, besonders von Petrus. Das Ganze wiederholt sich; sie schlafen wieder ein. Insgesamt dreimal geht das so.

Dann kommen die Tempelwachen, geführt von Judas. Eine gespenstische Szene – Fackeln, Lärm, Durcheinander, Chaos. Sie wollen Jesus mitnehmen, ihn verhaften. Jetzt kommt die Stunde des Petrus: Er zieht ein Schwert und wirft sich für Jesus ins Getümmel. Natürlich hat er keine Chance gegen eine Abteilung Bewaffneter. Das weiß er. Und dass er den Kampf wahrscheinlich nicht überlebt, weiß er auch. Trotzdem zieht er das Schwert und schlägt zu. Für den König: Nachfolge bis in den Tod. Die andern laufen davon.

Jesus stoppt das Ganze. Er heilt sogar denjenigen, den der Hieb des Petrus verletzt hat. Seine Herrschaft kommt anders: Durch sein eigenes Leiden, sein Sterben – und das souveräne Handeln Gottes. Nicht durch menschliche Mittel. Nicht durch

Power, Aggression oder Gewalt. Im Kampf gegen Satan nützt das alles nichts, denn das sind dessen ureigene Waffen. Die Herrschaft Jesu kommt durch eine menschliche Niederlage, in der Gott sich verherrlicht. Auf dem Weg dorthin kommt es zu solch bitteren Stunden. Petrus muss es noch lernen.

Aber immerhin: Er hat als Einziger den Mut, für Jesus zu kämpfen. Er bewährt sich in dem Chaos, in dem die andern Panik bekommen. Er ergreift die Initiative, versucht dem Meister treu zu bleiben. Zu Recht hat Jesus ihm die Verantwortung für die anderen anvertraut. Er folgt Jesus sogar bis in den Hof des Hohenpriesters, in dessen Haus das Verhör stattfindet.

Und dann das: Dreimal wird Petrus angesprochen. Dreimal wird ihm auf den Kopf zugesagt, dass er zu Jesus gehört, dass er einer seiner Jünger ist. Jedesmal streitet Simon das vehement ab, am Schluss flucht er sogar.

Wie konnte das geschehen? Gerade noch der Todesmut in Getsemane, und jetzt ein gleich dreifaches Verleugnen Jesu? War es in Getsemane vielleicht doch mehr sein eigenes Temperament gewesen und nicht eine echte Hingabe an Jesus, eine echte Jesusnachfolge? Und jetzt, wenn es um ihn selbst geht, wo er sich nicht mehr verteidigen kann, wo er nicht mehr angreifen oder fliehen kann – jetzt packt ihn die nackte Angst. Oder ist es etwas Tieferes? Immerhin hat Jesus davon gesprochen, dass es die Stunde der Finsternis ist. In Getsemane hätten die Jünger wachen und beten sollen, um in der bevorstehenden Prüfung nicht zu scheitern. Stattdessen sind sie eingeschlafen.

Jetzt ist die Prüfung da. Petrus hält ihr nicht mehr stand. Er verliert den Boden unter den Füßen. Und zerbricht.

Als der Hahn kräht, weiß er es.

Jesus hatte ihnen einst gesagt. „Wer sich nun vor den Menschen zu mir bekennt, zu dem werde auch ich mich vor meinem Vater im Himmel bekennen. Wer mich aber vor den Menschen verleugnet, den werde auch ich vor meinem Vater im Himmel verleugnen."[8] Das war es, was dort im Hof des Hohenpriesters auf dem Spiel gestanden hatte. Es war bitterster Ernst. Judas hat

Jesus verraten, Petrus hat ihn verleugnet. Petrus der Fels; an dem die Jünger sich hätten orientieren sollen; auf den die Gemeinde gebaut werden sollte.

Es ist vorbei. Der Fels ist zerbrochen. Er ist entzwei geborsten und damit unbrauchbar geworden. Simon ist nicht mehr Petrus, der Fels.

DIE ERNEUERUNG

Szenenwechsel. Das Johannesevangelium hat bisher einige beispielhafte Osterbegegnungen erzählt: von Maria von Magdala, den Zwölf und Thomas. Alles war bisher in Jerusalem passiert, in den ersten acht Tagen.

Jetzt sind wir in Galiläa, am See Genezaret. Dort wollte Jesus „seinen Jüngern und Petrus" erscheinen, wie es der Engel am Grab ausgerichtet hatte; das hat schon das Markusevangelium berichtet.[9] Hier setzt nun das Johannesevangelium ein:

Jesus zeigte sich seinen Jüngern später noch ein weiteres Mal. Er erschien ihnen am See von Tiberias, wo Simon Petrus, Thomas – auch Zwilling genannt –, Natanaël aus Kana in Galiläa, die Söhne des Zebedäus und noch zwei andere Jünger zusammen waren. Simon Petrus sagte: „Ich gehe fischen!"– „Wir auch", sagten die anderen, „wir kommen mit!" Sie gingen zum Boot hinaus und legten ab, aber in jener Nacht fingen sie nichts. Als es dann Tag wurde, stand Jesus am Ufer …

Er rief ihnen zu: „Werft das Netz auf der rechten Seite des Bootes aus! Ihr werdet sehen, dass ihr etwas fangt." Sie warfen das Netz aus, aber dann konnten sie es nicht mehr einholen, solch eine Menge Fische hatten sie gefangen. Da sagte jener Jünger, den Jesus liebte, zu Petrus: „Es ist der Herr!"

Als Simon Petrus ihn sagen hörte: „Es ist der Herr!", warf er sich das Obergewand über, das er bei der Arbeit abgelegt hatte, band es fest und sprang ins Wasser. Die anderen Jünger kamen mit dem Boot, das Netz mit den Fischen im Schlepptau …

Als sie gegessen hatten, sagte Jesus zu Simon Petrus: „Simon, Sohn des Johannes, liebst du mich mehr als dieses hier?" Petrus gab ihm zur Antwort: „Ja, Herr, du weißt, dass ich dich lieb habe!" Darauf sagte

Jesus zu ihm: „Sorge für meine Lämmer!"

Jesus fragte ihn ein zweites Mal: „Simon, Sohn des Johannes, liebst du mich?" Petrus antwortete: „Ja, Herr, du weißt, dass ich dich lieb habe!" Da sagte Jesus zu ihm: „Hüte meine Schafe!"

Jesus fragte ihn ein drittes Mal: „Simon, Sohn des Johannes, hast du mich lieb?" Petrus wurde traurig, weil Jesus ihn nun schon zum dritten Mal fragte: „Hast du mich lieb?" „Herr, du weißt alles", erwiderte er, „du erkennst, dass ich dich lieb habe!" Darauf sagte Jesus zu ihm: „Sorge für meine Schafe!"

„Ich sage dir mit einem prophetischen Wort: Als du noch jung warst, hast du dir den Gürtel selbst umgebunden und bist gegangen, wohin du wolltest. Doch wenn du einmal alt bist, wirst du deine Hände ausstrecken, und ein anderer wird dir den Gürtel umbinden und dich dahin führen, wo du nicht hingehen willst." Jesus deutete damit an, auf welche Weise Petrus sterben würde und dass durch seinen Tod die Herrlichkeit Gottes offenbart würde. ... Du aber folge mir nach!"[10]

Demut

Am See hatte alles begonnen. Johannes weist indirekt auf diesen Anfang hin. Er erzählt von sieben Jüngern, die dort zusammen waren, darunter Natanael, der mit Simon zusammen Jesus schon ganz am Anfang begegnet war und seitdem nicht mehr erwähnt worden war.

Zurück an den Anfang. Zumindest für Simon gilt das. Er ist wieder in seiner alten Heimat; von dort stammt er. Hier steht sein Haus; hier war immer noch seine Firma. Hier hatte er gefischt. Der Zeiger war zurückgesprungen, wenigstens für ihn. Die zweieinhalb Jahre mit Jesus waren zu Ende, in jeder Hinsicht. Seine Berufung zum Felsen und Menschenfischer war zerbrochen. Jetzt kann er nur noch warten.

Allerdings ist Simon ein anderer geworden. Er ist mit den anderen gehorsam nach Galiläa gegangen – obwohl er seine Berufung verloren hatte. Das war nicht einfach; die andern wussten ja inzwischen von seinem Versagen. Am liebsten hätte er sich wohl verkrochen. Er hat seine Rolle und seine Aufgabe im Jüngerkreis verloren. Er ist nur noch Simon. Aber er gehorcht. Das war das einzige, was ihm geblieben war.

Simon ist tatsächlich gereift. Früher hätte er in solch einer Situation einfach losgelegt. „Wenn wir schon einmal hier sind, wo wir uns auskennen, dann lasst uns doch wenigstens etwas Sinnvolles tun, während wir auf Jesus warten! Lasst uns das Reich Gottes predigen, wie früher! Jesus hat uns doch die Vollmacht dazu gegeben, erinnert ihr euch nicht? Hat er nicht einen großen Aufbruch verheißen? Eine kommende Erweckung? Nutzen wir die Zeit!"

Stattdessen wartet er. Er hat erkannt, dass es nicht mehr so ist wie früher. Es ist eine andere Zeit, zumindest für ihn. Er hat seine Berufung verspielt. Er kann sie sich nicht einfach wieder holen. Er kann nur warten. Und zwar auf Jesus. Das ist das Einzige, was bleibt. Bei Mose dauerte dieses Warten in einer ähnlichen Situation dann vierzig Jahre ...!

Hier bekommen wir einen Blick auf einen anderen Petrus, einen, der bescheiden geworden ist. „Demut" nennt das die Bibel. Im Hebräischen ist das übrigens das gleiche Wort wie „Armut". Armut heißt, ich kann nichts mehr tun. Demut heißt: Ich *will* nichts mehr tun – von mir selbst aus, aus eigener Kraft.

Petrus ist also freiwillig „arm dran": Warten, egal wie lang es sich hinzieht. Egal wie unerträglich das ist. Und Gehorsam gegenüber dem, was Jesus zuletzt gesagt hat. Auch wenn es keinen Sinn mehr zu machen scheint. Gehorsam und Warten – das sind zwei Dinge, die entscheidend sind. Nicht nur für Simon, der einmal Petrus war.

Demut heißt hier für ihn konkret: Er kehrt in seinen früheren Alltag zurück. Er hält nicht fest, was er nicht festhalten kann und darf. Er wird, für alle sichtbar, wieder zum Fischer Simon. Er steigt wieder in sein altes Boot.

Und schon ist er wieder in seinem Element.

Das Gute ist: Er maßt sich keinen geistlichen Dienst an, den Jesus ihm nicht gibt. Aber er ist immer noch Simon, der Motivator, der geborene Anführer, der Leiter. Das kommt auch in dieser Situation sofort wieder durch. Kaum sagt er „Ich gehe fischen!", stimmen die andern schon mit ein: „Wir auch! Wir kommen mit!" Simon motiviert, selbst wenn er es gar nicht darauf anlegt. Er bringt Dynamik, er gibt Richtung und Orientierung. Das ist seine große Gabe, die Gott ihm in die Wiege gelegt hat. Er ist einfach so gestrickt. Dazu musste er keine Akademie für Führungskräfte besuchen. Aber er soll die Gabe nicht missbrauchen. Jedenfalls, und das ist geradezu klassisch, wollen die andern mitmachen. So steigen sie alle mit in Simons Boot. Sogar Natanael, der keine Ahnung vom Fischen hat. Er stammt ja, wie ausdrücklich gesagt wird, aus Kana, im Inland, weit weg vom See. Was immer man dort machte: Fischen gehörte nicht dazu. – Egal. Hauptsache es geht weiter! Hauptsache, wir haben ein Ziel. Machen etwas. Und Simons Ideen sind einfach gut. Keiner weiß etwas Besseres.

Noch etwas wird hier sichtbar: Eine natürliche Leitungsbegabung funktioniert. Einfach, weil sie da ist, weil das ihr Wesen ist. Aber deswegen bringt sie noch lange keine geistliche Frucht. Im Reich Gottes reicht sie nicht aus. Wie alle Gaben muss sie von ihm konkret in den Dienst genommen werden.

Anders formuliert: Eine natürliche Leitungsgabe wird immer Leute motivieren. Sie wird sie in Bewegung setzen. Auf Ziele hin ausrichten. Programme initiieren. Gemeindekonzepte erstellen und sie umsetzen (lassen). Die Leute auf Trab halten. Das Gefühl vermitteln, etwas Sinnvolles zu tun. All das ist schön und gut. Aber es muss eben nicht schon der Wille Gottes für hier und heute sein.

Da gibt es einen kleinen, aber entscheidenden Unterschied. Das wird hier am See sichtbar: Die natürliche Leitungsgabe bringt keine Frucht. Das Netz, bei Jesus oft ein Symbol für das Reich Gottes, bleibt leer. Trotz aller Bemühungen. Trotz einer ganzen Nacht voll harter Arbeit. Trotz aller gemeinsamen Anstrengungen. Natürliche Leitung funktioniert – sie bringt Bewegung, sie bringt vielleicht auch Ergebnisse. Aber nicht automatisch Frucht für das Reich Gottes.

Vielleicht müssen wir unsere christlichen Aktivitäten einmal daraufhin überprüfen, was davon aus menschlich begabtem Denken und Planen entsprungen ist? Wieviel haben wir investiert in neue Programme, neue Ansätze, neue Gemeindekonzepte, neue Dynamiken, neue Aufbrüche? Meistens übernehmen wir ja das, was woanders Erfolg gebracht hat. Wenn das nach ein paar Jahren keine bleibende Frucht erzielt hat, dann schwenken wir auf ein anderes Konzept um, das für eine neue Welle steht und woanders gerade prima funktioniert.

Erst als die Jünger am See die Stimme Jesu hören und daraufhin handeln, ändert sich ihre Situation. Noch hat ihn keiner erkannt. Aber es ist sein Reden, auf das hin sie sich nochmals aufmachen. Sie tun das Gleiche wie vorher – aber jetzt auf das Wort Jesu hin. Und es geht wie von selbst, obwohl es Tag geworden ist und sich damit die Chancen dramatisch verschlechtert haben. Das Netz ist voll, aber es reißt nicht. – Sie hätten die Nacht ganz entspannt im Bett verbringen können.

Gemeinschaft

Simon hält nicht am Alten fest – wie auch Maria von Magdala.[11] Nun kommt ein zweiter wichtiger Aspekt dazu: Simon fügt sich in die Gemeinschaft ein – wie Thomas, der hier übrigens auch dabei ist. Nicht umsonst erwähnt das Johannesevangelium, dass es *sieben* Jünger sind. Das ist ein doppeltes Signal. Es sind nicht die Zwölf; diese Gruppe ist sowieso zerbrochen. Dadurch wird deutlich: Es geht nicht um ihren Dienst.

Zum andern ist sieben eine wichtige Zahl im Johannesevangelium; sie taucht immer wieder auf: Sieben Zeichen tut Jesus. Sieben Zeugen werden für den irdischen Dienst Jesu angeführt. Sieben Ich-Bin-Bilder verwendet Jesus für sich.[12] Siebenmal spricht er das offenbarende göttliche „Ich bin es!" aus Jesaja.[13] Siebenmal fällt der zentrale Begriff der *agape*, der „Liebe" im Johannesevangelium ...

Sieben ist die Zahl der Vollkommenheit. Mit den Sieben am See ist die Fülle der Gemeinschaft der Jünger symbolisiert. Simon ist immer noch ein Teil von ihnen. Oder muss man vielleicht sagen: Jetzt erst ist er wirklich Teil von ihnen geworden, zum ersten Mal, seit er von Jesus herausgehoben wurde? Er steht jetzt neben den anderen, wie es eigentlich immer sein Platz war.

Er braucht die anderen, er ist auf sie angewiesen. Eine kleine Szene macht das bewegend sichtbar. Als sie alle auf dem See beim Fischen sind, entdecken sie eine Person, die am Ufer steht. Es ist Jesus, der Auferstandene. Aber keiner erkennt ihn, obwohl er ihnen schon mehrfach erschienen war. Es ist bezeichnend, dass noch nicht einmal Simon – Petrus! – ihn erkennt. Ausgerechnet er, dessen Berufung doch auch darauf beruhte, Jesus schneller und tiefer erkannt zu haben als die anderen. Und es ist erschütternd, weil die Situation so völlig seiner Berufungsgeschichte gleicht: eine Nacht lang vergebliche, harte Arbeit; am Tag dann ein überwältigender Fang, gegen alle Wahrscheinlichkeit. Und das auf die Anweisung eines anderen hin: Jesus. Und doch kennt Simon ihn jetzt nicht! Jetzt braucht es einen anderen Jünger, der ihn erkennt und laut ruft: „Es ist der Herr!" Simon war in seinem Herzen blind geworden.

Aber er ist Teil der Gemeinschaft. Ein anderer sieht jetzt für ihn. Simon glaubt ihm und reagiert darauf in der für ihn typischen Weise. Er unternimmt etwas. Er wirft sich ins Wasser, um zu Jesus zu schwimmen. Er kann einfach nicht abwarten, bis das Schiff die hundert Meter bis zum Ufer zurückgelegt hat. Wir sehen: Er ist immer noch Simon, und er soll es auch sein. Demut heißt nicht Passivität. Sondern so zu sein, wie man von Gott geschaffen ist. Simon ist nicht Thomas. Und soll es auch nicht sein. Thomas soll auch nicht Simon sein. Es braucht beide. Und genauso sehr die anderen, wie man hier sieht.

Wiederherstellung

Wenn man die eigene Berufung verspielt hat, dann kann man sie sich nicht zurückholen. Es braucht eine Erneuerung, eine Wiederherstellung. Nur Jesus selbst kann das bewirken. So wie nur er uns überhaupt berufen kann.

Wir gehen manchmal schnell darüber hinweg, wenn wichtige Verantwortliche, bekannte Gemeindeleiter, Prediger oder Propheten, scheitern. Bei Petrus sieht das etwas anders aus. Alle vier Evangelien erzählen ausführlich von seinem „Fall". Und das seit 2000 Jahren. Jeder Christ hat es gehört; jeder, der Christ wird, wird davon hören. Und jedes Jahr wird es in der Passionszeit neu zur Sprache gebracht. Das ist für einen Betroffenen nicht einfach. Aber vielleicht nötig? Natürlich nicht mehr für Petrus. Aber für uns?

Erstaunlicherweise ist selbst der Empfang des Heiligen Geistes keine Abkürzung für solch einen Prozess. An Ostern war Jesus ja auch Simon erschienen. Er hatte auch Simon angehaucht, auch zu ihm gesagt: „Empfangt den Heiligen Geist …!"[14] Lukas und Paulus erwähnen sogar, dass Jesus Petrus persönlich erschienen war, alleine, sogar als erstem von den Zwölfen.[15] Jesus hatte Petrus mit Sicherheit vergeben. Vielleicht war das auch der Inhalt seiner Privaterscheinung gewesen. Aber die Berufung lag immer noch in Trümmern; sie war nicht automatisch erneuert worden. Reue und Vergebung alleine reichen da nicht aus.

Nach der Zählung des Johannesevangeliums ist das jetzt die dritte Erscheinung Jesu vor den Jüngern, genauer: einem Teil der Zwölf. Erst jetzt kommt die Berufung des Petrus zur Sprache, und damit auch noch einmal implizit sein Versagen und seine Schuld. Aber nicht in der Vertraulichkeit eines Beichtstuhls oder Seelsorgezimmers, und erst recht nicht in einer einsamen Herzensbegegnung. Denn es geht ja gar nicht um *seinen* „Dienst"! Es geht um die Gemeinschaft der Jünger, für die er mit seiner Gabe da sein soll; es geht um die Gemeinde, um das ganze Volk Gottes. Darum geht es immer, bei jeder Berufung im Leib Christi. Berufung ist nie Privatsache. So auch hier nicht.

Deshalb ist es auch eine zweischneidige Sache, wenn Christen nach einem „geistlichen Dienst" streben. Es ist Gott, der beruft, und zwar souverän. Er gibt Gaben und Berufungen, und zwar jedem. Aber genau deswegen brauchen wir nicht krampfhaft danach zu suchen und zu streben. Denn vielleicht streben wir nach dem Falschen, das Gott für uns gar nicht vorgesehen hat? Oder wir streben nach dem Richtigen, aber aus einer falschen Motivation heraus. Vielleicht ist es eher unsere Suche nach Selbstbestätigung und Anerkennung, oder nach Bedeutung; wir wollen Geschichte schreiben, „history makers" sein. Wir sind es auch. Aber oft auf eine Weise, die wir gar nicht im Blick haben, weil sie uns zu unbedeutend vorkommt.

Letztlich wissen wir nicht, warum Jesus das Thema der Berufung nicht früher bei Simon angesprochen hat. Brauchte Simon mehr Zeit für die volle Erkenntnis seines Scheiterns, für seine Reue? Oder brauchte sein Herz erst eine mehrfache Begegnung mit Jesus, bis er glauben konnte, dass ihm vergeben war? Oder musste diese Vergebung erst sein Innerstes erreichen und verändern, bevor Jesus den nächsten Schritt tun konnte? Es bleibt offen.

Sicher ist nur: Es brauchte seine Zeit. Und das hat damit zu tun, dass es hier nicht um ein Scheitern im Dienst geht, sondern um eine Charakterfrage. Petrus ist an seinem Charakter gescheitert, nicht an einem Mangel an Gaben für die ihm zugewiesene Aufgabe, an Fehleinschätzungen oder an falschen Leitungsentscheidungen. Sein Versagen liegt auf einer tieferen Ebene. Charakterfragen betreffen immer auch unsere Identität. Hier ist er zerbrochen. Hier braucht es die Wiederherstellung.

Umso überraschender ist, wie Jesus das angeht. Es braucht drei Begegnungen, bis es überhaupt soweit ist. Und die eine Frage, die Jesus stellt, stellt er dreimal. Der Bezug zu der dreimaligen Verleugnung des Petrus ist also mit Händen zu greifen.

Und dann die Mahlsituation dort am See. Beim letzten gemeinsamen Mahl vor seinem Tod hatte Jesus seinen Jüngern die Füße gewaschen, als Zeichen der Vergebung und des gegenseitigen Dienstes. Dann gab es das von Johannes nicht berichtete gemeinsame Essen bei seinen Erscheinungen in Jerusalem als ein Zeichen der wiederhergestellten Gemeinschaft, die selbst der Tod nicht sprengen kann. Und jetzt: Wieder ein Mahl, improvisiert zwar, aber nicht weniger intensiv als die früheren. Der Erzählbogen des Johannesevangeliums verknüpft dies mit dem Abendmahl, bei dem Jesus die dreifache Verleugnung des Petrus vorausgesagt hatte.

Und doch spricht Jesus jetzt nicht direkt sein Scheitern und seine Sünde an; sie sind schon mit der ersten Begegnung in Jerusalem vergeben. Er spricht auch nicht über Charakterentwicklung und die entsprechenden Einsichten. Aber er ignoriert die neue Lage auch nicht einfach. Er redet Simon nämlich weder als „Petrus" an, mit seinem Berufungsnamen – denn die Berufung war zerbrochen. Er redet ihn auch nicht vertrauensvoll mit seinem Vornamen „Simon" an, wie etwa Maria; der Vorname ist Ausdruck der ungebrochenen Nähe und Freundschaft. Stattdessen nennt er ihn geradezu förmlich „Simon, Sohn des Johannes". Es ist die gleiche Anrede wie bei seiner allerersten Begegnung in Betanien, bevor er ihn beruft und ihm seinen neuen Namen „Kephas-Petrus" gibt.[16] Jesus greift damit auf seine alte Identität zurück. Auf das, was Simon war, bevor ihn die Berufung Jesu zum Menschenfischer und zu Petrus gemacht und ihm damit eine neue Identität gegeben hatte.

Liebe

Und dann kommt Jesus zum Kern:

„Als sie gegessen hatten, sagte Jesus zu Simon Petrus: Simon, Sohn des Johannes, liebst du mich mehr als dieses hier?

Es ist die Frage aller Fragen. Denn gerade das Johannesevangelium macht deutlich, dass die „Liebe" der Kern des Reiches Gottes ist. So sagt er zu seinen Jüngern:

„Ein neues Gebot gebe ich euch: Liebt einander! Wie ich euch geliebt habe, so sollt auch ihr einander lieben! Daran werden alle erkennen, dass ihr meine Jünger seid: wenn ihr einander liebt."[17]

Mit anderen Worten: Die ganze Schrift, die Gebote der Tora Gottes selbst, alles wird auf ihren radikalen Kern hin vertieft: die Liebe. Liebe heißt im Neuen Testament: von sich selbst wegsehen und den anderen höher achten als sich selbst, ihm nicht nur vergeben, sondern aktiv Gutes tun – bis zur Hingabe des eigenen Lebens. Das ist überhaupt nur deshalb möglich, weil sich diese Liebe aus der tiefsten Quelle speist, die möglich ist: der Liebe des dreieinigen Gottes selbst.

„Wie mich der Vater geliebt hat, so habe auch ich euch geliebt. Bleibt in meiner Liebe!"[18]

Und so ist die allererste Konsequenz der Erfahrung der Liebe Gottes nicht die Nächstenliebe, auch nicht die Feindesliebe, sondern die *Liebe zu Gott*. Sie führt in die tiefste Gemeinschaft mit ihm. Sie bringt die Einwohnung des dreifaltigen Gottes:

„Wenn jemand mich liebt, wird er an meinem Wort festhalten; mein Vater wird ihn lieben und wir werden zu ihm kommen und bei ihm wohnen."[19]

Mit der Frage nach der Liebe zu ihm stellt Jesus also die eine Frage, die über die Gemeinschaft mit Gott entscheidet. Sie zielt tiefer als auf das Versagen Simons, tiefer noch als auf seinen Charakter. Sie zielt auf sein Herz, auf ihn selbst.

Aber die erste der drei ansonsten identischen Fragen Jesu hat noch eine konkrete Zuspitzung. „Liebst du mich mehr als diese(s)?" Die Klammer ist bewusst gesetzt, denn es sind zwei unterschiedliche Übersetzungen möglich. Meistens wird übersetzt: „Liebst du mich mehr als diese?" Dann würde Jesus Simon fragen, ob seine Liebe zu ihm größer sei als die der anderen Jünger. Das klingt aber recht unwahrscheinlich. Woher soll Simon das wissen? Wie soll er denn wissen, dass er mehr liebt? Kann er denn das Ausmaß seiner eigenen Liebe messen? Geschweige denn das der Liebe der anderen?

Wenn diese Übersetzung zutrifft, dann hätte Jesus in Wirklichkeit eine Fangfrage gestellt. Es wäre nicht das erste Mal, aber einem seiner Jüngern gegenüber eher ungewöhnlich. Würde Simon auf diese Frage mit „Nein" antworten, dann hätte er sich selbst disqualifiziert. Wie soll er dann noch der Fels für die andern sein, da die Liebe der andern doch tiefer ginge? Wenn er aber „Ja!" sagte, dann wäre er sofort durchgefallen. Er hätte damit nur gezeigt, dass er nichts gelernt hat. Schon einmal hat er sich nämlich mit den andern verglichen. Das hat sich in sein Gedächtnis eingebrannt: „Selbst wenn alle andern an dir irrewerden – ich nicht!"[20] Das war fürchterlich schief gegangen. Daraufhin hatte Jesus ihm auf den Kopf zugesagt, dass er ihn dreimal verleugnen würde.

Simon kann diese Frage Jesu also überhaupt nicht beantworten – jedenfalls nicht so, wie sie gestellt wurde! Es gibt aber noch eine andere Möglichkeit: Jesus fragt vielleicht gar nicht nach einem Vergleich mit den anderen. Er will wissen: „Liebst du mich mehr als alles dieses hier?" – Vielleicht weist er dabei mit einer ausholenden Handbewegung auf die Situation hin: das Boot, die Netze, die Fische, den See. „Liebst du mich mehr als die Situation von damals, als alles begonnen hat? Liebst du mich mehr als deine Berufung zum Dienst? Du erinnerst dich: In diesem Boot hier habe ich dich damals zum Menschenfischer berufen. Darauf hast du dann deine Identität gebaut. Es war dir unglaublich wichtig. Du hast dafür gelebt. Es hat dir Wert und Bedeutung gegeben. Hier an diesem See habe ich euch ausgesandt und euch die Vollmacht zu Zeichen und Wundern gegeben. – Du weißt selbst, dass du das zerstört hast. Was, wenn ich dir das nicht mehr zurückgebe? Wenn ich es dir für immer nehme? Liebst du mich dann immer noch? Auch ohne Dienst? Ohne Ansehen? Ohne die Möglichkeit, die Welt zu verändern?"

Egal welche Version nun zutrifft – in jedem Fall antwortet Simon:

„Ja, Herr, du weißt, dass ich dich liebe."

Es ist eine bemerkenswerte Antwort. Sie stammt aus dem Herzen. Und sie trifft in Schwarze. Man beachte: Simon sagt nicht einfach: „Ja, Herr, ich liebe dich!" Auch nicht, wie wir es vielleicht vorsichtiger formulieren würden: „Ja, Herr, nach allem, was ich sagen kann, liebe ich dich. Zumindest will ich das von ganzem Herzen. Aber ich kann meine Hand nicht dafür ins Feuer legen, dass meine Liebe dauerhaft trägt – nicht nach dem, was ich erlebt habe."

Simons Antwort geht viel tiefer. Sie reicht weit über das hinaus, was er von sich aus eigentlich sagen kann: „Herr, du weißt, dass ich dich liebe!" Das Erstaunliche an dieser Antwort ist: Er schaut bei der Frage Jesu gar nicht auf sich. Er betreibt keine Introspektion, er lässt sich gar nicht erst auf eine Selbstbeobachtung oder -analyse ein. Er misst sich nicht den Puls. Er blickt auf Jesus. Und dort sieht er etwas. In den Augen Jesu sieht er sich selbst. Und im Blick dieser Augen erkennt er: Seine Liebe zu Jesus gründet sich im Letzten nicht auf sich selbst, seine Gefühle, seine Hingabe, sein Engagement oder was auch immer. Seine Liebe zu Jesus hat ihren Bestand allein darin, dass Jesus um sie weiß! Und sie annimmt. Mehr noch: Seine Liebe zu Jesus ist genau genommen gar nicht mehr seine eigene Liebe. Es ist die Liebe, die Jesus selbst in ihm wirkt. Jesus selbst erweckt sie, nährt sie und vertieft sie. Er allein ist die Quelle dieser Liebe. Er ist ihr Ursprung und ihr Ziel.

Und wir haben erkannt und geglaubt die Liebe, die Gott in uns hat. Gott ist Liebe, und wer in der Liebe bleibt, bleibt in Gott und Gott bleibt in ihm.[21]

Und deswegen ist diese Liebe zu Jesus sicher. Denn sie stammt nicht aus Simon selbst. Sie beruht nicht auf den Fähigkeiten seines Herzens, seiner Charakterstärke oder seiner glühenden Hingabe. Sie ist Geschenk. Sie erfasst ihn und verwandelt ihn. Sie trägt ihn. Und findet ihre Erwiderung in der Liebe Jesu zu ihm. Es ist ein Kreislauf der Liebe, der mit allen seinen Elementen aus Jesus – aus Gott selbst! – hervorsprudelt. Nichts davon ist seine eigene Leistung, sein Beitrag. Sein eigener Beitrag wäre tatsächlich immer gefährdet, würde schwanken, vielleicht sogar absterben. Aber es ist völlig anders: Es ist die ewige brennende Liebe des dreifaltigen Gottes, die ihn erfasst, durchdringt, und durch die er selbst zurückliebt. Es gibt kein sichereres Fundament als diese Liebe Gottes. Und Jesus sieht, dass Simon sie erkannt hat, oder besser, von ihr erkannt wurde: „Wir lieben, weil Gott uns zuerst geliebt hat!"[22]

Simon ist von dieser Liebe erfasst. Deshalb antwortet Jesus darauf sofort mit einer erneuten Beauftragung zum Dienst: „Weide meine Lämmer!" Das ist ein neues Bild, aber es greift das Alte wieder auf und erweitert es. Der Fels, der den andern Halt gibt, wird zum Hirten, der sie versorgt und ihnen dient. Jesus setzt Simon wieder in seine Berufung ein![23] Denn das Fundament für den Felsen ist jetzt richtig gelegt: Nicht der eigene Glaube, nicht die eigene Berufung. Sondern die Liebe Gottes, die ihn erfasst und durch ihn liebt – Gott und Menschen. Jetzt kann Simon Menschen mit der Liebe Gottes lieben.[24]

Aber warum wiederholt Jesus dann die Frage noch zweimal? Entweder ist die Antwort Simons zutreffend, dann braucht er nicht nochmals zu fragen. Wenn sie aber nicht stimmt, dann wäre es nur ein weiterer Fall von Selbstüberschätzung. Dann müsste er Petrus zurechtweisen. Und wenn die Antwort zwar zutreffend, aber nicht ausreichend gewesen wäre, dann hätte er die Berufung noch nicht erneuern können.

Warum also die dreifache Frage?

Es hat natürlich mit der dreifachen Verleugnung zu tun. Aber wichtiger ist: Jesus will sichergehen, dass es nicht nur bei einer momentanen Erkenntnis bleibt, die zwar im Herzen des Petrus aufleuchtet, aber sich wieder verflüchtigt, sobald der Alltag kommt. Mit der dreifachen Frage legt er seinen Finger auf den entscheidenden Punkt, vertieft ihn und prägt ihn unauslöschlich in das Herz des Petrus ein: *Die Liebe Gottes ist das einzige Fundament.* Es ist eine Liebe, die wir selbst nicht aufbringen können. Und diese Liebe – zu Jesus, zu Gott – ist die einzige „Qualifikation" für jede Berufung und jeden Dienst. Nur wenn Petrus – wenn wir! – nicht auf eine Berufung oder einen Dienst angewiesen sind, sondern in der Liebe Gottes zentriert sind, nur dann kann er uns seinen Dienst anvertrauen. Sonst liegt der Missbrauch nahe. Nicht umsonst sagt Jesus nämlich: „Sorge für *meine* Schafe!" Sie bleiben für immer die Schafe des einzigen „Guten Hirten", und damit des Großen Hirten, Gottes selbst.

„Ich bin der gute Hirt; ich kenne die Meinen und die Meinen kennen mich, wie mich der Vater kennt und ich den Vater kenne; und ich gebe

mein Leben hin für die Schafe … dann wird es nur eine Herde geben und Einen Hirten."[25]

Die Menschen, die Anhänger Jesu, sind nicht die Schafe eines Petrus oder irgendeines sonstigen Verantwortlichen. Wenn wir auf unsere Berufungen und Dienste blicken, dann landen wir ganz schnell bei Hierarchien, bei einem oben und unten, bei „Hirten" einerseits und „Schafen" andererseits. Bei diesem Bild ist es mit Händen zu greifen: Hirten sind von einer ganz anderen Art als Schafe: Hirten sind Menschen, Schafe sind Tiere. Übertragen legt das unwillkürlich nahe, dass die Hirten alleine das Wissen und die Weisheit haben, den Weg kennen und für die Weide verantwortlich sind. Die einzige Aufgabe der Schafe hingegen wäre es, sich führen zu lassen. Und zu fressen – zu konsumieren! Und Wolle und Milch zu geben … Leider hat dieses Bild im Lauf der Kirchengeschichte allzuoft unsere Kirchen und Gemeinden geprägt. Es ist verkehrt.[26]

Der Eine Hirte ist Jesus. Die Schafe gehören ihm. Er allein führt sie auf die Weide. Petrus, die Zwölf und alle anderen Verantwortlichen sind zu allen Zeiten nur „Dienstleister" mit ihrer je speziellen Gabe – so wie alle anderen Christen auch.

Allein diese Sicht verhindert letztlich einen Missbrauch von Führung und Leitung. Oder besser: Allein die Liebe zu Jesus und damit zu Gott verhindert das – sofern sie eine gottgewirkte Liebe ist, keine menschlich-selbstsüchtige. Genauer: die Liebe des dreifaltigen Gottes, die uns ergreift, in uns brennt und uns doch nicht verzehrt.

Petrus hat das sehr genau verstanden. Wir finden eine Widerspiegelung seiner Erfahrung in einem seiner Briefe. Er formuliert dort im Blick auf das Thema Führungskompetenz:

„Jetzt noch ein Wort an die Gemeindeältesten unter euch. Ich bin ja selbst ein Ältester und ein Zeuge der Leiden, die Christus auf sich genommen hat …: Sorgt für die Gemeinde, die Herde Gottes, die euch anvertraut ist, wie Hirten es tun würden! Kümmert euch um sie, nicht weil es eure Pflicht ist, sondern aus innerem Antrieb, so wie es Gott

gefällt. Tut es nicht, um euch zu bereichern, sondern aus Hingabe. Führt euch in eurem Verantwortungs- und Dienstbereich nicht als Herren auf, sondern werdet Vorbilder für die Herde Gottes!" [27]

Zwei Dinge sind hier deutlich: Er schreibt an die Ältesten nicht von oben herab, als „Apostel" oder „Fels der Gemeinde", sondern er stellt sich auf eine Stufe mit denen, die er anspricht. Und er betont beim Hirtenbild, dass es *Gottes Herde* ist und bleibt, um die sich die Gemeindeältesten kümmern sollen, „wie Hirten es tun würden". Der feine Unterschied bleibt also erhalten: Der „Hirte" selbst ist Jesus; die Verantwortlichen sollen ihn aber in seiner ganzen Hingabe nachahmen, ohne seine Stelle einzunehmen.

An die dritte und letzte Antwort des Petrus, als seine Liebe klar geworden ist, schließt Jesus ein prophetisches Wort an. Es macht etwas von dem Wandel offenbar, der sich in Petrus vollzogen hat und immer stärker vollziehen wird. Als Petrus geistlich jung war, hat er selbst sein Leben in die Hand genommen, auch und gerade im Glauben. Er hat seinen Weg gewählt und ist aktiv geworden. Er hat seine ganze Kraft investiert und gekämpft. Und ist dabei fast zerbrochen. Das ändert sich jetzt zunehmend. Ab jetzt führt Gott ihn. So wird er am Ende seines Lebens denselben Weg gehen, den Jesus gegangen ist: den Weg in den Tod, den Weg ans Kreuz. Aber dieser Weg ist das genaue Gegenteil von Niederlage und Scheitern. Darin ereignet sich die letzte und tiefste Verherrlichung Gottes. Der letzte Schritt zur Reife ist getan. Gott ist endgültig verherrlicht. Und Petrus in ihm.

Im Jahr 65 starb Petrus den Märtyrertod in Rom. Der Legende nach wurde er gekreuzigt. Er hat die Welt verändert.

NOTIZEN

Anmerkungen

1 *Bar Jona* (Mt 16,17) dürfte die Wiedergabe von aramäisch *Bar Jochaná* sein. Es bedeutet „Sohn des Johannes" (Joh 21,15).

2 Lukas 5,1-11.

3 Markus 5,21-24.35-41.

4 Matthäus 17,1-8; vgl. 2.Petrus 1,17-18.

5 Matthäus 16,13-20. Der Text des Petrusbekenntnisses lautet wörtlich „Du bist Christus!" Christus ist aber nichts anderes als die griechische Übersetzung des jüdischen Begriffs „Messias".

6 Matthäus 16,21-23.

7 Markus 14,29-31 (NGÜ).

8 Matthäus 10,32-33.

9 Markus 16,7.

10 Eigene Wiedergabe von Johannes 21,1-22 anhand der NGÜ; mit Auslassungen.

11 Siehe Kapitel 4.

12 Z. B. „Ich bin das Brot des Lebens", „Ich bin das Licht der Welt" usw. (Johannes 6,35; 8,12; 10,7.11; 11,25; 14,6; 15,1).

13 Johannes 4,26; 6,20; 8,24; 8,28; 8,58; 13,19; 18,5.6.8. Vergleiche Jesaja 41,4; 43,10.25; 48,12 und öfter.

14 Johannes 20,22.

15 Allerdings nach den Frauen: Lukas 24,34; 1.Korinther 15,5.

16 Johannes 1,42.

17 Johannes 13,34-35.

18 Johannes 15,9.

19 Johannes 14,23.

20 Markus 14,29.

21 1.Johannes 4,16, eigene Übersetzung. Hier wird tatsächlich von der Liebe Gottes „in uns" gesprochen.

22 1.Johannes 4,19

23 Darauf könnte auch die geheimnisvolle Zahl der 153 gefangenen Fische hinweisen. Die Zahl selbst ist rätselhaft. Sie taucht nirgends in der Bibel auf und ist auch keine bekannte Symbolzahl. Das einzige, was sich sagen lässt, ist, dass 153 die Dreieckszahl zu 17 ist. Eine Dreieckszahl bedeutet die Summe aller Zahlen von der eins bis einschließlich der Zahl selbst (hier: 1+2+3+...+17 = 153). Sie umfasst also sozusagen die ganze Fülle des Wegs. Nun ist es auffällig, dass das Johannesevangelium exakt 17mal den Doppelnamen „Simon Petrus" verwendet, und weitere 17 mal nur „Petrus" (ohne „Simon"); Simon alleine kommt hingegen nur fünfmal vor, nämlich bei den beiden Berufungsgeschichten am Anfang und Ende des Evangeliums. Somit könnte die Zahl „153" als Verstärkung der „17" tatsächlich ein symbolischer Hinweis auf die Erneuerung und Vertiefung der Berufung des Petrus sein, wie sie im Gespräch zwischen Jesus und ihm dann ja auch erfolgt. Solch eine Sicht stände ganz im Einklang mit der symbolischen Verwendung von Dreieckszahlen in der Antike. Das Buch der Offenbarung etwa verwendet sie gehäuft. (Zur Bezeichnung: Wenn man eine Dreieckszahl wie

153 im Dreieck auslegt, dann entspricht die Kantenlänge jeder Seite der Grundzahl, also hier 17; daher der Name).

24 Manche Ausleger sehen wegen der verschiedenen Worte für „lieben" im Griechischen einen Unterschied in der Frage Jesu „Liebst du mich" *(agapás me)* und der Antwort des Petrus „ich liebe dich" *(philó se)*. Jesus würde nach dieser Auffassung die ersten beiden Male nach einer göttlichen, geistgewirkten Liebe fragen *(agápe)*, während Petrus nur von einer seelischen, freundschaftlichen Liebe *(philía)* sprechen kann. Das ist schon deshalb nicht möglich, weil Jesus und Petrus sich nicht auf Griechisch sondern auf Aramäisch unterhalten haben. Und da gibt es diese Unterschiede nicht. Auch der Sprachgebrauch des Johannesevangeliums widerspricht dem. Es verwendet nämlich die beiden Begriffe gleichbedeutend. So heißt es etwa: „Der Vater liebt *(agapá)* den Sohn und hat alles in seine Hand gegeben" (3,35) und „Denn der Vater liebt *(phileí)* den Sohn und zeigt ihm alles, was er selbst tut" (5,20). – Auch andere Elemente in den drei Antworten Jesu an Petrus verwenden verschiedene Begriffe, ohne einen Bedeutungsunterschied zu beinhalten: „Lämmer" – „Schafe" – „Schafe"; „sorge für …" – „hüte …" – „sorge für …" (21,15.16.17). – So verbreitet also diese Auslegung ist, sie lässt sich nicht aufrechterhalten. Vor allem verfehlt sie das eigentliche Ziel der Erzählung.

25 Johannes 10,16.

26 Vergleiche dazu etwa die Charismenlehre bei Paulus (1.Korinther 12 und 14; Römer 12 …). Paulus schreibt auch nicht an „Hirten" der Gemeinden, sondern immer an die Gemeinde selbst!

27 1.Petrus 5,1-3. Eigene Übersetzung nach NGÜ und GNB.

14. DAS BESTE KOMMT NOCH

Das Beste kommt jetzt!
Zu meinem fünfzigsten Geburtstag sagte mir eine ältere Freundin: „Nach meiner Erfahrung beginnen jetzt die besten Jahre."
Die Gelassenheit, Echtheit und innere Zufriedenheit, die in den Jahren gewachsen sind, möchte sie um keinen Preis dafür eintauschen, noch einmal jünger zu sein.

1. SEIN

LEBEN
Wir beginnen zu ahnen, dass der Sinn des Lebens im Sein liegt. Gott hat das Leben geschaffen. Es ist an uns, dieses Geschenk wertzuschätzen, indem wir leben, genießen, erleben, gestalten, entdecken, sind. – Ja, auch handeln und tun. Vor allem aber: leben. Auch Leiden, Schmerz Empfinden und Trauern ist Leben. Das Leben zu leben, ob es leicht oder schwer ist, trägt allein schon einen Sinn in sich. Denn es ist eine Gabe des großen Sinnstifters. Deshalb ist es in sich wertvoll. Sinn ergibt sich nicht nur aus der Antwort auf die Frage „Wozu?" sondern auch aus der Antwort auf die Frage „Woher?"

Indem wir unser Leben unter der Herrschaft Gottes leben und immer mehr zu seinem Ebenbild werden, haben wir einen Einfluss in dieser Welt: Wir sind ein wirksames Zeichen der Gegenwart Gottes. Nicht nur was wir tun, weist auf ihn hin, sondern unsere schlichte Existenz als Glaubende. Unser Dasein bedeutet Gegenwart Gottes, Zufluss seiner Gnade in diese Welt.

Dieser Sinn bleibt auch dann, wenn uns die Kräfte im Alter oder in der Krankheit mehr und mehr verlassen. Der Sinn bleibt, auch wenn unser Lebensentwurf scheitert, oder unser psychologisches und geistliches Wachstum nicht oder nur bruchstückweise gelingt. Paulus ermutigt:

Darum werden wir nicht müde; wenn auch unser äußerer Mensch aufgerieben wird, der innere wird Tag für Tag erneuert. (2.Korinther 4,16)

LOSLASSEN

Solch einen Sinn kann sich keiner selber machen und auch nicht erarbeiten. Er wird geschenkt und empfangen. Loslassen und empfangen können ist eine der großen Herausforderungen der zweiten Lebenshälfte, besonders des höheren und hohen Alters. Anselm Grün beobachtet:

Viele Menschen geraten in der Lebensmitte deshalb in eine religiöse Krise, weil sie den Eroberungswillen, mit dem sie im Berufsleben erfolgreich waren, auch auf das religiöse Leben übertragen. Sie wollen ständig nach religiösen Erfahrungen haschen und sich gleichsam einen geistlichen Reichtum anhäufen. Trockenheit und Enttäuschung im Beten sind ein Hinweis, dass ich diese Suche nach Gotteserfahrungen aufgeben muss, dass ich mein Besitzstreben loslassen und vor Gott ganz einfach werden muss. Es käme darauf an, mich ganz Gott zu überlassen, ohne von ihm ständig Gaben zu fordern wie Ruhe, Zufriedenheit, Sicherheit, religiösen Genuss.[1]

Sollen wir wirklich Gottes Gegenwart in der Armseligkeit unseres geistlichen Lebens erwarten? Wo denn sonst! Ein reiches inneres Gebetsleben ist zum einen sicherlich Frucht langjähriger geistlicher Disziplin. Und dennoch bleibt es ein zutiefst unverfügbares Geschenk. Auch die konsequenteste Gebetsdisziplin wird uns nicht vor Phasen geistlicher Trockenheit und Armut schützen. Wir bieten uns Gott an, so wie wir sind. Wir bitten ihn, unser Leben ein wohlgefälliges Opfer für ihn sein zu lassen. Und wir verzichten darauf, uns selber aufzupolieren, damit er uns annehmbar findet. Wir verzichten auch darauf, uns voll Scham von ihm zurückzuziehen, weil wir ihm so ja unmöglich gefallen könnten. Beides leugnet seine Gnade. Stattdessen lassen wir uns in seine Hände hinein los, im Vertrauen darauf, dass er die geistlich Armen selig preist, mit den Sündern feiert und die Versager zum Festmahl lädt.

SPIEL

Amen, das sage ich euch: Wenn ihr nicht umkehrt und wie die Kinder werdet, könnt ihr nicht in das Himmelreich kommen. Wer so klein sein kann wie dieses Kind, der ist im Himmelreich der Größte. (Matthäus 18,3-4)

Ab der Lebensmitte kann unser Tun und Leisten ein Stück der Leichtigkeit des Spielens zurückgewinnen: Ja, wir zeigen Ehrgeiz oder Begeisterung und strengen uns an, zu siegen. Aber unser Ziel ist das Miteinander im Tun, nicht das Gewinnen und der Erfolg. Mehr noch: Wir können das Spiel an sich neu entdecken, das Zweckfreie, sich selbst Genügende, wo wir ganz gegenwärtig sind und Gott darin begegnen.

Ein älterer Freund holte in einer Zeit ernster Krankheit die elektrische Eisenbahn seiner Kindheit wieder hervor, die jahrzehntelang auf dem Dachboden gelegen hatte: „Nur kurze Zeit mit der Bahn, mit der ich als Knabe so oft die Zeit mit meinem Vater verbracht habe, lässt mich alle Nebenwirkungen der Chemotherapie vergessen. Ich verliere mich selber, weiss, dass der himmlische Vater bei mir ist und sich freut. Seine Freude ist meine Freude, die alle Nebengeräusche der Chemotherapie übertönt. Der Jubel, sein Kind sein zu dürfen!"

Das Spiel feiert in besonderer Weise das Geschenk des Lebens. Spielen bezeichnet dabei all die Momente der Freude am zweckfreien Sein, die ihre Schönheit in sich selber tragen. Momente der „Köstlichkeit des Unbrauchbaren"[2] , oder wie Müller schreibt:

Es gibt sie, diese Nützlichkeit des Unnützen, diese Erfrischung trotz des äußerlich Belastenden, die Freude ohne Leistung, dieses Wesentliche ohne Dringlichkeit.[3]

2. AM HERZEN GOTTES

Zunehmend gewinnt nun eine Fähigkeit des Menschen Bedeutung, die auch säkulare Autoren wie Sheehy und C. G. Jung betonen: die Innerlichkeit.

Zum ersten Mal lernen viele Männer, die emotional bankrott in der Lebensmitte ankommen, nicht nur ihre intellektuellen Fähigkeiten, sondern auch das einzusetzen, „was dem Geist des Menschen durch einen inneren Instinkt eingeprägt ist", wie Francis Bacon das Intuitive beschrieben hat. Das kann Kanäle der Nähe und Liebe öffnen, die sie über den Gipfel des Leistens hinaustragen.[4]

Was die Jugend außen fand und finden sollte, soll der Mensch des Nachmittags innen finden.[5]

Geistlich gesprochen geht es darum, Gott im eigenen Herzen gegenwärtig zu finden, ihn mit den Augen des Herzen zu sehen und mit den Ohren des Herzens zu hören. „Christus lebt in mir!" (Galater 2,20). Das heißt nicht, dass ich Christus wäre oder dass ich automatisch schon Gott gefunden hätte, wenn ich zu mir finde. Gott und Mensch verschwimmen nicht, auch nicht im Gebet oder der Meditation. Es geht vielmehr um eine Gemeinschaft, die so intim ist, dass Paulus sie mit der Ehe vergleicht (Epheser 5,32). Immer schon hat christlicher Glaube im Hohenlied, das die Liebe zwischen Mann und Frau feiert, auch die Einheit des Glaubenden mit Gott besungen gesehen.

Das „Sinnesorgan", mit dem wir diese Gegenwart Gottes wahrnehmen, ist die geistliche Intuition. Die Nähe zu Gott kann sich darüber hinaus auch in Gefühlen äußern, muss sie aber nicht unbedingt. Man kann die Begegnung und das Einssein mit Gott mit lautem Jubel und Tanz feiern. Mit zunehmender Reife aber merken wir, dass es auch Ruhe braucht, um die Liebe noch tiefer sinken zu lassen. Bei Elia wird das sichtbar, als er auf dem Berg ist, um Gott zu begegnen. Nach dem Sturm, dem Erdbeben und dem Feuer kommt ein sanftes, leises Säuseln. Erst in diesem sanften Windhauch, in dieser Stille kommt Gott ihm näher als je zuvor.[6] Groeschel schreibt:

Ein glühendes Gebetsleben wächst und wird zum Gebet der Stille, einer nahezu schweigenden Anbetung ... Eine Ruhe und Sanftheit kennzeichnet [solche Menschen] und macht sie sowohl anziehend für andere als auch ein bisschen furchteinflößend. Wegen der Kraft des stillen Gebets kann es sein, dass sie weniger tauglich für praktische Aufgaben werden.[7]

Und vielleicht lässt sich dann manchmal gar nicht mehr zwischen Gebet und Alltagsleben unterscheiden. Der Alltag ist Gebet geworden, jede Handlung, jeder Gedanke, jeder Moment der Ruhe oder der Begegnung fließt gleichzeitig zu Gott hin. Und Gebet ist ein stilles Dasein vor ihm, ohne Worte und ohne weiteren konkreten Inhalt außer dem, dass ich als Mensch vor Gott sein darf.

Wir sehnen uns nach solch einem Leben am Herzen Gottes. Möge er uns die Gnade schenken, noch in diesem Leben immer näher dorthin zu gelangen. In der neuen Welt wird diese Nähe Gottes dann die allesumfassende Realität sein:

Dann sah ich einen neuen Himmel und eine neue Erde; denn der erste Himmel und die erste Erde sind vergangen, auch das Meer ist nicht mehr. Ich sah die heilige Stadt, das neue Jerusalem, von Gott her aus dem Himmel herabkommen; sie war bereit wie eine Braut, die sich für ihren Mann geschmückt hat. Da hörte ich eine laute Stimme vom Thron her rufen: Seht, die Wohnung Gottes unter den Menschen! Er wird in ihrer Mitte wohnen, und sie werden sein Volk sein; und er, Gott, wird bei ihnen sein. Er wird alle Tränen von ihren Augen abwischen: Der Tod wird nicht mehr sein, keine Trauer, keine Klage, keine Mühsal. Denn was früher war, ist vergangen. Er, der auf dem Thron saß, sprach: „Seht, ich mache alles neu!" (Offenbarung 21,1-4)

Anmerkungen

1 Grün, *Lebensmitte*, S. 34f.

2 Reimer Gronemeyer, *Altwerden ist das Schönste und Dümmste, was einem passieren kann*, Hamburg Körber-Stiftung, 2014, S. 201; zitert bei Müller (siehe nächste Fußnote).

3 Markus Müller, *Lebensplanung für Fortgeschrittene. Wie wir älter werden wollen*, SCM-Verlag Holzgerlingen 2016, S. 80.

4 Sheehy, *New Passages*, S. 140-141, eigene Übersetzung.

5 C.G. Jung, *Gesammelte Werke 7*. Band, S. 81; zitert bei Grün, *Lebensmitte*, S. 49.

6 1.Könige 19.

7 Groeschel, *Spiritual Passages*, S. 148, eigene Übersetzung.

LITERATURVERZEICHNIS

1. BIBELAUSGABEN

Wo nichts angegeben ist, sind die Bibelzitate der Einheitsübersetzung (EÜ) entnommen. Die zusätzlich verwendeten Übersetzungen mit ihren Abkürzungen:

ELB – Elberfelder Bibel
GNB – Gute Nachricht Bibel
HFA – Hoffnung für alle
LUT – Luther 1984
NGÜ – Neue Genfer Übersetzung
rev. HfA – Revidierte Hoffnung für alle, 1. Auflage der revidierten Fassung, Fontis – Brunnen Basel 2016.

Mit Ausnahme der *Revidierten Hoffnung für alle* finden sich die Bibelausgaben im Internet auf www.bibleserver.com (© 2016 ERF Medien – Deutsche Bibelgesellschaft, Stiftung Christliche Medien, Genfer Bibelgesellschaft, Katholisches Bibelwerk, Crossway, Biblica, ERF Medien Schweiz, TWR.)

2. LITERATUR

Bonhoeffer, Dietrich/von Wedemeyer, Maria, *Brautbriefe Zelle 92*, C. H. Beck 2006.

Bonhoeffer, Dietrich, *Ethik*, München 1981, 9. Auflage.

Bonwetsch, G. N., *Hippolyts Kommentar zum Hohenlied;* in: Texte und Untersuchungen zur Geschichte der altchristlichen Literatur, Heft 2, Leipzig 1902.

Clinton, Dr. J. Robert, *Der Werdegang eines Leiters*, profibooks 2006.

Erikson, Erik H., *Identität und Lebenszyklus,* Frankfurt/M., 27. Auflage 2015.

Erikson, Erik H., *Der vollständige Lebenszyklus*, Frankfurt/M., 8. Auflage 2012.

Eusebius von Cäsarea, *Kirchengeschichte (Historia Ecclesiastica)*,

BKV II.1, München 1932. Zitat auf der Webseite http://bit.
ly/1VwkcaP. Vollständige Ausgabe unter http://bit.ly/24vkqPG.

Frey, Albert, *Zwischen Himmel und Erde*, 2002 Freyklang,
Gerth Medien Musikverlag, Asslar. Download unter http://bit.
ly/29ygND9.

Gregor von Antiochien, *Predigt über die Myrrhenträgerinnen*, J.-P.
Migne, Patrologia Graeca, Bd. 88, 1863/1864.

Greig, Pete, *Offline: Warum antwortest Du nicht, Gott?*, Brunnen
Verlag 2009.

Groeschel, Benedict J., *Spiritual Passages*, The Psychology of
Spiritual Development, Crossroad New York, 1983.

Groeschel, Benedict J., *The Cross at Ground Zero*, Our Sunday
Visitor, 2002.

Grün, Anselm, *Lebensmitte als geistliche Aufgabe*, Münsterschwarzach, 19. Auflage 2014.

Guardini, Romano, *Die Lebensalter. Ihre ethische und pädagogische Bedeutung*, Topos Taschenbücher 2010.

Johannes Paul II., *Mulieris Dignitatem, Über die Würde und Berufung der Frau*, 1988. Im Internet zugänglich unter http://bit.
ly/1VHHtqo.

Johannes vom Kreuz, *Die dunkle Nacht*, Herder-Verlag, Freiburg
i.B., 11. Auflage 2013.

Kusch, A., Kuberski, J., Scharfenberg, R., *Heilung durch Gebet
– Heilungsverständnis und Heilungspraxis im weltweiten Kontext*,
Nürnberg 2009.

Lewis, C. S., *Die Chroniken von Narnia*, verschiedene Ausgaben.

Lütz, Manfred, *Auch wer gesund stirbt, ist definitiv tot*, in der
Zeitschrift „Lebenslust-Special. Gute Besserung", SCM Bundes-
Verlag Witten (ohne Jahr; verteilt 2016).

Müller, Markus, *Lebensplanung für Fortgeschrittene. Wie wir älter
werden wollen*, SCM-Verlag Holzgerlingen 2016.

Nachama, Andreas, Sievers, Jonah (Hg.), תוליפת לכל השנה *Jüdisches Gebetbuch, Schabbat und Werktage*, Gütersloh 2009.

Payne, Leanne, *Verändernde Gegenwart*, Asaph-Verlag 1998.

Payne, Leanne, *Autobiographie*, Asaph-Verlag 2009.

Peuster, Marianne, *Gott spricht in meinen Tag hinein*, GGE-Verlag Hannoversch Münden, erw. Neuauflage 2012.

Ratzinger, Josef/Benedikt XVI., *Jesus von Nazareth*, Bd. 1, Herder Verlag, 2. Aufl. 2007.

Roderus, Ursula/Schmidt, Ursula, *Alte Rechnungen und falsche Schuldner*, Asaph 2016.

Scharfenberg, Roland, *Wenn Gott nicht heilt, Theologische Schlaglichter auf ein seelsorgerliches Problem*, Nürnberg 2005.

Schilling, Birgit, *Verwandelt – Werden, wie Gott mich gedacht hat*, Witten 2016.

Schleske, Martin, *Der Klang. Vom unerhörten Sinn des Lebens*, Kösel-Verlag, 6. Auflage 2012.

Schmidt, Ursula & Manfred, *Hörendes Gebet – Grundlagen und Wachstum*, 2. überarbeitete und erweiterte Auflage 2015, GGE-Verlag Hamburg.

Shakarian, Demos, *Die glücklichsten Menschen auf Erden*, Asaph-Verlag, Neuauflage 2015.

Sheehy, Gail, *Passages. Predictable Crisis of Adult Life*, Ballantine Books, 2006.

Sheehy, Gail, *New Passages. Mapping Your Life Across Time*, New York 1995.

Stark, Rodney und Wang, Xiuhua, *A Star in the East: The Rise of Christianity in China*, Templeton Press 2015.

Vetter, Ferdinand (Hg.), *Die Predigten Taulers*. Aus der Engelberger und der Freiburger Handschrift sowie aus Schmidts Abschriften der ehemaligen Straßburger Handschriften, DTM 11, Berlin 1910 (Nachdruck Dublin/Zürich 1968).

Vonholdt, Christl R., *Einführung in den Artikel von Joseph Nicolosi*, Bulletin des DIJG Nr. 23, 15. Jahrgang, Heft 1, Herbst 2015.

Whitehead, Evelyn E. & James D., *Christian Life Patterns, The Psychological Challenges and Religious Invitations of Adult Life*, CrossRoad New York, 1995.

3. WEBSEITEN/LINKS

Augsburger Bekenntnis, http://bit.ly/1SxxWw5.
Bittner, Wolfgang J., Biografie, http://bit.ly/1pykAIs.
Brisch, Karl-Heinz, http://www.khbrisch.de.

Caleb Liturgy 2008, Copyright 2008 Roy Godwin, http://bit.ly/1XmT4uZ, **Ffald-y-Brenin** Christian Retreat Centre, www.ffald-y-brenin.org.

Eusebius von Cäsarea, Historia Ecclesiastica III 5, http://bit.ly/1VwkcaP.

Heidelberger Katechismus, http://bit.ly/1pHahSA.

Kleiner Katechismus, http://bit.ly/1pH8VHo.

Nikolaus von der Flüe, http://www.bruderklaus.com/?id=691.

Romero, Oscar, http://bit.ly/1XmTHF2.

Sandford, R.Loren, How to Discern Truth Amid a Sea of False Prophesies, www.charismamag.com, http://bit.ly/1THpEBT.

Schmidt, Manfred, Zehn Regeln zum Umgang mit Prophetischen Reden, www.axis-web.de unter „axis Texte".

Seiwert, Lothar J., http://bit.ly/1qlkqog.

Tauler, Johannes, Predigten, http://bit.ly/1T047Fa.

Open Doors, www.opendoors.de.

DIE AUTOREN

Manfred und Ursula Schmidt führen unterschiedliche Seminare durch, auch zu den Themen dieses Buches. Für Kontakt mit den Autoren schreiben Sie eine Email an: info@axis-web.de

oder: Manfred und Ursula Schmidt, Jakob-Henle-Str. 14, 90766 Fürth, www.axis-web.de.

AXIS – WAS IST DAS?

In der „Postmoderne" ist vieles fragwürdig geworden, auch für Christen. Viele haben zwar einen persönlichen Glauben, suchen aber zunehmend nach Orientierung für ihr Christsein wie für ihr Engagement in der Gesellschaft. Hier setzt der Dienst von axis an; axis bedeutet „Achse" und steht für Orientierung und Ausrichtung vor allem in drei Bereichen:

* in der persönlichen Beziehung zu Gott,
* im verantwortlichen Umgang mit den Grundlagen des christlichen Glaubens,
* und in der Umsetzung in verschiedenen Bereichen von Gesellschaft und Kirche.

DER AXIS-LEHRDIENST:

Der Dienst von Manfred und Ursula Schmidt vermittelt vor allem biblische Lehre. Als evangelische Theologen waren sie 20 Jahre im Gemeindedienst. Heute sind sie mit Seminaren und Schulungen in Gemeinden und Kirchen unterschiedlichster Prägung tätig. Bekannt geworden sind sie durch ein Buch und Seminare zum Hörenden Gebet und durch das Axis-Bibelstudium, einen Internet-Fernkurs für engagierte Christen.
www.axis-web.de

WEITERE BÜCHER DER AUTOREN

Schmidt, Ursula & Manfred,
Hörendes Gebet – Grundlagen und Wachstum, 13. Gesamtauflage 2025, GGE-Verlag Hannoversch Münden.

Roderus, Ursula/**Schmidt**, Ursula,
Alte Rechnungen und falsche Schuldner,
Asaph-Verlag Lüdenscheid 2016.

Schmidt, Ursula, *Gott schauen*,
Verlag Gottfried Bernard, Solingen 2014.

Schmidt, Ursula, *Himmel! Was kommt, wenn er kommt?*
Verlag Gottfried Bernard, Solingen 2020

Ursula und Manfred Schmidt
HÖRENDES GEBET.
GRUNDLAGEN UND PRAXIS
GGE Verlag, 13. Auflage 2025
€ 14.95, 272 Seiten
ISBN 978-3-9808340-4-9

Das vorliegende Buch aus der Reihe „GGE thema" ist aus der Erfahrung vieler Seminare zu dem Thema „Hörendes Gebet" entstanden. Es vermittelt nicht nur die geistlichen Grundlagen in kompakter Form, sondern liefert zugleich viele Hinweise zur Umsetzung. Einige Kapitel widmen sich dem Empfangen von Eindrücken, ihrer verantwortlichen Auslegung, sowie der Anwendung. In Kleingruppen können diese Dinge praktisch geübt, vertieft und reflektiert werden. Verschiedene Möglichkeiten werden vorgestellt, „Hörendes Gebet" und prophetisches Reden in eine Gemeinde zu integrieren, sei es durch einen sogenannten „Gästeabend" oder im Gottesdienst.

www.gge-verlag.de

GGE verlag
Geistliche Gemeinde-Erneuerung
in der Evangelischen Kirche

GGE AKTUELL

GGE-Newsletter

Der GGE-Newsletter „SPIRIT" erscheint etwa 10-mal im Jahr mit
Nachrichten aus der GGE und unseren Schwesterbewegungen.
**Bestellen Sie ihn einfach mit einer Mail an
das GGE-Büro in Hannoversch Münden:
info@gge-deutschland.de**

GGE Deutschland – Infos & Inspiration

GGE-Blog

Immer donnerstags aktuelle Meinungen und Kommentare von
GGE-Autoren und Gastautoren zu Gegenwartsfragen. Die
Kommentarfunktion bietet die Möglichkeit zu spannenden
Diskussionen mit den Autoren und anderen Lesern:
www.gge-blog.de

GGE-App

Der einfachste, schnellste und direkteste Weg zur GGE. Alle wesentlichen
Infos und News auf einen Klick. **Laden Sie die GGE-App jetzt auf Ihr
Mobilgerät:**

Im Google Play Store
für Android:

Im Apple Store
für Mac iOs:

**Geistliche Gemeinde-Erneuerung in der Evangelischen Kirche e.V.
Schlesierplatz 16, 34346 Hannoversch Münden
Tel. (05541) 954 68 61, info@gge-deutschland.de
www.gge-deutschland.de**